UNE TERRASSE SUR LE GANGE

PANKAJ MISHRA

UNE TERRASSE SUR LE GANGE

Roman

Traduit de l'anglais
par Jean Demanuelli

Ouvrage traduit avec
le concours du Centre national du livre

CALMANN-LÉVY

Titre original anglais :
THE ROMANTICS
(Première publication : Picador, Londres, 1999)

ISBN 2-7021-3351-7

PREMIÈRE PARTIE

1

Quand je suis arrivé, lors de l'hiver rigoureux de 1989, à Bénarès, je me suis installé dans une maison vétuste au bord du fleuve. Ce genre d'endroit n'existe plus guère aujourd'hui : les quais sont envahis de pâtisseries allemandes et de chambres d'hôtes à prix réduit fort prisées des touristes japonais ; il y a de grandes chances pour que les rabatteurs qui hantent la gare et l'aéroport vous conduisent tout droit aux hôtels de verre et de béton situés dans les nouveaux quartiers. La prospérité caractéristique de la nouvelle classe moyenne indienne a fini par gagner Bénarès. La ville, lieu de pèlerinage trois fois saint, visité depuis des millénaires par les Hindous désireux d'échapper au cycle des réincarnations, est devenue une petite ville commerçante passablement bruyante.

C'est dans l'ordre des choses ; il ne sert à rien de s'attrister outre mesure de tels changements. Bénarès – si souvent détruite et reconstruite pendant des siècles de domination musulmane puis britannique – est, à en croire les Hindous, la résidence de Shiva, dieu de la création et de la destruction perpétuelles. Le monde ne cesse de se renouveler et, dans cette optique, regrets et nostalgie sont aussi futiles que déplacés.

Le passé ne meurt pas si facilement, c'est vrai pour les villes mais c'est aussi vrai pour leurs habitants. Il me suffit de repenser à cet hiver à Bénarès pour comprendre à quel point il est difficile de se libérer de son emprise.

C'est au seul hasard que je dois d'avoir demandé au

pujari du temple sur le quai s'il connaissait des chambres bon marché à louer, au moment même où Panditji se présentait avec son offrande de soucis séchés et écrasés. Ce dernier, un vieux musicien frêle et fort courtois, entendit notre conversation. Il vit en moi un compagnon d'infortune, brahmane comme lui, à qui il offrit son aide. Les pieds perdus dans des tongs trop grandes qui claquaient sur les pavés, il me guida jusque chez lui, à travers un dédale d'étroites ruelles où voisinaient des vaches aux yeux immenses et d'innombrables petits temples dédiés à Hanuman. Nous montâmes un escalier raide, qui donnait, au rez-de-chaussée comme au premier étage, sur deux cours intérieures identiques et qui s'ouvrait sur toute une série de pièces sombres et nues, jusqu'à une chambre minuscule sur le toit en terrasse. Après s'être escrimé un bon moment de ses mains blanches et fripées sur un gros cadenas et un verrou plus gros encore, il réussit enfin à ouvrir la porte. Le soleil qui se déversait dans la pièce à travers les barreaux d'une petite fenêtre donnant sur la cour d'un temple m'empêcha d'abord de distinguer les murs blanchis à la chaux, le lit de planches grossières, le bureau et la chaise en osier à dossier droit, sans parler de quelques moutons de poussière qui couraient sur le sol en pierre inégal. Panditji me dit que je pouvais avoir la chambre pour cent cinquante roupies, un loyer « pour Indiens » selon ses propres termes, repas non compris.

Bizarrement, c'est à peine si, par la suite, j'adressai à nouveau la parole à Panditji. Il passait ses journées dans un brouillard de fumée d'opium, enfoui sous une pile de couvertures en laine rêche. Le soir, il sortait suffisamment de sa torpeur pour donner des leçons de sitar à des étudiants américains et européens, tous taillés sur le même modèle : cheveux longs, chemises en soie mouchetée, yeux caves dans des visages uniformément mal rasés et émaciés. Il m'arrivait de l'apercevoir de temps à autre, vêtu de son *dhoti* en mousseline et coiffé d'une calotte blanche à la Gandhi, transportant un seau de lait depuis la boutique au coin de la rue, la peau de ses jambes nues et noueuses flasque et ratatinée, son cordon sacré dépassant de son tricot de laine. Nous échangions un salut, mais jamais plus d'un mot ou deux. Je n'avais donc affaire qu'à son épouse arthritique, Mrs. Pandey, qui habitait l'une des pièces nues du premier étage en compagnie du domestique de la famille, Shyam. Il y avait beau temps qu'elle n'avait plus aucun contact avec son mari. Mieux, elle se flattait de n'avoir pas mis les pieds au rez-de-chaussée depuis plus de quinze ans. Les locataires vivaient dans deux petits studios sur la terrasse, et c'est ainsi que je partageais la vue sur le fleuve, les étendues sablonneuses qui le bordaient et, plus loin vers le nord, la ville, où se profilaient coupoles et minarets au-dessus de palais en ruines et de pavillons à pilastres, avec Miss West.

Miss West (comme l'appelaient les boutiquiers du coin ; pour ma part, il me fallut des semaines avant de découvrir qu'elle avait pour prénom Diana) était une Anglaise d'âge mûr et, selon toute apparence, financièrement à l'aise : contrairement à moi, elle devait payer le loyer « pour étrangers ». Je ne compris que plus tard, quand je fus davantage familiarisé avec les visages des Européens, que Miss West, avec son haut front lisse, ses yeux noisette, son cou long et fin et ses cheveux blonds et raides, désormais semés de fils d'argent, avait dû être très belle. Sa présence à Bénarès, dans cette pièce minuscule sur le toit, où elle semblait ne rien faire d'autre de ses journées que lire et écouter de la musique classique occidentale, était pour moi un mystère. Je l'attribuais à quelque grand malheur qui, sans doute, avait assombri son passé. C'était aller vite en besogne dans la mesure où elle était pour moi une parfaite inconnue. Mais cette impression – confirmée, semblait-il, par la mélancolie sereine qui émanait d'elle tandis qu'assise sur le toit, les épaules drapées d'un pashmina, elle restait de longues heures à contempler le fleuve –, cette impression, disais-je, était tout à fait conforme à l'humeur qui fut la mienne pendant ces premiers jours exceptionnellement froids que je passai à Bénarès, tandis que les brumes épaisses qui montaient du fleuve noyaient la ville dans la grisaille, que les *ghats* d'ordinaire envahis par les baigneurs étaient maintenant déserts, et que, recroquevillé sous mes nombreuses couvertures dans ma chambre humide et glaciale, je percevais l'écho lointain et diffus d'une vieille musique de film mélancolique en provenance d'un transistor invisible, qui venait me distraire de ma lecture, *Le Monde comme volonté et comme représentation.*

C'est le genre d'ouvrage que l'oisiveté rend attirant, tant il promet d'heures de sagesse et d'enseignement. Voilà pourquoi j'étais venu à Bénarès après trois années passées dans une ville voisine très provinciale, Allahabad, où j'avais obtenu une licence dans une vieille université délabrée : je voulais consacrer mon temps à la lecture et à rien d'autre. La ville, son passé, ses plaisirs, n'avait pour moi que peu d'attraits.

Mais le temps était propice à une mélancolie d'un caractère particulier, en ce qu'il ravivait le souvenir d'une visite plus ancienne en ces lieux. J'avais alors dix-sept ans. Rappelé de toute urgence d'Allahabad, j'y étais venu avec mon père exécuter les derniers rites en l'honneur de ma mère. C'était de cette époque que datait, teintée d'une douleur confuse et d'un sentiment d'abandon, ma première impression de la ville. Le brouillard qui nappait le fleuve tandis que nous ramions dans l'aube froide pour disperser les cendres de ma mère, le prêtre au crâne rasé qui récitait les mantras en sanskrit de sa voix tonnante, tout en agitant des bâtonnets d'encens au-dessus des pétales de rose qui flottaient sur l'eau parsemée de cendres, les cloches et les conques des temples qui résonnaient à l'unisson depuis le cœur indistinct de la ville – tels étaient les souvenirs presque fantasmagoriques que j'en gardais et qui ne cessaient de remonter à la surface au cours de ces premiers jours passés à Bénarès.

J'avais beau lire lentement, je ne comprenais pas grand-chose au *Monde comme volonté et comme représentation.* Et pourtant, je m'obstinais. D'autres gros livres attendaient leur tour dans les petites niches octogonales des murs de ma chambre où, à mon arrivée, veillaient des statuettes de Krishna et de Vishnu en argile tachée de vermillon ; et il m'arrivait fréquemment lorsque, au beau milieu de ma lecture, je levais les yeux pour laisser mon regard errer sur leurs tranches épaisses aux multiples couleurs, de sentir grandir mon impatience devant mes progrès trop lents et les longues heures qui me séparaient encore de ces ouvrages.

*

Puis les brumes se dissipèrent, et nous eûmes plusieurs jours sans nuages. Le fleuve miroitait et brasillait dans le soleil de l'après-midi. Des cerfs-volants d'un rouge et d'un jaune vifs flottaient très haut, comme suspendus dans le bleu pur du ciel. Des enfants firent leur apparition sur les *ghats* réservés aux baigneurs ; les pavés disjoints des marches se couvrirent de jeux de marelle tracés à la craie ; des vendeurs de drogue décharnés rôdaient devant l'entrée des temples où des joueurs d'échecs se penchaient sur des plaques de carton écornées ; des pèlerins s'habillaient et se déshabillaient tout le jour dans un lent kaléidoscope de couleurs chatoyantes : Indiens du Sud dans leurs saris de soie violette de Kanjeevaram, visiteurs du Rajasthan déroulant les interminables bobines de leurs turbans jaune et cramoisi, veuves du Bengale dans leur tenue austère de coton blanc. Le soir, très loin, au nord de la ville, les bûchers funéraires scintillaient comme des vers luisants dans le crépuscule.

J'abandonnai Schopenhauer au profit des *Eaux printanières* de Tourgueniev. Miss West, qui avait revêtu l'une de ces robes d'été à fleurs dans lesquelles j'allais si souvent la voir, me dit : « Quel temps merveilleux ! Il faut absolument que nous fêtions ça. » Cette soudaine familiarité m'intrigua. Ce « nous » était-il censé m'inclure ? Je n'avais jamais échangé que quelques mots avec elle. « Où avez-vous appris à parler un anglais aussi délicieux ? » avait été l'une de ses premières questions, dont je n'avais trop su que penser. Était-ce compliment ou condescendance de sa part ? Un matin de plein soleil, sur la terrasse, tandis qu'allongée dans sa chaise longue fatiguée elle exposait partiellement ses jambes d'une manière, à mon sens, immodeste, que la monture ovale de ses lunettes de soleil accentuait la blancheur de sa peau, et qu'une mélodie mystérieuse et envoûtante, dont je devais apprendre plus tard qu'il s'agissait du *Trio « Archiduc »* de Beethoven, flottait jusqu'à nous en provenance de sa chambre, elle m'avait interrogé sur mes années d'études à Allahabad. « Vous comprenez, Rudyard Kipling a écrit pour un journal qui était publié à Allahabad – vous prononcez ça comment ? » – « Dites-moi, vous vous plaisiez là-bas ? Pourquoi avoir choisi un tel endroit ? » Elle s'exprimait en phrases courtes et rapides, au relief très accentué, et les inflexions de sa voix exigeaient des réponses tout aussi concises.

Je n'avais pas grand-chose à lui dire. Difficile d'expliquer ce genre de choses. Mon père n'avait d'ailleurs pas jugé utile de m'expliquer quoi que ce soit quand, à la mort de ma mère, il m'avait annoncé son intention de se retirer dans un ashram de Pondichéry. Sa décision était en accord avec un vieux rite de passage, qui consistait à se retirer du monde actif, une fois passé la soixantaine, pour tenter de retrouver son moi intérieur. D'instinct, nous comprenions ces obligations ancestrales, sans jamais les remettre en question ni demander d'éclaircissements. Il en avait été de même pour moi quand, après avoir reçu une instruction somme toute assez banale dans une kyrielle d'écoles de petites villes disséminées sur tout le territoire indien, j'avais atteint l'âge d'entrer à l'université. Trois générations, du côté de ma mère, étaient allées à l'université d'Allahabad, ville sœur de Bénarès, et je m'étais donc retrouvé là-bas.

À première vue, ce n'était pas un mauvais choix. Créée en 1887, l'université avait passé à une époque pour l'Oxford de l'Orient. Ses lettres de noblesse ne manquaient pas d'attrait pour les étudiants en quête d'un emploi ou d'une carrière dans l'administration coloniale. Mais à l'insu de ceux d'entre nous qui avaient encore foi en son ancienne réputation, elle avait beaucoup décliné depuis l'indépendance. L'anarchie régnait en maître derrière la façade toujours imposante de ses dômes et de ses tours. Le calendrier universitaire était soumis à rude épreuve : des examens qui auraient normalement dû se dérouler en avril avaient toutes les chances d'être reportés en décembre, quand ils n'étaient pas tout bonnement supprimés. Les conflits étaient permanents, dressant les gens les uns contre les autres : les étudiants et les professeurs se disputaient entre eux, ou alors c'était les professeurs contre les étudiants ou l'administration, ou bien encore les étudiants contre l'administration ou la police. De tels affrontements n'étaient pas toujours exempts de violence. Les étudiants se tiraient dessus dans les rues avec des revolvers de fabrication artisanale. Tard dans la nuit, il n'était pas rare d'être brutalement réveillé par l'explosion dans le voisinage d'une bombe de même fabrication, dont on lisait le compte rendu le lendemain dans les pages criminelles des quotidiens locaux : rivalité politique, guet-apens, mort sur le coup, ouverture d'une enquête, aucune arrestation pour l'instant.

Miss West eut l'air choqué par les quelques détails que je lui donnai. « C'est incroyable ! s'exclama-t-elle. Abominable ! Quel courage d'avoir survécu à tout ça ! » Puis, d'une voix plus calme, elle ajouta :

« Vous savez, moi je ne suis jamais allée à l'université. Mon père appartenait à cette génération d'hommes qui ne se souciaient guère de l'éducation de leurs filles. »

Je trouvai la chose étrange. Les préjugés contre l'instruction féminine étaient le fait de sociétés archaïques que je n'associais pas avec l'Angleterre. Se pouvait-il que son père n'ait pas eu les moyens de l'envoyer à l'université ? Je n'en étais pas sûr, et ce n'était certes pas le genre de questions que je pouvais me permettre de poser. C'est alors qu'elle avait fait allusion à la petite fête destinée à célébrer le beau temps, ne faisant qu'accroître ma perplexité.

J'avais dix-neuf ans, mais je n'étais encore jamais allé à une « fête ». Le mot lui-même évoquait pour moi des bacchanales bruyantes et débridées, et le genre de frivolité et de laxisme que l'on m'avait appris à stigmatiser jusqu'ici. L'idée que je me faisais de Miss West changea : je ne voyais plus en elle qu'une organisatrice de réceptions.

En même temps, je me retrouvai enrôlé dans les préparatifs : c'est moi qui fis l'emplette des guirlandes de bienvenue pour les musiciens qui, d'après Miss West, joueraient après le dîner; moi qui me rendis au bazar pour faire l'inventaire des différentes sortes de pâtisseries locales disponibles et qui, surmontant une aversion innée pour les alcools et les stimulants de toutes sortes, allai jusqu'à m'occuper de ce lait aux noisettes, le *thandai*, que l'on peut parfumer au cannabis et dont toute soirée digne de ce nom à Bénarès n'aurait su se passer.

Miss West mit du temps à établir la liste de ses invités. Cinq années passées dans cette ville lui avaient permis d'élargir considérablement son cercle de connaissances dont, pour finir, elle ne retint qu'une poignée. « Je ne peux pas tous les inviter ici. C'est beaucoup trop petit, dit-elle, biffant les noms les uns après les autres. Et puis, Mrs. Pandey risque de ne pas apprécier de voir sa maison envahie. »

Mrs. Pandey et Shyam, son serviteur, regardaient effectivement nos préparatifs d'un œil peu amène. Assis côte à côte sur des tabourets bas, ils levaient les yeux du plateau en cuivre où s'amoncelaient les tranches de tomate finement découpées, le gingembre et l'ail, le temps de marmonner quelques remarques sur le compte des gens qui montaient et descendaient l'escalier les bras chargés de grands tapis pliés et de coussins. Un jour où je surpris leurs propos, je crus comprendre que la fête de Miss West n'était qu'un pâle reflet d'événements comparables qu'eux-mêmes avaient vécus dans le passé. Quelques jours avant la fête, alors que j'étais en train de manger avec eux – comme je le faisais un soir sur deux, assis, jambes repliées et croisées, sur le sol de leur cuisine sombre, noire de suie et privée de fenêtre, incommodé par la fumée qui montait du foyer de brique sur lequel Shyam, armé d'une paire de pinces rouillées, retournait des *chapatis* qui gonflaient lentement –, Mrs. Pandey évoqua d'un ton plein de sous-entendus la splendeur des soirées musicales données à une époque par le maharadjah de Bénarès. Son propre père, joueur de sitar très connu, était un invité fort prisé de ces réunions. Et Panditji ? demandai-je, faisant allusion à son mari. Elle me regarda d'un air méprisant qui semblait vouloir dire : Panditji ? Parlons-en de celui-là ! Je devais bientôt découvrir qu'elle était intarissable sur ce sujet, pour elle des plus brûlants : son commerce avec le beau monde avait pris fin dès l'instant où elle avait épousé Panditji, ce musicien sans le sou qui, le jour où il avait débarqué chez son père pour étudier sous sa direction, n'avait pour tout bien, à en croire Mrs. Pandey, que les vêtements qui couvraient son corps famélique.

*

Le soir de la fête, Mrs. Pandey mangea de bonne heure avant de disparaître dans sa chambre. Comme à son habitude, Panditji resta indifférent à ce qui se passait dans la maison. Seul Shyam manifesta quelque intérêt. Il menait la vie châtrée d'un serviteur féodal, ne prêtant attention qu'aux désirs de sa maîtresse, et ne parlait que rarement si ce n'est pour énoncer une maxime en hindi, qu'il répétait *ad nauseam* tout en éventant son feu, sans aucun égard pour le contexte : « La cupidité, marmonnait-il, est le pire des maux. Elle dévore l'homme, détruit les familles, sépare le fils de ses parents, le mari de sa femme... » Ce soir-là, il était assis en tailleur, en train de récurer la cendre et l'eau des plats en cuivre, la mâchoire projetée en avant tandis qu'il mastiquait sa chique, et il dévisageait d'un œil déconcertant les invités qui passaient devant lui pour monter jusqu'au toit.

Les musiciens avaient été les premiers à arriver, vêtus

de longues *kurtas* brodées et de châles trempés dans de l'essence de rose. Miss West, qui portait une robe chocolat apparemment coûteuse, coupée dans un tissu doux et soyeux dont tout le monde, sauf moi, allait plus tard lui faire compliment, faisait les présentations. « Samar, disait-elle en me présentant. Ce garçon veut tout lire. » Tel devait être mon rôle auprès d'elle à l'avenir : celui de l'autodidacte, du lecteur fanatique qui prétendait tout dévorer. Elle prenait des airs protecteurs à l'égard du joueur de sitar, un jeune homme fluet aux traits accusés et tendus et aux longs cheveux flottants, les coins de la bouche rougis par le jus de bétel. Il s'appelait Anand...

« J'espère que vous ne maltraitez pas Catherine, lui dit Miss West, à quoi il répliqua, l'air faussement contrit, avec un accent indien très prononcé :

– Mais, Miss West, il va bien falloir qu'elle apprenne à faire la cuisine. »

Tandis que Miss West, toujours sur le mode de la plaisanterie, rétorquait :

« Quelle bande de machos vous faites, vous autres Indiens. Vous ne changerez donc jamais ? »

Mark arriva tout de suite après. Il étudiait la médecine « parallèle » à Bénarès. Miss West m'avait montré un essai qu'il avait rédigé pour un magazine américain sur la supériorité de la médecine ayurvédique ; c'était le genre de choses qu'elle semblait prendre plaisir à lire, comme tout ce qui battait en brèche les idées reçues. L'article était plein de termes techniques que j'ignorais. Mais je fus impressionné par la notice biographique, qui faisait mention des diverses occupations de Mark au cours de son existence : poète, plongeur, peintre, bouddhiste tibétain, charpentier, sans compter ses voyages dans des contrées aussi lointaines que l'Équateur ou le Congo.

Au premier aperçu que j'eus de lui, enveloppé dans un long costume afghan, je fus frappé par la beauté rude de son visage taillé à la hache et par sa carrure massive qui semblaient parfaitement correspondre aux dures années d'apprentissage auxquelles sa biographie faisait allusion. Il était accompagné de deux femmes. L'une – les cheveux coupés très court et le visage rond et joufflu barré de lunettes – s'appelait Sarah. Elle était allemande et bouddhiste pratiquante, m'avait dit Miss West, et je m'étais demandé ce qu'elle entendait par « pratiquante » : pareil mot me semblait superflu pour une personne qui s'était donné la peine d'abandonner la foi dans laquelle elle était née pour se convertir au bouddhisme. Mais je n'en dis rien à Miss West. J'avais déjà aperçu Sarah sur les *ghats* – parce que Miss West me l'avait montrée –, et elle m'avait semblé prendre sa nouvelle religion très au sérieux. Assise tous les jours au même endroit, légèrement en retrait du bord du fleuve, elle restait des heures dans la même attitude contemplative : en tailleur, les bras tendus devant elle, les mains posées sur les genoux, paumes en l'air, les yeux fixés sur un objet invisible quelque part au loin sur le fleuve. Rien ne semblait pouvoir la distraire : ni les cris des enfants jouant au badminton, ni les baigneurs du soir, ni les bateaux chargés de touristes, surpris de voir cette femme habillée à l'indienne et assise toute seule sur les *ghats*.

L'autre fille qui accompagnait Mark était sa petite amie, une fille au nez retroussé prénommée Debbie. Petite et trapue, elle semblait écrasée par la silhouette haute et massive de Mark. Elle portait de longues boucles d'oreilles en argent et un sari blanc en coton qui lui allait fort mal; des peignes indiens à la décoration surchargée maintenaient ses cheveux blonds frisés de chaque côté de son front. Elle parlait très vite, ponctuant invariablement ses phrases d'un petit rire nerveux et d'un regard interrogateur.

J'aidai Miss West à disposer la nourriture sur des plats en cuivre : *dhal*, poulet tandoori, fromage blanc aux pois, beignets de blé et riz basmati parfumé au safran.

« Où est Catherine? dit soudain Miss West. Elle est toujours en retard, la pauvre », tandis qu'avec un pichet en cuivre elle versait le *thandai* crémeux et épais, corsé de cannabis, dans les tasses en terre cuite que j'avais achetées un peu plus tôt dans la journée dans un kiosque à thé voisin. Tout le monde buvait, sauf moi (en dépit de l'insistance de Miss West : « Vous êtes sûr que vous n'en voulez pas ? Vous alors, vous êtes un vrai brahmane », ce qui amena Debbie à se retourner pour me jauger du regard). Il ne fallut pas longtemps au cannabis pour faire effet. Les voix et les rires montèrent d'un ton ; les invités cessèrent de s'observer : Mark était affalé contre des coussins, dos au fleuve et aux rares bateaux de touristes qui circulaient encore à cette heure tardive, et Sarah à moitié couchée sur le drap blanc, sa tasse de *thandai* juchée en équilibre précaire sur son estomac. Plusieurs conversations se déroulaient simultanément autour de moi.

Je surpris des bribes de celle que menaient Debbie et Sarah :

« Tu sais, j'ai rencontré un type vraiment bizarre au Taj hier, disait Debbie. Mark le connaît. C'est une espèce d'érudit. Il s'appelle Prasad... Bref, il a commencé à me poser toutes sortes de questions, mais vraiment agressives, sur le bouddhisme... moi, je voyais très bien ce qu'il pensait et où il voulait en venir... "Mais qu'est-ce qu'elle fout là, cette bonne femme ? Pourquoi est-ce qu'elle est bouddhiste ?" etc. Il ne m'a pas plu du tout. Et puis, cet accent british, snob comme pas possible... Quel connard !

– Mais comment est-ce qu'il savait que tu t'intéresses au bouddhisme ? demanda Sarah.

– Parce qu'il me l'a demandé.

– Et qu'est-ce que tu lui as dit ?

– Ben, que j'avais été élevée dans la religion chrétienne, mais que j'envisageais de me convertir au bouddhisme.

– Qu'est-ce qu'il t'a dit d'autre ?

– Pas grand-chose en fait. » Debbie donna soudain l'impression de se désintéresser totalement du sujet.

« Pour tout dire, il m'a superbement ignorée et s'est mis à parler à Mark de la façon dont les Occidentaux se sont complètement plantés à propos du bouddhisme... parce que la mentalité occidentale est incapable de s'adapter à une philosophie de la négation et que les gens ne peuvent être que des bouddhistes – attends, écoute un peu ça, il a dit des bouddhistes "à temps partiel". Je l'ai trouvé parfaitement grotesque. Alors..., ah oui, il m'a aussi demandé si j'avais lu Hermann Hesse. À quoi j'ai répondu "Comme tout le monde", et il m'a dit "Est-ce que c'est Siddharta qui vous a inspiré l'idée de venir en Inde ?", mais d'un ton, t'as pas idée. D'un condescendant ! »

Anand était en train de parler au joueur de *tabla* du concert qu'il avait l'intention de donner l'année suivante à Paris.

« Ça va me faire un paquet de fric, disait-il en hindi. À mon retour, j'ai l'intention d'ouvrir une école de sitar, leçons gratuites, repas gratuits, le grand jeu, tu vois. »

Mark discutait avec Miss West de ses projets de retour aux États-Unis et d'un mariage éventuel avec Debbie.

« Il faudra bien que je m'arrête un jour de bourlinguer. Vous savez, l'un des grands trucs que m'a appris l'Inde, c'est la découverte de la pauvreté et de la souffrance, l'existence d'un monde où les gens n'ont même pas le strict nécessaire. C'est vrai qu'à la télé, des trucs comme ça, des gamins qui meurent de faim en Afrique, on n'arrête pas d'en voir, mais on ne s'en approche jamais assez pour que ça vous touche vraiment. Résultat, ça n'imprime pas, voilà tout. Ça se passe ailleurs, loin de chez vous, on jette un coup d'œil à une carte et on oublie. Et puis, un jour, on se retrouve nez à nez avec la réalité, et là, je peux vous dire que ça fait un choc. J'ai l'impression d'avoir vraiment eu de la chance, dans ce domaine, à la fois en tant qu'artiste et en tant qu'homme. Il n'y a pas beaucoup de gens qui ont l'occasion de faire ce genre d'expériences. En Amérique, on essaie plus ou moins d'oublier la souffrance, la douleur... on ferme les yeux... seulement... dans la vie... la vraie... il y a des perdants et des gagnants... le... machisme ambiant... est dévastateur. Spirituellement, j'entends, parce qu'on s'interdit la souffrance, l'expérience de la douleur. Ce que je voudrais faire en rentrant, c'est trouver un moyen de faire partager mon expérience de Bénarès, de l'intégrer d'une manière ou d'une autre à ma vie de tous les jours. »

Miss West, qui avait donné jusque-là l'impression de lui prêter une oreille attentive, leva soudain la tête et dit d'un ton abrupt, avant de s'éloigner d'un pas vif :

« Excusez-moi, il faut absolument que je m'occupe des guirlandes. »

Mark la regarda s'éloigner, puis fit tourner les glaçons dans son verre avant de le vider d'un trait.

Tout autour de moi, les gens ne cessaient de parler, de rire, de manger, de boire. Je les regardais, de plus en plus conscient de l'étrangeté que revêtait pour moi cette soirée. Je me demandai si toutes les fêtes se déroulaient toujours de la même manière : échange décontracté de confidences, étalage désinvolte de la personnalité de chacun, amabilité facile, bavardage apparemment sans conséquence sur des sujets néanmoins importants.

J'avais l'impression d'être en présence d'un rite ésotérique, et je ne pris aucune part à la conversation. J'avais peur de dire ce qu'il ne fallait pas et je n'avais pas la moindre idée de ce qu'il convenait de dire. Je me risquai bien une fois à interroger Debbie – me contentant de suivre en cela Mark, qui m'avait posé la même question – pour lui demander ce qu'elle faisait à Bénarès. « Je ne fais que passer », me répondit-elle, ponctuant sa phrase de son rire bref et nerveux, et sa réponse me décontenança à un point tel que je me trouvai incapable de poursuivre.

*

À un moment, au cours de la soirée, une grande et belle fille qui portait un caftan bleu avec des broderies du Cachemire fit son apparition sur la terrasse. Je sus aussitôt que c'était Catherine. J'en avais entendu parler par Miss West, qui était toujours franche quand elle parlait des gens qu'elle connaissait à Bénarès, et encore plus franche quand il s'agissait de ceux qu'elle considérait comme ses « protégés », au nombre desquels se trouvaient Catherine et Anand. Il était difficile de ne pas être fasciné par l'extraordinaire beauté de Catherine. Miss West m'avait dit : « Elle est très jolie. » Cette façon de regarder les femmes m'avait paru incongrue. « Joli » n'était pas un mot qu'on leur appliquait dans ce monde qui jusqu'ici avait été le mien et où on laissait même les plus belles dans l'ignorance de leur beauté. Les femmes étaient des filles obéissantes, des épouses soumises et des mères dévouées ; en dehors de ces rôles, elles n'avaient aucune existence propre. J'observais Catherine à la lumière de la remarque de Miss West, et le mot « joli » cristallisa soudain autour de lui l'adorable vulnérabilité de son visage, la peau claire et lisse, les grands yeux noisette qui regardaient le monde avec une incertitude teintée de tristesse, le renflement de la lèvre inférieure, les cheveux aux ondulations sombres qui dessinaient un V à l'envers sur son front d'une symétrie parfaite. Quand, ensuite, on entendait son doux accent français, il semblait d'autant plus incongru qu'il la faisait apparaître étrangement enfantine, plus humaine, plus docile.

Le père de Catherine était un banquier parisien en vue, et si elle était venue à Bénarès, c'était pour échapper à l'oppression de parents excessivement « bourgeois », mot que je ne connaissais que par les textes marxistes. À Bénarès, Catherine était tombée amoureuse d'Anand, qu'elle avait rencontré lors d'une des soirées musicales de Miss West. Ils vivaient ensemble dans une maison voisine, au bord du fleuve. À la fin de l'hiver, Catherine projetait d'emmener Anand avec elle à Paris, où il tenterait de gagner sa vie en donnant des concerts et en enregistrant des disques, tandis qu'elle-même terminerait sa licence de philosophie.

Miss West se chargea des présentations. Une fois de plus, je passai pour l'infatigable autodidacte. Catherine sourit et me demanda sans grande originalité ce que j'étais en train de lire. « Tourgueniev ? Oh, je l'adore, s'exclama-t-elle. Toutes ces maisons de campagne et ces gens passionnés. Mais ce livre-là, je ne l'ai pas lu. Vous me le prêterez ? » Pour toute réponse, je ne réussis qu'à bégayer un oui mal assuré.

« Et si nous passions à la musique ? » demanda Miss West, de cette voix forcée et tendue que je ne lui connaissais pas. Elle jeta des regards inquiets autour d'elle. « Qu'en dites-vous ? Allez, un petit effort. » Les conversations s'interrompirent et, avec un petit signe de tête dans sa direction, les gens se mirent en devoir, non sans réticence, de s'installer sur les deux grands matelas parsemés de coussins qui avaient été placés juste en face des musiciens. Le sitar et les *tabla* furent déballés et dûment accordés. Tandis que tout le monde applaudissait, Miss West passa des guirlandes autour du cou des musiciens, leur appliqua des pastilles vermillon sur le front et disposa *diyas* et bâtonnets d'encens devant eux.

L'un des musiciens qui étaient arrivés avec Anand – une vieille courtisane qui avait passé la plus grande partie de la soirée sans bouger dans un coin de la terrasse – ouvrit le concert en chantant un *thumari* qui racontait l'amour de Radha pour Krishna, l'attente qui reste à jamais insatisfaite et se teinte d'une acceptation douce-amère de la vie et de ses limites. La prestation était superbe, témoignant d'une profondeur de sentiment que l'on n'aurait certainement pas soupçonnée à voir la chanteuse, qui ne devait pas avoir loin de soixante-dix ans et dont les yeux bordés de khôl étaient d'un noir effrayant. Assis devant moi, Mark, qui me bouchait la vue que j'avais de Sarah, ne cessait d'agiter la tête et de projeter les mains en l'air en signe d'appréciation, d'une manière toute indienne. Assise en tailleur, les yeux fermés, Debbie semblait une fois de plus plongée dans la méditation. Miss West, dont je n'apercevais que le profil, avait cette expression mélancolique que je lui voyais souvent sur le toit quand elle restait des heures à contempler le fleuve.

Puis vint le tour d'Anand, qui joua le *Raga Yaman*, l'un des *raga* indiens les plus graves ; le visage empreint d'une intense concentration, il laissait ses doigts courir sur les cordes avec une véhémence d'autant plus frappante qu'elle contrastait avec les notes sombres et majestueuses que produisait son instrument. Catherine l'accompagnait au *tanpura*. « Ils sont très amoureux », m'avait confié Miss West, mots que je retournais maintenant dans ma tête en essayant de les appliquer au couple que j'avais sous les yeux. Mais c'est à peine si Catherine et Anand se regardaient. Il était difficile d'imaginer entre eux cet échange continu de tendresse et de passion que suggéraient les mots « très amoureux », tant ils m'apparaissaient dissemblables : Anand, agité et tendu, dont le visage mince et le regard tourmenté seraient toujours associés pour moi au dédale des ruelles sombres et endormies qui nous entourait; Catherine, calme et maîtresse d'elle-même, semblant appartenir à un autre monde, plus riche et plus complet que celui dans lequel elle vivait actuellement.

Au cours des mois qui suivirent cette soirée, je devais apprendre à connaître toutes ses humeurs et toutes ses attitudes, la voir dans toutes les tenues possibles et imaginables et à toutes les heures du jour; lesquelles resteraient gravées à jamais dans mon esprit envoûté. Mais c'est cette image d'elle, assise très droite sur le tapis de jute, pinçant d'un air distrait les cordes du *tanpura*, son visage lisse et parfait baigné de la lumière dorée répandue par les flammes dansantes des *diyas*, qui m'est restée avec le plus de netteté et qui, dans mon souvenir, illumine encore aujourd'hui cette soirée de son rayonnement.

2

Il ne me fallut pas très longtemps pour reproduire à Bénarès le genre de routine que j'avais connue et que je m'étais imposée pendant mes années d'études à Allahabad. Je me levais de bonne heure, réveillé le plus souvent par les bruits qui provenaient des maisons voisines : transistors déversant des flots bruyants de musique religieuse, pleurs d'enfants en bas âge, claquements du linge qu'on lavait contre le sol de la salle de bains, voix de ceux qui faisaient la queue devant le robinet public dans la ruelle en dessous, cascades d'eau giclant dans les seaux en plastique.

Une heure plus tard, j'étais prêt à partir. La porte de la chambre de Miss West était encore fermée quand je descendais l'escalier pour aller prendre mon petit déjeuner avec Mrs. Pandey et Shyam. Je m'asseyais sur un tabouret bas dans la cuisine sans lumière, mangeais mes *parathas* tièdes à même le plat en cuivre et buvais un thé brûlant parfumé au gingembre dans un gobelet en métal. Shyam, accroupi devant le foyer de brique, activait les flammes avec un éventail en jute encrassé de suie. Mrs. Pandey, assise en face de moi, préparait des légumes dans une grande bassine, son large visage, comme toujours, dénué d'expression.

Je faisais à pied les quatre kilomètres qui me séparaient de la bibliothèque : mes maigres moyens ne me permettaient pas de faire les allers et retours en *rickshaw* tous les jours.

Une fine brume frangée de carmin couvrait encore le fleuve quand je sortais de la maison. Les ruelles menant à la route principale étaient encore vides, leurs maisons noyées dans des vapeurs bleuâtres que le soleil n'avait pas encore dissipées, alors qu'il avait déjà commencé à jouer timidement sur les façades des maisons du quai. Les immondices formaient des tas inégaux ou jonchaient les pavés de la chaussée, adhérant là où les avait déposés un égout à ciel ouvert débordant de toutes parts. Tous les vingt mètres, l'air se chargeait d'une nouvelle puanteur.

La chaussée était creusée de nids-de-poule qui, lors d'averses intempestives, réfléchissaient dans leur grisaille immobile et sale le sommet des maisons ainsi qu'une échappée de ciel. Il y avait peu de circulation, à l'exception de quelques livreurs de journaux à bicyclette, qui pédalaient d'un pied alerte en dépassant les *rickshaws* plus lents et regorgeant d'écoliers bruyants, de cartables et de bouteilles d'eau en plastique ; silhouettes vives et fringantes, qui contrastaient avec les conducteurs de *rickshaws*, tirant leurs lourds chargements en silence, actionnant laborieusement de leurs pieds nus la pédale réfractaire, épaules rejetées en arrière, bras tendus à l'extrême sur le guidon.

Après le goulot d'étranglement de Lanka – maisons de briques pareilles à des clapiers, boutiques aux volets baissés, égouts à ciel ouvert, vendeurs de légumes installés à même le trottoir, kiosques à thé empiétant sur la chaussée –, les espaces verts de l'université constituaient une surprise toujours renouvelée, avec leurs larges avenues bordées d'arbres qui traversaient le campus de part en part, leurs terrains de cricket et de hockey, leurs bosquets frais et tranquilles de bambous, de banians et de manguiers.

*

La personne que je connaissais le mieux dans cette autre vie que je menais sur le campus – totalement distincte de celle qui était la mienne dans la maison de Mrs. Pandey, avec Miss West pour voisine – était Rajesh. Son nom m'avait été communiqué par quelqu'un que j'avais connu à Allahabad, un certain Vijay. Ce dernier, qui, à une époque, avait été secrétaire du syndicat étudiant, avait quitté l'université d'Allahabad à un âge déjà avancé, après avoir accumulé, à la manière des étudiants qui font de la politique, six licences dans les domaines les plus variés : littérature, sciences économiques, journalisme et droit. Il était maintenant « entrepreneur » : terme protéiforme très en vogue, susceptible de désigner aussi bien un fournisseur de matériaux de construction qu'un mafieux responsable d'incendies, ou même de meurtres. Presque tous les politiciens et les agitateurs encore étudiants s'attribuaient le titre d'« entrepreneur », censément plus honorifique que celui d'« homme d'affaires ».

Mais Vijay était brahmane et, en tant que tel, se sentait tenu de se démarquer du commun des « entrepreneurs ». Il s'était fait un nom en organisant une grande manifestation contre le Premier ministre d'alors, Indira Gandhi, venue en visite à l'université quelques années avant d'être assassinée. La manifestation avait dégénéré quand la police était intervenue pour tenter de disperser les contestataires ; elle s'était montrée particulièrement brutale à l'endroit de Vijay. Couché sur son lit d'hôpital, atteint de multiples fractures, le crâne couvert de points de suture, Vijay avait reçu la visite d'hommes politiques nationalement connus, membres de l'opposition, et avait ainsi connu une célébrité éphémère.

Désormais trop âgé pour pouvoir être encore actif au sein des mouvements politiques étudiants, il faisait néanmoins preuve d'une sollicitude de frère aîné à l'égard des étudiants brahmanes de l'université. Il œuvrait auprès de l'administration pour faire reporter la date de tel ou tel examen ou obtenir qu'un étudiant exclu soit réintégré ; il ne comptait pas son temps lorsqu'il s'agissait de parcourir le dédale de la bureaucratie afin que les brahmanes se voient attribuer davantage de chambres dans les résidences universitaires. En retour, il ne demandait rien à ceux pour lesquels il obtenait une faveur, en dehors d'un vote favorable aux candidats brahmanes lors des élections au bureau du syndicat étudiant. C'est ainsi qu'il en était venu à me connaître : il s'était proposé pour m'aider à obtenir un certificat médical, et j'étais devenu l'un des jeunes brahmanes qu'il avait pris sous son aile. Les brahmanes « studieux » comme moi, disait-il, prononçant le mot anglais avec délice, avaient besoin d'« appuis » s'ils voulaient continuer à étudier sans être dérangés par le « lumpen » des basses castes et les « éléments antisociaux ».

Il s'était probablement imaginé étendre son patronage jusqu'à Bénarès en me donnant le nom de Rajesh et en me demandant d'aller voir celui-ci à l'Université hindoue.

Je lui avais dit que je n'y manquerais pas, tout en n'ayant guère l'intention de tenir ma promesse. À dire vrai, Vijay me mettait mal à l'aise. Je n'éprouvais aucune sympathie pour la politique partisane fondée sur les notions de caste ou de religion, et j'étais bien décidé à rester à l'écart du trafic d'influences et des intrigues qui étaient monnaie courante dans les diverses factions politiques et donnaient souvent lieu à des actes de violence.

Mais un soir, peu de temps après mon arrivée à Bénarès, alors que je sortais de la bibliothèque, je vis un garçon au milieu d'un groupe d'étudiants plonger la main sous sa *kurta* crasseuse, en sortir un pistolet de facture grossière et tirer un coup en l'air. Il ne devait pas avoir plus de dix-sept ans, et sans doute ne faisait-il que jouer au dur. D'ailleurs, ceux qui l'entouraient lui donnèrent aussitôt de grandes claques dans le dos en éclatant de rire. Mais les autres, dont j'étais, eurent la frayeur de leur vie ; les oiseaux perchés dans les énormes banians s'envolèrent dans un grand bruissement d'ailes effrayé ; un *rickshaw*, qui entrait dans l'enceinte de la bibliothèque, freina brusquement avant d'aller terminer sa course dans une haie.

Tout le monde avait ri de l'incident, après coup. Mais l'espace d'un bref instant, j'avais vraiment eu peur, et le campus avait soudain pris pour moi une allure toute différente. Tandis que je rentrais chez moi ce soir-là, il m'apparut sous un jour menaçant : la violence semblait latente dans tous les groupes d'étudiants que l'on y croisait. Je ne connaissais personne à l'université et j'étais plus conscient que jamais de ma vulnérabilité.

Les troubles qu'avait récemment connus l'établissement ne faisaient qu'augmenter mes craintes. Pendant plusieurs mois, le campus avait été le siège de batailles rangées entre la police et les étudiants. Le jeu s'était un peu calmé. Mais la paix n'était que temporaire ; il suffisait d'une pierre soigneusement lancée pour raviver les hostilités. À quelques centaines de mètres de l'entrée principale du campus se trouvait la résidence du président de l'université, homme très impopulaire auprès des étudiants en raison de ses méthodes musclées, lesquelles étaient à l'origine de nombre des conflits. C'était là que stationnaient des cohortes de policiers, pour la plupart de jeunes recrues très nerveuses en uniforme kaki, n'attendant qu'une occasion pour entrer en action. Vautrés sur des lits de camp devant des tentes en toile goudronnées, en train de jouer aux cartes, leurs matraques, leurs fusils et leurs boucliers posés à même le sol, ils étaient capables au premier signe – un jet de pierre, une vitre qui vole en éclats, une grenade qui explose – de se transformer très vite en une horde sauvage.

Non loin, sur la même route, vivaient leurs ennemis, à savoir les étudiants, dans une série de résidences, elles aussi construites dans le style indo-sarrasin. La violence qui minait l'université avait trouvé là une cible rêvée : après des années d'incendies volontaires et de vandalisme, ces bâtiments étaient dans un état d'extrême délabrement. Les graffitis agressifs qui s'étalaient en noir sur les murs donnaient un avant-goût du mobilier ravagé, des vitres cassées et des balustrades effondrées que l'on trouvait à l'intérieur ; les sous-vêtements blancs qui séchaient sur des cordes sous les arcades de ces constructions à deux étages évoquaient ces taudis à la sortie de Bénarès, désormais envahis par les squatters.

Les résidences n'étaient pas occupées uniquement

par des étudiants. Elles étaient très prisées par les jeunes gens démunis de la région de Bénarès, pour qui elles représentaient une étape importante sur le chemin qui, du moins l'espéraient-ils, les ferait sortir de leur extrême pauvreté. Les loyers étaient très bas, et il arrivait qu'on n'ait même pas besoin de les régler. On pouvait vivre dans une de ces résidences pendant des années, en attendant le miracle d'un emploi dans l'administration, sans débourser plus de quelques centaines de roupies.

*

Rajesh vivait dans l'une des résidences les plus délabrées. La cour était envahie d'herbes folles, qui arrivaient jusqu'au pied des deux longues ailes du bâtiment. Des magmas de cigarettes détrempées flottaient dans l'écume stagnante de l'égout qui longeait le bas des murs. Ceux-ci étaient maculés de grandes traînées verdâtres là où la pluie et l'humidité s'étaient infiltrées ; le plâtre se décollait un peu partout, laissant la brique à nu. La partie inférieure des piliers s'ornait de motifs de batik rougeâtres, traces indélébiles des crachats répétés de jus de bétel. Des chaises et des tables sans pieds s'empilaient sous l'escalier sombre, qui sentait vaguement l'urine. Des lambeaux de journaux jaunis jonchaient les marches.

La plupart des chambres étaient fermées par de lourds cadenas qui pendaient aux portes. Les lieux étaient pratiquement déserts : parcourant du regard la grande cour sur laquelle donnait la chambre de Rajesh, je ne vis qu'un homme émerger, torse nu, le temps de poser une serviette mouillée sur la balustrade avant de disparaître à nouveau dans sa chambre.

Rajesh habitait au bout d'un long couloir au premier étage ; sa porte était ouverte quand j'arrivai. Le crépuscule n'était pas loin, et il faisait sombre à l'intérieur. Il était allongé sur un lit pliant, vêtu d'un col roulé et d'un pantalon en polyester bon marché, de ceux que l'on trouve dans les minuscules boutiques en planches juste à l'extérieur de l'université. Il lisait une édition de poche en hindi des poèmes de Faiz, l'exilé pakistanais, le poète de la douleur et de l'abandon. Et semblait totalement absorbé par sa lecture.

Il me jeta un coup d'œil par-dessus son livre quand je frappai à la porte. Je me présentai, ajoutant que je venais de la part de Vijay.

Il me donna l'impression de savoir aussitôt la raison pour laquelle je m'étais déplacé. « Oui, oui », dit-il en se levant, la main tendue.

C'était un grand et bel homme, mince et souple, dont les yeux marron foncé, en dépit de leur vivacité, trahissaient une légère incertitude. Il y avait quelque chose de fermé, d'impénétrable dans son expression, dans son menton volontaire, dans la manière dont il gardait serrées ses lèvres minces. Ses cheveux noirs et épais étaient tous rejetés d'un seul côté du visage ; contrairement à la plupart des étudiants, il ne portait pas de moustache. Il s'était mal rasé ce matin-là et il avait encore de petites touffes de poils sous le menton, là où s'arrêtait son col roulé.

Il parlait lentement, pesant soigneusement ses mots – avec des traces d'accent régional dans son hindi –, et ses yeux, habituellement vigilants, perdaient alors de leur intensité, comme indifférents au monde.

« Où est-ce que tu habites à Bénarès ? » me demanda-t-il. Quand je lui eus donné mon adresse, il resta silencieux un moment avant de demander : « Tu connais Arjun ? »

Je lui dis que c'était le fils de mon propriétaire. S'il fut surpris, il n'en montra rien. Il digéra cette information en silence, tout en regardant par la fenêtre et en se passant la main dans les cheveux.

Puis, à brûle-pourpoint, il me demanda : « Tu as lu Faiz ? »

Je répondis par l'affirmative.

Il n'eut pas l'air d'avoir entendu ma réponse. Il prit son livre là où il l'avait posé, ouvert sur le lit, et se mit à réciter quelques vers d'une voix sombre et posée :

Ye dagh dagh ujala, ye shab-gazida sahar
Vo intizar tha jis ka, ye vo sahar to nahin,
Ye vo sahar to nahin jis ki arzu lekar
Chale the yar ke mil-jacgi kahin na kahin
Falak ke dasht men taron ki akhiri manzil
Kahin to hoga shab-e sust mauj ka sahil
Kahin to jake rukega safina-e-gham-e-dil.

Ce lever du jour lépreux, aube que les crocs de la nuit ont mutilée –
Ce n'est pas le lever tant attendu,
Pas l'aurore claire en quête de laquelle sont partis
Les camarades, croyant que dans le vide immense de la nue
Devait se trouver quelque part le dernier abri des étoiles,
Quelque part la frange de la lente marée de la veille,
Quelque part un port pour le navire de la douleur.

Un trouble étrange envahit son visage tandis qu'il récitait. Quand il eut fini, il resta un moment sans bouger, les yeux rivés sur le livre ouvert dans sa main. Puis il se leva brusquement et m'offrit d'aller me chercher un peu d'eau ; son regard, quand il croisa le mien, était à nouveau rempli d'incertitude.

Le pot en terre qu'il alla repêcher sous son lit se révéla être vide. Sur quoi, il sortit pour aller le remplir dans la salle de bains commune au bout du couloir.

Sans lui, la chambre avait l'air plus grande, moins encombrée. À côté du lit, il y avait un bureau assez fruste, une chaise en bois et une étagère en bambou, dont les pieds grêles menaçaient de céder sous le poids de vieux livres et de papiers poussiéreux. Des toiles d'araignées s'accrochaient au plafond et même aux larges pales noirâtres d'un ventilateur antédiluvien. À un clou solitaire planté dans le mur bleu foncé pendait une paire de jeans bon marché. Des tennis boueuses étaient posées sur le sol en pierre. Sous le lit se trouvait une malle métallique noire, objet des plus attendus en ces lieux puisqu'il accompagnait presque invariablement les étudiants lors de leur entrée à l'université, événement qui marquait pour eux l'accès aux responsabilités de l'âge adulte. Moi-même, j'en avais eu une semblable quand j'étais arrivé à l'université d'Allahabad. Mais ici, cette malle avait quelque chose d'incongru, avec le nom de Rajesh inscrit en caractères romains blancs et fleuris, juste au-dessus du mot « Université », auquel manquait un « i ».

Je ne remarquai qu'en dernier le sac avec les pistolets, probablement parce qu'il faisait tellement partie du décor, s'accordait si bien avec le mobilier détérioré, les mauvaises herbes et les crachats de bétel. Deux pistolets sortaient à moitié d'un fourre-tout en jute posé sur le sol à côté d'un seau en plastique vert. J'en avais déjà vu de semblables auparavant : pièces archaïques à long canon, tout en métal, qui devaient sortir tout droit d'une arrière-boutique miteuse des quartiers pauvres de la ville. Ils ne paraissaient pas des plus fiables, et il arrivait effectivement qu'un coup de feu parte à la moindre pression sur la détente.

Vijay m'avait dit que Rajesh ne se mêlait pas de politique. J'étais personnellement moins sûr de ce qui l'occupait à l'université. Les pistolets m'interpellaient ; pire, ils me rendaient nerveux. Pour un peu, j'aurais donné cher pour ne pas être venu.

Rajesh revint avec son eau, puis me proposa de sortir pour aller boire un thé. « Il n'y a pas de courant, dit-il, montrant du doigt l'ampoule nue qui pendait au bout d'un long morceau de fil électrique accroché au plafond. Pas d'électricité de toute la journée, aujourd'hui. »

Il me vint à l'esprit que c'était peut-être pour une autre raison qu'il avait envie de quitter cette pièce. Les pistolets étaient-ils en cause ? Il n'avait pourtant rien tenté pour me les dissimuler.

Nous longeâmes les couloirs déserts jusqu'à la grille d'entrée rouillée, qui, à moitié sortie de ses gonds, creusait un sillon dans la terre chaque fois qu'on la poussait. Je demandai à Rajesh la raison d'être de toutes ces chambres verrouillées. Il me répondit que la plupart des étudiants étaient rentrés chez eux après avoir passé leur « terminal » – le principal examen d'entrée dans la fonction publique.

Puis il resta silencieux un long moment. Mais alors que nous atteignions la route bordée d'arbres qui menait au kiosque à thé, il me demanda : « Tu as l'intention de le passer, cet examen ? »

Je répondis que oui, mais que je n'avais pas encore vingt et un ans.

Je regrettai aussitôt ma réponse, mais la pensée de cet examen me tracassait depuis quelque temps déjà. C'était en partie la raison pour laquelle on m'avait envoyé à Allahabad. C'était aussi celle pour laquelle la plupart des gens – en Inde du Nord, du moins – allaient à l'université. Dans des temps plus anciens, la fonction publique, créée à l'origine par les Britanniques, avait massivement recruté dans les rangs des étudiants sortis des universités d'Allahabad et de Bénarès. Même si la situation s'était considérablement détériorée au cours de la dernière décennie, la réputation de ces universités n'avait pas trop souffert : on continuait à les considérer comme la voie royale pour entrer dans l'administration. Pratiquement tous les étudiants, à un moment ou à un autre de leur carrière, passaient ces examens qui comportaient trois étapes et s'étalaient sur une année entière; c'était la chose à faire, que votre dossier universitaire justifie ou non vos ambitions. Bien que très difficiles, ils offraient encore le moyen le plus rapide d'accéder à la richesse et au pouvoir en Inde du Nord. Mieux encore, ils offraient aux étudiants des bourgades et des villages voisins leur seule chance d'échapper au désespoir qui les attendait s'ils rentraient chez eux. C'est ainsi que ces étudiants passaient la majeure partie de leur jeune vie d'adulte dans des chambres mal éclairées, à se débattre avec d'innombrables annales d'examens, à mémoriser des essais entiers sur Gandhi et Nehru, à se remplir la tête de statistiques absconses sur l'économie indienne. Seule une poignée d'entre eux réussissait. Pour les autres, les résultats prenaient chaque année l'allure d'une catastrophe. Prématurément vieillis, on les reconnaissait entre tous, avec leurs cheveux gris, leurs pattes-d'oie et leur vue affaiblie. Et chaque année, il y avait au moins quatre ou cinq suicides.

Au kiosque – que je connaissais pour y être déjà venu –, le propriétaire, un gros homme ventru, cessa d'actionner son poêle à pétrole dès qu'il aperçut Rajesh et abandonna le comptoir pour se précipiter à sa rencontre.

Rajesh reçut ces attentions avec détachement, me sembla-t-il, mais je fus frappé par l'obséquiosité du bonhomme. Quelques jours auparavant, je l'avais vu saisir un étudiant par la peau du cou, après une dispute qui s'était rapidement envenimée, et l'envoyer rouler dans la rue où il était allé percuter un cycliste terrifié. Un acte de violence perpétré à l'encontre d'un étudiant pouvait entraîner des mesures de rétorsion immédiates, mais le comportement du propriétaire du kiosque suggérait qu'il se souciait peu d'une telle éventualité et qu'il était en bons termes avec les éléments les plus agressifs de la communauté étudiante.

Armé d'un chiffon humide, il essuya un banc en bois étroit, le rapprocha de l'éventaire encombré de bouilloires et de verres et nous invita à nous asseoir. Il faisait presque nuit maintenant; les oiseaux jacassaient à qui mieux mieux dans le gros manguier au-dessus de nos têtes, et les moustiques dansaient autour de la lampe à gaz posée sur le comptoir.

Enveloppés de couvertures et de châles épais, quelques étudiants surgirent de l'obscurité. Quand ils aperçurent Rajesh, ils s'approchèrent du banc où nous attendions notre thé, témoignant d'un respect sans borne à son égard : certains semblaient même prêts à lui toucher les pieds, mais se contentèrent finalement de lui effleurer les genoux.

Rajesh ne fit pas mine de me les présenter, mais ils me serrèrent tous la main en me donnant leur nom. Leurs accents autant que leurs patronymes disaient assez qu'ils étaient brahmanes, originaires des provinces rurales autour de Bénarès, et qu'ils étaient en tout point semblables aux étudiants qui faisaient le siège de Vijay à Allahabad : des garçons « studieux », issus de familles pauvres, que leur position de nouveaux venus à l'université rendait vulnérables et qui avaient un besoin urgent d'« appuis ».

Ils commencèrent à parler entre eux d'un incident qui avait eu lieu non loin de la résidence des filles et au cours duquel un élément extérieur à l'université avait été surpris en train d'importuner une étudiante et sévèrement passé à tabac. J'étais assis là à écouter, quand Rajesh se tourna vers moi. « Tu es ici pour étudier, non ? » me demanda-t-il.

Ne sachant trop que dire, je me contentai d'acquiescer de la tête.

« Alors, c'est ce que tu dois faire, poursuivit-il. Si quelqu'un t'embête, tu viens me trouver, et je lui réglerai son compte, à ce salopard. »

Je ne distinguais pas son visage dans l'obscurité, mais il avait parlé d'une voix égale, sans emphase particulière. Il avait à peine terminé que quelqu'un se tournait vers lui pour lui demander ce qu'il pensait de Rajiv Gandhi : le scandale des missiles Bofors venait tout juste de faire la une des journaux, transformant soudain Gandhi, qui jusqu'ici passait pour un Monsieur Propre, en politicien hypocrite et corrompu.

Pendant un moment, il ne dit rien, puis il ouvrit la bouche, et j'eus l'impression qu'on ne pourrait plus l'arrêter. Il parla non seulement de Rajiv Gandhi qui, à l'en croire, était complètement coupé des réalités indiennes, mais aussi de sa mère, Indira, puis du Pandit Nehru. Il était convaincu que la famille Nehru-Gandhi avait causé beaucoup de dégâts en Inde. Disant que Nehru ne s'était pas montré suffisamment ferme dans sa lutte contre la corruption. Ajoutant, l'instant d'après, que c'étaient les circonstances qui l'avaient forcé à se montrer un peu trop conciliant. Son discours était rempli de contradictions et donnait à penser qu'il n'avait guère pris le temps de réfléchir aux questions qu'il évoquait. Ce qui n'empêchait pas les étudiants de boire ses paroles, ni lui de pérorer avec emphase, tout en pesant soigneusement ses mots et en regardant l'un après l'autre les visages qui l'entouraient. De temps en temps, comme pour mieux souligner un point, il s'envoyait une grande claque sur la cuisse.

Il ne s'arrêta que quand le thé, très sucré et parfumé à la cardamome, arriva dans de minuscules dés à coudre, servi par un jeune garçon vêtu d'une veste élimée trop grande pour lui, passée sur un maillot de corps repoussant de saleté. Nous bûmes notre thé à petites gorgées, respirant d'abord avec avidité les vapeurs chaudes et parfumées qui s'en échappaient.

La conversation s'orienta sur un étudiant qui, en deux ans d'exercice dans la fonction publique, avait accumulé des millions de roupies en pots-de-vin. Quelqu'un ajouta, d'une voix faussement respectueuse, qu'il avait également décroché une dot de douze millions de roupies.

Du coup, d'autres fonctionnaires du même acabit et d'autres grosses sommes furent mentionnés, le ton montant au fur et à mesure de la discussion. Le jeune garçon à la veste élimée se mit à asperger le sol crevassé avec de l'eau qui coulait d'une tasse en plastique. Du gros transistor gainé de cuir éraflé, accroché à un clou dans le tronc du manguier, nous parvenait la voix de basse du présentateur des nouvelles sportives de sept heures.

Quelques étudiants passèrent devant le kiosque et, remarquant la présence de Rajesh, le saluèrent en inclinant la tête. Celui-ci leur répondit d'un signe à peine perceptible. J'étais de plus en plus perplexe à son sujet. Son admiration pour Faiz, les pistolets, son statut de « parrain », son monologue dénonçant la dynastie Nehru-Gandhi me laissaient une impression ambiguë. Mais il était difficile de nier le sentiment de sécurité qui se dégageait de sa présence, et je me dis que je pouvais peut-être oublier le reste. Assis à ses côtés ce soir-là, en compagnie des rares personnes que je connaissais alors sur le campus, je me sentais en sécurité pour la première fois depuis bien longtemps. Il y avait certes des zones d'ombre autour de Rajesh, des éléments qui ne collaient pas, mais à ce stade peu m'importait.

3

J'appris à mieux connaître Rajesh au cours des semaines qui suivirent. Mais j'étais plus à l'aise avec Miss West; le monde qu'elle représentait piquait davantage ma curiosité que l'université, dont je ne connaissais que trop les tensions récurrentes.

J'avais eu un moment un peu difficile avec elle juste après la fête. Ce soir-là, j'avais été le premier à partir. J'étais toujours au lit à dix heures, règle que je n'allais pas tarder à enfreindre. La fête s'était poursuivie tard dans la nuit – je m'étais endormi avec, dans l'oreille, les notes apaisantes du sitar d'Anand.

De bonne heure, le lendemain matin, je fus réveillé par les bruits désormais familiers de quelqu'un utilisant les toilettes à ciel ouvert en haut de l'escalier. L'endroit n'était pas pourvu de chasse d'eau, et nous devions arroser le bac à l'aide d'une grande boîte rouillée de lait en poudre Nestlé qu'il fallait remplir à un robinet souvent défaillant. J'entendis le grincement de la porte en tôle, les gargouillis de l'eau s'évacuant dans le trou creusé à même le sol, puis les couinements vains et répétés du robinet à sec.

C'est alors que je perçus un autre bruit : des reniflements, comme si quelqu'un s'efforçait d'étouffer des sanglots. Je restai là, allongé dans la pénombre, à écouter les bruits qui se poursuivirent un moment, avant de me décider à me lever pour aller voir.

Il faisait froid sur le toit, où montait déjà, dans l'air bleuté, la fumée du feu qu'activait Shyam en bas pour faire sa cuisine. Miss West, qui n'avait pas quitté sa robe de soirée marron, était assise par terre, effondrée contre le petit parapet, au milieu du désordre de la nuit précédente : tasses en terre renversées, matelas épars, draps froissés, pétales de soucis écrasés.

Avec son air échevelé et bizarre, elle semblait complètement vidée de l'énergie et de la vitalité qui l'avaient habitée quelques heures plus tôt : dans son sommeil, le vermillon de son *bindhi* avait coulé et s'était répandu sur son grand front pur. Elle me regarda avec des yeux gonflés de larmes au moment où je sortais de ma chambre ; sa voix gardait encore des traces du cannabis qu'elle avait absorbé la veille quand elle me lança :

« Oh, bonjour. Je vous ai réveillé avec mes pleurnicheries ? »

Je la rassurai.

Mais elle ne m'écoutait pas. Le visage tourné de l'autre côté, elle me dit :

« Quel gâchis ! Mais quel putain de gâchis ! »

De sa part, un tel juron était inattendu, troublant, et je restais là, ne sachant trop que faire, quand elle ajouta :

« Soyez gentil, voulez-vous ? Aidez-moi à regagner ma chambre. »

Je saisis sa main tendue et l'aidai à se relever. Elle passa son bras autour de mes épaules tandis que nous prenions le chemin de sa chambre.

« Vous êtes tellement gentil, tellement, tellement gentil », marmonna-t-elle. À la sentir ainsi peser sur moi, à respirer l'odeur de l'eau de rose qu'avait apportée Anand la veille et dont il avait aspergé tous les invités, je fus soudain oppressé par le poids des souvenirs, des blessures, des ambitions, des regrets qui agitaient et bouleversaient ce corps appuyé contre le mien.

Une fois dans sa chambre – que je découvrais pour la première fois –, elle changea brusquement d'attitude. Quand je me penchai pour lisser les draps de son lit, elle me dit d'une voix sèche : « Laissez ça. Je m'en occuperai moi-même. » Et, tandis que je m'apprêtais à quitter la pièce, elle ajouta : « Attendez que je sois couchée », avant d'arpenter sa chambre en tous sens, moitié marchant, moitié trébuchant, à la recherche de ce qui se révéla être ses somnifères.

Je restai là à attendre, bras ballants, tout en regardant le collage de photographies qu'avait réalisé Miss West sur l'un des murs de sa chambre, comme les autres rongé d'humidité. Il devait s'agir d'amis ou de parents. S'ils avaient été pris à des moments différents, les clichés n'en présentaient pas moins de remarquables ressemblances : on retrouvait partout les mêmes visages riant aux éclats ou éclairés par un grand sourire, tous pleins de santé et de bonne humeur. Seul le cadre changeait : ici, c'était un pique-nique dominical, avec paniers en osier regorgeant de victuailles, verres en carton et bouteilles de champagne ; là, une sortie à la plage ; ailleurs, une piste de danse encombrée d'épaules nues et de nœuds papillon noirs ; ailleurs encore, un dîner de Noël, plein de visages animés autour d'une table surchargée de terrines, d'assiettes et de verres à vin. Je remarquai les minuscules légendes sous certaines photos, tandis que Miss West, qui avait enfin mis la main sur ses somnifères, se versait un peu d'eau dans un verre. Ici, il s'agissait de Fiona, haletante, courbée en deux et riant aux éclats, fuyant l'approche d'une vague ; là, c'était Juliette, les épaules bronzées, accompagnée d'un homme en smoking. Je m'attardai tout particulièrement sur les photos de Miss West, qui présentaient toutes des versions bien plus jeunes de la femme que je connaissais. Sur l'une d'elles, elle était assise, arborant lunettes de soleil et chapeau de paille, sur ce qui ressemblait à la véranda d'une maison au bord d'une falaise, avec en arrière-plan l'azur profond de la mer. Sur une autre, elle avait le bras passé autour de la taille d'un homme assez grand, identifié sous le nom de Christopher. Sa stature, en même temps que la culotte de cheval qu'il portait, donnaient l'impression d'une certaine arrogance, vite démentie cependant par le sourire timide qui éclairait son visage agréable. On le retrouvait sur plusieurs autres photos. Je me demandai ce qu'il représentait pour Miss West. Était-ce son mari ? Mais en ce cas, pourquoi l'appelait-on *Miss* West ?

Je laissai Miss West sur son lit, petite forme immobile sous les couvertures, et allai arpenter le toit pendant quelques minutes. Sur le fleuve qui brasillait des premières rides argentées de l'aube commençaient à apparaître les bateaux de touristes. Un éternuement caractéristique s'échappa de la fenêtre ouverte de la maison voisine : la femme dont je n'arrivais jamais à voir le visage était en train de se sécher les cheveux dans une serviette. Quelque part vers le nord, sur les *ghats* surpeuplés, sourdaient d'un haut-parleur bégayant et hoquetant les bribes d'une vieille mélodie hindi qui montaient dans l'air immobile.

J'étais quelque peu perturbé. Je venais de découvrir une Miss West qui m'était inconnue et je ne savais trop comment réagir ni comment interpréter son brusque désespoir. Je ne cessais de revenir aux photos, sans pouvoir me défaire de l'impression tout à fait extraordinaire qui s'en dégageait. Elles évoquaient une vie tellement ample et variée, si pleine de plaisirs et de richesses... Il me vint à l'esprit que la disposition et le montage de ces photos avaient dû réclamer une dose peu commune de soins et d'énergie, et ma vision de Miss West s'en trouva à nouveau changée. Je me rendais compte maintenant à quel point elle était encore proche de son passé, et cette soudaine prise de conscience me remplit de mélancolie.

Ce fut un moment étrange ; mais, quand des années plus tard j'y revins par le souvenir, je m'aperçus qu'il avait constitué un prélude inévitable à mon séjour dans la ville sainte et aux événements tumultueux de cet hiver-là.

*

Miss West frappa à ma porte le lendemain du jour où je l'avais trouvée en train de sangloter sur le toit. Je m'apprêtais à partir à la bibliothèque, où j'avais pris l'habitude de passer l'essentiel de mes journées.

« Je voulais m'assurer que vous étiez toujours en vie », me dit-elle quand j'ouvris la porte. Elle avait l'air très à l'aise dans son chapeau de paille trop grand et ses pantalons kaki, et débordait de nouvelles. Au moment où elle s'en allait au marché, elle avait surpris la dernière dispute entre Mrs. Pandey et son dévoyé de fils, Arjun le joueur de *tabla*.

L'une des obsessions de Mrs. Pandey, qui ne cessait de revenir sur le sujet, c'était que son fils Arjun ne cherchait qu'à la jeter dehors et à s'approprier la maison. Elle prétendait qu'il était encouragé dans cette iniquité par sa femme, Sitadevi, laquelle exerçait une influence des plus pernicieuses sur l'âme et l'esprit de son fils. « Elle dit venir d'une famille brahmane, cette traînée, répétait à l'envi Mrs. Pandey, mais elle est de l'extraction la plus basse qui soit. » Et Shyam, qui ne disait jamais rien d'autre, de renchérir : « La cupidité est le pire des maux. Elle dévore l'homme, détruit les familles, sépare le mari de sa femme, le fils de ses parents... »

Il m'était arrivé de tomber par hasard dans l'escalier sur Arjun et Sitadevi. Grande et mince, cette dernière, qui devait avoir dans les vingt-cinq ans, dégageait alors son visage anguleux du pan de son sari rejeté sur l'épaule pour me jeter un regard pénétrant, avant de passer devant moi sans un mot, accompagnée du seul cliquetis de ses hauts talons sur les marches de pierre.

Quant à Arjun, c'est à peine s'il remarquait ma présence. C'était un homme plutôt petit, barbu, lippu, dont les cheveux se clairsemaient; ses airs lents et sournois donnaient l'impression qu'il était bel et bien capable des brutalités que semblait redouter sa mère.

Je passai un moment sur le toit avec Miss West à bavarder d'Arjun et de Sitadevi. Ce n'est qu'au moment où elle s'apprêtait à partir que, détournant les yeux, elle me dit : « Je suis désolée d'avoir été aussi désagréable hier matin. J'espère que vous ne m'en voulez pas trop. »

J'avais eu beau repenser à ce moment-là plus d'une fois, je n'arrivais toujours pas à comprendre ce qui avait pu la rendre si malheureuse. Qu'elle se fût remise aussi rapidement prouvait que mes incertitudes n'étaient pas fondées.

Je cherchais encore quelque chose à dire que déjà elle me proposait une promenade en bateau pour le soir même. « Ma dernière promenade remonte à tellement longtemps. Voulez-vous m'accompagner ? C'est le genre de chose qu'il faut faire au moins une fois, si on veut avoir une idée de la ville. »

Je répondis par l'affirmative. Je ne faisais jamais d'excursion seul et je n'avais guère eu l'occasion d'explorer la ville jusqu'ici.

Miss West avait son batelier attitré. Il s'appelait Ramchand et il monta les marches quatre à quatre dès qu'il nous vit apparaître, Miss West et moi, sur le quai, ce soir-là.

Il était d'une beauté à vous couper le souffle : les muscles de son corps mince jouaient sous sa peau sombre, et il était nu, à l'exception d'un *dhoti*, qu'il portait un peu comme un string, très serré autour des hanches et des fesses. Il salua Miss West, paumes jointes, tête inclinée, visiblement avide de la servir. S'adressant à lui dans un hindi à peine compréhensible, Miss West lui demanda des nouvelles de sa santé et de sa famille ; s'informa de l'avancement des travaux dans la maison qu'il se construisait, tandis que nous nous dirigions vers son bateau, assemblage rudimentaire de planches grossièrement clouées, qui nous attendait, immobile, sur l'eau noire et spumeuse.

Dans son échange avec le batelier, elle faisait preuve d'un naturel qui n'avait rien d'indien, et, à la regarder, je me sentis légèrement mal à l'aise. J'avais beau parler la même langue que Ramchand et vivre dans le même pays, une conversation avec lui aurait rapidement tourné court, séparés que nous étions par d'innombrables inhibitions de caste et de classe ; le seul vocabulaire que nous étions à même de partager était celui qui avait trait au service qu'il offrait.

« Un morceau de choix, pas vrai ? » dit Miss West, tandis que nous montions dans le bateau et que Ramchand commençait à défaire les cordes qui le retenaient à un piquet en fer planté sur la rive boueuse.

J'étais trop embarrassé et troublé pour répondre ; je n'avais jamais entendu cette expression, « morceau de choix », mais il n'était pas difficile d'en deviner le sens.

« En Angleterre, on en aurait fait une star de cinéma, ou au moins un mannequin », dit Miss West. Après quelques secondes de silence, elle ajouta : « Mais les hommes ne vous intéressent pas. J'ai bien vu la manière dont vous dévisagiez Catherine l'autre soir. Dites-moi, me demanda-t-elle de ce ton sec et impérieux qu'elle adoptait souvent, vous plaît-elle ? »

Ceci ne fit qu'ajouter à mon embarras. Il y avait dans son discours tant de choses bizarres et inhabituelles pour moi : le fait qu'une femme puisse faire des remarques sur le physique d'un homme, et qui plus est d'un homme qui lui était socialement inférieur ; l'idée que je pouvais « m'intéresser » aux hommes de cette manière-là. Pire encore (car c'était en partie vrai), le fait que je m'étais montré tellement sensible au charme de Catherine lors de cette brève rencontre que les autres n'avaient pas pu ne pas le remarquer.

Je marmonnai que Catherine était « gentille », ou quelque chose d'approchant, et fus soulagé de constater que Miss West n'avait pas d'autres questions embarrassantes à me poser à son sujet.

Elle n'en continua pas moins sur ce chapitre : « Pauvre petite. Elle a terriblement besoin d'être aimée. Elle est littéralement obsédée par Anand. Elle voit en lui le nouveau Ravi Shankar. Mais je me demande combien de temps durera leur aventure. Je ne le crois pas capable de lui donner la stabilité dont elle a besoin. Il dépend beaucoup trop d'elle. »

Mais n'était-ce pas Miss West elle-même qui m'avait dit les croire très amoureux l'un de l'autre ? Les réserves qu'elle apportait maintenant me plongèrent d'abord dans la perplexité. Mais quand je m'aperçus qu'elles étaient sans doute fondées, je les fis miennes aussitôt, les adoptant avec cet empressement exalté qui accompagne la découverte, souvent inconsciente, de vérités qui nous touchent au plus près.

En quelques secondes, nous nous étions éloignés des *ghats*, Ramchand poussant sur les avirons d'un mouvement lent et gracieux, les bruits de la ville réduits à un bourdonnement lointain qui servait de fond sonore au clapotis léger des rames s'enfonçant dans l'eau.

Nous passâmes devant quelques bateaux de pêche qui s'amarraient pour la nuit, leurs voiles déchiquetées agitées par la brise légère venant de l'autre rive. Sur Harishchandra Ghat, au milieu des empilements de bois et des cendres rassemblées en tas, se dressait un unique bûcher funéraire ; tout autour, les amis et les parents, immobiles, pleuraient le défunt. À la hauteur de Kedar Ghat, les sons perçants des *shehnai*, ces sortes de hautbois du nord de l'Inde qui accompagnent les cortèges de mariage, nous parvinrent en brèves rafales. Très loin, devant nous, un train traversa le Dufferin Bridge dans un bruit de ferraille, reflétant dans ses vitres les derniers rayons du jour.

Je continuais à m'interroger au sujet de Catherine et d'Anand, quand Miss West me dit soudain :

« Tiens, voilà la maison de Mark, juste au-dessus du temple de Shiva (qu'elle prononçait Sh-ii-va), celle avec les fenêtres à barreaux. Vous la voyez ? »

Je regardai dans la direction qu'elle venait de m'indiquer, mais il faisait trop sombre pour distinguer la maison du mur de façades grises dans lequel elle était prise.

« C'est un garçon très agréable, Mark, mais tellement américain. Si sincère dans tout ce qu'il entreprend. Il s'est mis en ménage avec cette fille tout à fait ordinaire, Debbie, dont il pense le plus grand bien. En fait, ce qu'il veut, c'est rentrer chez lui. »

Le jour était presque tombé, et je ne voyais plus le visage de Miss West. Mais sa voix continuait à porter dans l'obscurité en notes claires et aiguës.

« Il est fatigué de rouler sa bosse. C'est ce qui explique qu'il soit tombé amoureux de l'Américaine la plus commune qu'il ait pu trouver dans le coin. Un exemple parfait de *poshlust* – vous connaissez le mot? C'est un mot russe qu'on applique aux gens à la fois ordinaires, banals et satisfaits d'eux-mêmes. Elle demande à ses parents de lui envoyer des vidéos des sketchs de David Letterman, son chien lui manque, tout ce qu'elle attend de Bénarès, ce sont des bains de soleil et un beau bronzage, et elle a le front de venir vous dire qu'elle veut se convertir au bouddhisme. C'est ridicule. »

Elle se tut pendant un moment, et j'essayai de deviner qui pouvait bien être David Letterman. Miss West se tourna vers Ramchand et lui demanda de nous débarquer à Narad Ghat. Les bruits du soir, appels de la conque, cloches des temples, nous parvenaient plus distinctement à mesure que nous approchions de la berge. L'eau miroitait des reflets brisés des énormes lampadaires au sodium de l'éclairage urbain, qui se profilaient au-dessus des remparts.

Miss West donna un pourboire généreux à Ramchand, qui inclina la tête très bas en signe de reconnaissance, le visage à nouveau envahi par cette expression avide que je lui avais vue. Tandis qu'il s'éloignait de nous, le long des éventaires des marchands de fleurs et de noix de coco, il retrouva l'ami qu'il avait déjà croisé au moment où il nous accompagnait en haut des marches, à la descente du bateau. En une seconde, ce fut un autre homme : ses épaules se redressèrent, et son attitude soumise et obséquieuse l'abandonna. Je le vis nous désigner du pouce et se mettre à rire, ses dents d'une blancheur éclatante au milieu de son visage sombre.

Plus tard, alors que nous arpentions les ruelles obscures, dans le sillage d'une bande de joyeux pèlerins du Tamil Nadu, je demandai :

« D'où vient Debbie? » C'était la question rituelle que je posais aux gens que je rencontrais en Inde. La réponse, en principe, m'aidait à les situer.

« Debbie? reprit Miss West en écho. Elle est de Providence, dans le Rhode Island. Un endroit absolument immonde. »

J'essayai mentalement de situer le Rhode Island sur une carte des États-Unis. J'avais entendu parler du provincialisme rétrograde de l'Oklahoma et de la Caroline du Sud. Mais le Rhode Island ? Le nom n'évoquait rien pour moi. Je tentai de me représenter Providence et me demandai ce qui pouvait faire que l'endroit, pour reprendre le mot de Miss West, soit aussi immonde.

Il était impossible que mon interlocutrice devine dans quelle perplexité me jetaient ses remarques. Celles-ci m'obligeaient à remettre en question tous mes principes. « Il est tellement américain, d'une sincérité tellement naïve », avait-elle dit. Cela signifiait-il que tous les Américains étaient ainsi ? Pareilles généralisations dépassaient mon savoir limité du monde. Tandis qu'elles faisaient de Miss West la dépositaire de parcelles et de fragments d'une mystérieuse sagesse.

Je n'avais aucun moyen de me faire par moi-même une idée de la personnalité et des origines des gens que j'avais rencontrés à la fête de Miss West. J'avais cru voir en Mark quelqu'un de solide : sa vie aventureuse, ses multiples emplois suggéraient des efforts méritoires de sa part. Les remarques de Miss West, pourtant, le faisaient apparaître comme un être différent, beaucoup moins sûr de lui, errant sans but précis d'un endroit à un autre, d'une idée de pacotille à une autre. Il en allait de même pour Debbie. Les bribes de sa conversation avec Sarah autant que son éventuelle conversion au bouddhisme m'avaient intrigué. L'idée même de conversion, totalement étrangère à mon univers et à mes préoccupations, semblait réclamer un effort de volonté et d'intelligence presque insurmontable et impliquer un rejet radical des règles et des conventions de la société à laquelle j'appartenais. Et pourtant, ce que je retenais maintenant de Debbie, en y songeant, c'étaient son rire nerveux et son sari mal taillé, preuves, peut-être, de cette vulgarité dont avait parlé Miss West.

4

Je n'avais rien oublié des réflexions de Miss West concernant Catherine et Anand quand je tombai sur eux quelques jours plus tard, en rentrant de la bibliothèque de l'Université hindoue de Bénarès.

C'est d'abord Catherine que j'aperçus : avec son sari jaune pâle et son abondante chevelure qui flottait librement sur ses épaules, elle passait difficilement inaperçue dans la foule de Lanka Crossing. Elle était suivie d'Anand, aussi élégamment mis qu'il l'était le soir de la fête, portant *kurta* blanche et *churidar*. Je notai que, à eux deux, ils attiraient les remarques lubriques des étudiants oisifs qui traînaient habituellement devant les éventaires des vendeurs de thé et qui se livraient à des commentaires grivois, voire obscènes, sur toutes les filles qui passaient.

C'est Catherine qui me vit et agita la main dans ma direction. Ils traversèrent pour me retrouver de l'autre côté de la rue. Je sentis le regard des étudiants peser sur moi, ce qui ne manqua pas de m'intimider. Heureusement, notre conversation ne dura pas, ne laissant aux badauds que le temps de quelques rires et gestes plus ou moins déplacés à notre égard.

Catherine travaillait maintenant à temps partiel à l'Office de tourisme français. Un flux régulier de voyageurs traversait Bénarès, et nombreux étaient ceux qui perdaient leur passeport, tombaient sérieusement malades, se faisaient voler ou pire encore : son travail consistait à leur venir en aide.

« On a parfois des cas vraiment difficiles, dit Catherine. Sinon, le travail n'est pas désagréable. »

Ils venaient d'emménager dans une nouvelle maison non loin d'Assi Ghat, et Catherine me pria de venir leur rendre visite. Ils n'avaient pas le téléphone, mais je pouvais passer quand je voulais l'après-midi. Anand appuya l'invitation, que je finis par accepter. Sur quoi, nous nous séparâmes.

Il s'écoula quelques jours avant que je me décide à aller les voir. Non pas faute d'envie, mais parce que ma hâte à revoir Catherine me retenait : je sentais qu'il y avait là quelque chose de grossier, pour ne pas dire de malsain. Pareil scrupule devait s'atténuer avec le temps, sans jamais totalement disparaître.

Je garde un souvenir très vif de mon trajet cet après-midi-là. Rickshaw qui cahote sur le pavage en brique des ruelles étroites et jonchées de bouse de vache. Au-dessus de moi, cerfs-volants déchirés pris dans l'enchevêtrement des fils électriques sur lesquels sont alignés, en rangs serrés, des pigeons gris. De chaque côté, des maisons qui se pressent les unes contre les autres pour avoir chacune pignon sur rue et qui donnent l'impression d'étouffer tant elles sont étroites; des balcons aux arabesques de fer forgé où flottent des saris en train de sécher. Un kiosque à thé qui enferme dans ses intérieurs noirs de suie le corpulent *halwai* coincé devant son énorme chaudron, retournant avec une écumoire à long manche un *samoussa* solitaire grésillant dans l'huile noirâtre. Un *sadhu* à robe safran et aux longues boucles emmêlées, assis sur le porche surélevé d'un magasin de bracelets et occupé à manger des *chana* rôtis dans un cône en papier journal. Je me revois montant un escalier raide et étroit, le long de murs couverts d'une fresque représentant Rama et Sita sur le trône d'Ayodhya, jusqu'à un minuscule palier. Une porte sur la gauche mène à deux pièces minuscules sur le toit; dans un coin, un hamac affaissé.

C'est Catherine qui vint m'ouvrir la porte, m'accueillant avec un large sourire. Elle portait une *kurta* blanche amidonnée au-dessus de ses jeans; ses cheveux fraîchement lavés étaient encore mouillés et brillants et avaient laissé une tache humide dans son dos. En la voyant, je fus conscient une fois de plus d'un relâchement intérieur inexplicable. Le moi que je connaissais et que je montrais aux autres sombra dans une étrange torpeur, remplacé par une molle vacuité.

Catherine me fit visiter la maison, qui n'était pas très grande : deux pièces carrées au premier étage, une salle de bains et une cuisine, auxquelles on accédait par un palier qu'ils partageaient avec le propriétaire. Les fenêtres, presque entièrement dissimulées par des bougainvilliers en pots, donnaient sur l'entassement des maisons de l'autre côté de la rue : petites pièces sombres, encombrées de meubles et de bébés braillards. Les murs, peints en jaune clair, étaient nus ; le sol était jonché de matelas et de coussins, recouverts de draps *kalamkari* peints à la main ; deux beaux sitars vernissés luisaient dans une pièce et, pour tout mobilier, il n'y avait qu'une bibliothèque en rotin bourrée de livres des éditions Gallimard.

« Nous avons décidé de nous contenter du minimum », dit Catherine. Puis elle rit comme si elle venait de se rappeler quelque chose et ajouta :

« Mon amie Louise disait l'autre jour que c'est très bourgeois d'encombrer son appartement de tas de trucs. Ça vous rappelle Paris. »

Mon esprit, comme à son habitude, était plein de ce que je venais de lire, et je citai Flaubert, dans une traduction sans doute inexacte, qui disait qu'on devrait s'attacher à vivre en bourgeois mais à penser en bohème.

Catherine rit – un rire de gorge, plein et généreux – et dit :

« Excellent. Vraiment très bon. »

Puis, soudain grave, elle ajouta :

« Vraiment, j'aimerais vivre aussi simplement que possible, tant que je suis en Inde. C'est vrai, on peut dormir par terre, on peut se passer de frigo, de machine à laver... »

Elle fut interrompue par Anand, qui, vêtu d'un *lungi*

léger et d'un T-shirt, était allongé sur les coussins en train de peler une banane :

« Mais il nous faudrait quand même un climatiseur, non ?

– Tu as vraiment envie d'un climatiseur ? demanda Catherine, prête à se plier à son caprice. Je peux t'en acheter un quand tu veux. »

Anand ne répliqua pas, et son visage se ferma. La réponse de Catherine éclairait de manière déplaisante ce que je savais déjà pour l'avoir entendu de la bouche de Miss West : d'un point de vue matériel, Anand dépendait presque totalement d'elle. Et c'était un fait dont la seule mention ne pouvait que le plonger dans l'embarras. Le malaise qui s'était installé ne se dissipa que lorsque Catherine commença à parler de leur propriétaire, le major Aggarwal. Il avait pris sa retraite quelques mois plut tôt et n'avait qu'une chose en tête : trouver de quoi doter ses quatre filles de façon adéquate. Catherine le soupçonnait d'être beaucoup plus à l'aise qu'il ne voulait bien le dire. On ne savait guère d'où il tirait ses revenus, mais ceux-ci étaient suffisamment variés pour lui avoir permis dans le passé de se rendre acquéreur de belles propriétés dans tout Bénarès. La femme du major était très effacée, et ses filles n'étaient pas moins soumises. À entendre Catherine, c'était la discipline militaire imposée par le major qui les avait étouffées.

La mère de Catherine venait tout juste de rentrer en France après un séjour d'un mois à Bénarès. C'était donc un sujet de conversation encore frais entre Catherine et Anand, et nous y revînmes fréquemment au cours de cette première soirée passée ensemble.

Tous trois – Anand, Catherine et sa mère – en avaient profité pour entreprendre un voyage dans le Rajasthan. La mère de Catherine, habituée à un confort tout autre que celui qu'elle trouvait en Inde, avait eu du mal à s'adapter. Elle avait dû souffrir l'indignité, en rentrant de Jaipur, d'un long trajet dans la cabine surpeuplée d'un camion, où elle s'était trouvée coincée entre des villageois qui fumaient des *beedis* et n'arrêtaient pas de cracher par la fenêtre; le voyage terminé, elle n'avait pas desserré les dents pendant des heures. Et puis, elle n'avait pas cessé de se plaindre des petits hôtels bon marché et mal chauffés que Catherine leur avait réservés à chaque étape.

« On allait dans un restaurant à midi, dit Catherine, et elle n'arrêtait pas de faire des réflexions à propos du serveur et du torchon sale qu'il utilisait pour essuyer les assiettes. »

Anand prit la parole pour la première fois depuis son allusion au climatiseur.

« La manière dont vit Catherine ici l'a rendue très malheureuse. Elle a dit qu'elle ne reviendrait pas.

– Je lui ai dit que c'était comme ça que vivaient les gens en Inde et qu'il fallait faire comme eux quand on habitait le pays », dit Catherine.

Il me semblait un peu excessif, voire futile, de chercher à imposer un mode de vie « indien » à quelqu'un dont c'était la première visite dans le pays. Mais je me gardai d'en rien dire, me contentant d'écouter : on n'en attendait pas davantage de moi. Catherine ne tarda pas à disparaître dans la cuisine pour faire du café, et Anand en profita pour m'en dire plus sur le séjour de leur invitée.

Il était avec la mère de Catherine quand cette dernière avait eu un entretien pour son emploi à l'ambassade de France de New Delhi. Dans la salle d'attente se trouvait également le directeur de l'Office du tourisme, homme arrogant et pompeux s'il fallait en croire Anand. Il parlait à la mère de Catherine non pas en français mais en anglais et, comme si cela ne suffisait pas, il lui faisait valoir – en présence d'Anand, s'il vous plaît – la nécessité pour Catherine de se méfier de certains Indiens peu scrupuleux. Lui-même connaissait bon nombre de Françaises qui s'étaient laissé séduire pour découvrir en fin de compte qu'on les avait utilisées comme de simples passeports pour l'Europe; il était absolument impératif, avait-il lourdement insisté, que Catherine se garde de liaisons aussi sordides.

Les paroles du directeur étaient davantage destinées

à Anand qu'à la mère de Catherine, c'était évident. Ce qui l'était moins, en revanche, c'est la raison pour laquelle Anand avait éprouvé le besoin de me raconter cette histoire à moi. Cherchait-il à me prouver qu'il était différent de ces « Indiens peu scrupuleux » dont avait parlé le directeur ? S'agissait-il de sa part d'une déclaration partisane concernant ce même personnage ? Ou bien se plaignait-il de la passivité complice de la mère de Catherine dans cette affaire ?

Catherine réapparut bientôt avec le café, français et très parfumé : cadeau de sa mère, précisa-t-elle, et se mit à parler de la fête de Miss West, qu'elle avait beaucoup appréciée. Mais peu à peu, la conversation revint à sa mère. Le sujet semblait inépuisable et les absorbait autant l'un que l'autre, même si son côté privé ne pouvait qu'exclure le visiteur.

Catherine dit que Miss West (qu'elle appelait Diana) avait aidé à atténuer le choc qu'avait éprouvé sa mère en arrivant à Bénarès. Miss West avait même tenté de lui faire accepter Anand.

« Elle a dit à Miss West qu'elle ignorait tes intentions, dit Anand. Et que si tu voulais vivre en Inde, elle était prête à t'acheter une maison à Bénarès. »

Catherine exprima son mépris face à cette suggestion, tandis qu'Anand, le visage inexpressif, la regardait en silence. Je ne pus me défendre de l'idée que cette offre avait dû, si brièvement que ce fût, retenir son attention, ne serait-ce que pour la richesse et les privilèges qu'elle supposait : qu'on puisse parler avec autant de facilité d'acheter une maison, alors que les gens qu'il connaissait s'escrimaient et épargnaient toute leur vie pour arriver à un semblable résultat, semblait le laisser rêveur.

*

Je me souviens les avoir quittés, le soir venu, avec un sentiment de gêne. Que je n'arrivai pas alors à cerner avec précision : tout ce que je savais, c'est que quelque chose n'allait pas. Catherine faisait déplacée dans cette petite maison, le café français et les Folio Gallimard aussi, au milieu du tohu-bohu du vieux Bénarès. Sans parler de l'incongru de cette relation avec Anand.

Et pourtant je n'avais qu'une idée, c'était retourner dans cette maison, encore et encore. Cette première visite, telle que je m'en souviens aujourd'hui, devait servir de modèle à toutes celles qui allaient lui succéder dans les semaines suivantes. Je restais timide et mal à l'aise devant Catherine. Je n'avais pas connu d'autre femme, avant elle, en dehors de celles de ma famille : son regard franc et direct, son parler assuré étaient pour moi causes de grand étonnement. Ils m'inhibaient complètement, et je ne me sentais à l'aise que quand nous parlions littérature ; même alors, ses connaissances manifestement plus étendues, acquises et systématisées dans une université de renom, m'inspiraient autant de respect que de crainte – à moi qui engloutissais des quantités de livres sans avoir la moindre idée de la civilisation ni de la culture qui les imprégnaient, sans rien connaître du monde chaotique des grandes villes, des écrivains et des éditeurs, des grandes questions sociales et des angoisses existentielles.

Les allusions qu'elle faisait à sa vie parisienne étaient trop vagues pour éclairer le mystère que je cherchais à percer, celui de son passé. Un autre mystère, encore plus grand, était cette alchimie particulière qui la liait à Anand. Quand nous étions ensemble, c'était elle qui parlait le plus souvent, tandis que lui, avec son anglais hésitant, suivait péniblement. Ils se querellaient fréquemment ou se renfrognaient dans de longs silences. J'en concevais de l'embarras, mais ils étaient bien trop préoccupés d'eux-mêmes pour le remarquer. On aurait dit des gens s'essayant à leur nouveau rôle, tantôt se précipitant, les yeux fermés, sur un terrain tout nouveau pour eux, tantôt battant en retraite précipitamment. À les regarder, à être témoin de leurs querelles, de leurs silences, de leurs petits gestes d'intimité – elle lui caressant les cheveux, l'air absent, lui interrompant ses exercices de sitar pour aller lui faire du thé –, je me demandais souvent si c'était ça, l'« amour ».

5

Quand je revis Catherine, elle s'apprêtait à partir pour le village d'Anand, dans le Bihar. Anand avait en effet écrit à ses parents, lesquels avaient exprimé le désir de rencontrer la jeune femme.

C'est Miss West, qui m'accompagnait ce soir-là chez Catherine, qui me mit au courant. Elle avait entendu parler du père d'Anand : fermier et chef d'un village de caste supérieure, c'était, de l'avis de tous, un homme très conservateur. Mais elle ne mentionna pas ce qu'il pouvait y avoir de bizarre dans la visite de Catherine, ni à quel titre Anand prétendait la présenter à ses parents. Protectrice, petite amie, fiancée : les concepts recouverts par ces mots ne leur auraient rien dit.

« Il est tellement plein d'enthousiasme, ce garçon, dit Miss West, de cette voix légèrement blasée et désinvolte que je commençais à bien connaître. Il est prêt à décrocher la lune, et même davantage. À côté de lui, nous avons l'air, nous autres, tellement desséchés et stériles. »

Nous étions dans un rickshaw qui cahotait le long des rues pavées, et la voix de Miss West me parvenait par à-coups brefs et syncopés. En dépit des secousses incessantes, elle était assise très droit sur le siège étroit. Elle voyageait toujours avec la capote baissée, le visage auréolé de son immense chapeau de paille. Les gens se retournaient sur elle, me jetant au passage un coup d'œil légèrement moqueur. Miss West ne semblait pas les remarquer ; quant à moi, j'étais toujours extrêmement gêné en sa compagnie.

Catherine était seule, quand nous arrivâmes, occupée à écrire des lettres officielles à l'ambassade : un touriste français avait été trouvé dans le quartier chaud de la ville, inconscient, sans argent ni papiers.

« Probablement une overdose, commenta Catherine. Les médecins s'occupent de lui.

– Ces fichus touristes à la manque, fit remarquer Miss West, tout en enlevant son chapeau et en secouant ses cheveux emmêlés. Pourquoi ne vont-ils pas tout simplement sur la Costa del Sol ? Pourquoi éprouvent-ils le besoin de faire tout ce chemin dans le seul but de se démolir ? »

Avec ses lunettes et ses cheveux noués en queue de cheval, qui faisaient paraître son front encore plus haut et plus pur, Catherine m'apparaissait sous un jour légèrement différent de celui sous lequel je l'avais vue lors de ma précédente visite. Elle était toujours vêtue avec élégance et portait des couleurs indiennes vives, variant à chaque fois les combinaisons. Cette nouvelle vision que j'avais d'elle ne faisait que rendre plus intrigants son étrangeté et le mystère de son passé, et je dus me ressaisir pour ne pas la dévisager trop longuement en présence de Miss West.

En dépit des complications occasionnées par le touriste dans le coma, elle était d'excellente humeur, ne cessant de fredonner dans la cuisine tout en préparant le café.

Comme d'habitude, je parlai peu. Je me contentai de lui demander si elle se réjouissait de sa future visite au village d'Anand.

« Bien sûr. Je suis terriblement excitée, dit-elle, avant de se tourner vers Miss West et d'ajouter : Nous aurions dû le faire plus tôt. Attendre encore ne ferait que rendre les choses plus difficiles. »

C'est aussi à Miss West qu'elle confia ses appréhensions. Les parents d'Anand n'avaient jamais rencontré ni même vu un Occidental de leur vie, ce qui n'allait pas manquer de les perturber. Elle ne s'attendait pas à un accueil très chaleureux de leur part. Anand lui-même l'avait prévenue à ce sujet : ils risquaient de se montrer réservés, voire réticents, et de lui en vouloir de l'influence qu'elle exerçait sur leur fils.

Quand elle revint de la cuisine, elle se mit à parler de l'enfance difficile d'Anand, dans son anglais chantant de Française, émaillé de fautes de temps. Miss West et moi-même nous installâmes sur son lit, appuyés contre les coussins, pour boire notre café. Catherine n'avait pas encore allumé, et la pièce était envahie de la lumière brumeuse et bleutée du crépuscule. Les bruits de la rue entraient par la minuscule fenêtre : couinements des klaxons de scooter, cliquetis des clochettes de rickshaw. Dans une des pièces de la maison surpeuplée, de l'autre côté de la rue, un néon clignotait, ne se décidant ni à vivre ni à s'éteindre ; les pigeons, sagement alignés sur leurs fils électriques, se dispersaient bruyamment l'instant d'après dans un grand froissement d'ailes.

Les parents d'Anand avaient deux filles à marier mais pas d'argent pour leur constituer une dot, laquelle, dans les familles de leur caste, était particulièrement élevée. Ils avaient compté sur Anand pour les aider, s'attendant à le voir réussir dans ses études et trouver un emploi dans la fonction publique. Ils s'étaient efforcés de décourager ses talents musicaux et l'avaient quasiment renié quand il avait quitté l'école et fait part de son intention d'aller se trouver un maître de musique à Bénarès. Il y avait eu de sérieux affrontements, et Anand s'était plus d'une fois fait battre par son père.

« Qu'est-ce que tu me dis là ? l'interrompit Miss West. J'ignorais tout de cette histoire. C'est absolument épouvantable. »

Catherine confirma que l'incident s'était non seulement bel et bien produit, mais s'était répété à plusieurs reprises. « Et tout ça, ajouta-t-elle d'un ton où perçait soudain la colère, alors qu'il avait déjà dix-huit ans. »

Catherine fit allusion à d'autres actes de cruauté, d'une voix dont le ton passionné était maintenant indiscutable. Il était curieux de l'entendre parler d'Anand en son absence : celui-ci apparaissait soudain doté d'une personnalité et d'une expérience que démentait d'ordinaire sa présence silencieuse et sans grand relief.

Catherine se leva bientôt pour allumer et revint avec quelques photos du village d'Anand. Le mauvais tirage et les petites taches blanches dues à la surexposition brouillaient les détails. Mises bout à bout, elle proposaient cependant une image tout à fait reconnaissable : entassement des huttes de boue séchée et des maisons de brique crue, abris pour les vaches dans la cour de devant qui s'ouvrait sur des ruelles étroites creusées d'ornières dues au passage des chars à bœufs ; temples badigeonnés à la chaux, buffles flottant à la surface d'étangs couverts d'algues, jaune des champs de moutarde s'étendant à perte de vue, routes de campagne poussiéreuses et désertes.

Qu'il était donc difficile d'imaginer Catherine dans un tel cadre ! Ou de se représenter le voyage jusqu'au village : Catherine dans le train pour le Bihar, au milieu des hordes de passagers encaqués comme des sardines sur les bancs de bois et sur le plancher, se répandant même sur le toit des wagons ; Catherine en compagnie des passagers encore plus dépenaillés du car de campagne déglingué et branlant, avec ses pneus lisses à force d'avoir roulé sur des routes défoncées et son pare-brise sale et fendillé. Quelle curiosité hostile n'allait-elle pas éveiller ! Comment ne pas l'imaginer en butte aux regards fixes et insistants, aux questions indiscrètes dans un anglais rudimentaire, aux insinuations obscènes sur sa relation avec Anand !

*

Il se trouva que je restai longtemps sans revoir Catherine après son retour. La première fois que je demandai de ses nouvelles à Miss West, celle-ci se contenta d'une réponse pour le moins laconique : « Ça n'a pas marché. » Le ton de sa remarque montrait qu'elle n'avait guère envie de poursuivre sur ce sujet, mais plus tard, alors qu'un soir nous étions ensemble sur le toit, elle y revint sans la moindre sollicitation de ma part.

« Est ce que je vous ai parlé de la visite de Catherine dans le Bihar ? Ils ont été très durs avec elle. Méfiants, fermés, ils ne lui ont pas adressé la parole – c'est à peine s'ils parlent un mot d'anglais. Et c'est Anand qui a tout pris. La pauvre, elle était en larmes. Mais il va bien falloir qu'elle apprenne à vivre avec. On ne peut pas demander à des gens comme les parents d'Anand de changer : jamais ils n'accepteront Catherine, et, d'une certaine manière, ce rejet est vital pour eux. C'est une question d'identité culturelle, il est bien évident qu'ils ne sauraient revenir sur leurs positions. »

Quant à Catherine, ses préoccupations étaient d'un tout autre ordre quand je la revis. C'était maintenant avec ses parents à elle qu'elle avait des démêlés. Elle avait évoqué avec eux la possibilité d'organiser quelques récitals à Paris afin qu'Anand puisse payer, grâce aux avances sur recettes, son billet d'avion pour la France. Ce à quoi ils avaient répondu qu'il ferait mieux de gagner cet argent sur place, dans son pays d'origine, avant de songer à s'envoler pour la France.

Catherine en avait conçu une grande colère. Comment, d'après eux, était-il censé se débrouiller ? s'était-elle exclamée. Ils ne pouvaient pas ignorer les différences de niveau de vie entre les deux pays, quand même. De telles sommes ne se trouvaient pas comme ça, en Inde. Sa mère avait séjourné dans le pays, elle avait bien dû se faire ne serait-ce qu'une vague idée des conditions de vie ; on pouvait donc s'attendre à ce qu'elle témoigne d'un peu plus de compréhension que son mari.

Nous étions chez Mark, où Miss West m'avait emmené en fin d'après-midi, lors d'une des visites qu'elle entreprenait volontiers à ce moment de la journée, après des matinées passées à lire et à écouter de la musique. Nous y avions retrouvé Catherine et Sarah, la bouddhiste allemande. Miss West me demandait souvent de l'accompagner. La visite chez Mark, au même titre que celle que nous avions précédemment effectuée chez Catherine, entrait dans le cadre de ses efforts pour m'organiser une vie mondaine. Récemment, elle avait également entrepris de me familiariser avec la musique classique occidentale, et me faisait écouter des enregistrements du *Quintette à cordes en ut mineur* de Schubert et du *Sextuor à cordes N° 2* de Brahms, attirant de temps à autre mon attention sur un passage précis. Je n'appréciais pas toujours la musique ni ne comprenais ce que m'expliquait Miss West, mais un peu du prestige de ces noms, que je n'avais jamais rencontrés que dans les livres, rejaillissait sur moi.

J'avais revu la maison de Mark à plusieurs reprises depuis le jour où Miss West me l'avait montrée du fleuve. Mais c'était la première fois que j'y entrais. Elle comportait trois pièces tassées autour d'une cour offrant une vue dégagée et remplies d'un bric-à-brac qui avait un côté délibérément artisanat local – *dhurries* d'Azamgarh, tentures de l'Himachal Pradesh, abat-jour du Gujarat, *tangka* tibétains et ustensiles de cuisine variés.

Tandis que nous pénétrions dans la cour à moitié fermée où ils étaient tous assis, profitant des derniers rayons du soleil avant que celui-ci disparaisse derrière les maisons, Mark, royal, se tenait à demi couché sur un tapis de jute, face aux miroitements du fleuve. Sarah et Catherine étaient adossées au mur tout près de lui, mais c'est Debbie qui retint mon attention. Elle était allongée dans un hamac qui s'affaissait, avec pour tout vêtement son soutien-gorge et sa culotte, la peau déjà d'un brun cuivré, les jambes repliées et écartées d'une manière bien peu décente.

Miss West m'avait dit qu'une veuve bengali vivait dans la même maison que Mark; elle ne payait plus son loyer depuis longtemps, mais le propriétaire n'avait jamais réussi à l'expulser. C'étaient ses saris blancs que l'on voyait sécher sur une corde dans la cour. D'après Miss West, Mark s'entendait plutôt bien avec elle.

Mais la présence de Debbie, tout de même... avais-je envie de dire à Miss West, qui avait un jour fait une remarque à propos de ses bains de soleil, signe parmi d'autres, avait-elle précisé, de sa « vulgarité ». Sa tenue ne semblait déranger personne; Debbie elle-même n'avait pas l'air de s'en soucier. Je la trouvais, quant à moi, choquante et je doutais qu'une veuve bengali, vivant sans doute ses dernières années dans la prière et le dénuement le plus complet, pût tolérer une chose pareille. Je ne cessai de m'inquiéter pendant toute la durée de notre visite, redoutant une apparition inattendue de sa part.

Le débat était animé quand nous étions arrivés. Mark nous sourit et nous fit signe de venir nous asseoir dans l'espace vide devant lui. Sarah cessa un bref instant de parler avec Debbie, le temps de nous lancer un sourire qui lui plissa tout le visage. Debbie, elle, se redressa brutalement, révélant le haut de ses seins couverts de taches de rousseur, et agita la main.

Catherine était au beau milieu d'une conversation apparemment très sérieuse avec Mark. La dernière fois que nous nous étions trouvés chez elle, je l'avais entendue dire à Miss West : « En règle générale, je n'aime pas beaucoup les Américains, mais Mark est différent. Il est profond, vraiment, cet homme, profond. » Je ne pouvais pas voir le visage de Miss West à ce moment-là, mais je savais qu'elle avait des idées bien arrêtées sur Mark pour les avoir entendues de sa bouche. Or, elle n'avait rien répondu à Catherine, et de penser qu'il y avait des choses qu'elle ne confiait qu'à moi m'avait rempli d'aise. Catherine avait alors poursuivi en rapportant un échange qu'elle avait eu avec Mark. Il lui avait parlé de lui, de ses diverses occupations et du peu de satisfaction qu'elles lui avaient finalement apporté. « Il a beaucoup souffert », avait dit Catherine. Et, à l'entendre, c'était Bénarès qui l'avait guéri.

Plus tard, chez Mark, tandis que Miss West discutait avec notre hôte et Sarah, j'écoutai Catherine parler avec Debbie, laquelle était en train de dire :

« Non, je n'avais pas vraiment envie de venir en Inde, en fait, je voulais aller en Amérique latine.

– Mais pourquoi l'Amérique latine ? » demanda Catherine.

Debbie fronça les sourcils, remonta les bretelles de son soutien-gorge qui avaient glissé sur ses épaules, et, en levant le bras, révéla la peau rasée de son aisselle, grumeleuse et hérissée de petits poils.

« Je n'en sais rien, dit-elle. Mais j'avais une terrible envie d'aller là-bas après avoir lu Marquez. Tu sais, *L'Amour aux temps du choléra*. C'est mon roman préféré... Tellement romantique... J'adore la façon dont il écrit. Ses personnages sont... si sensibles, si libres de leurs sentiments, de leurs corps, enfin complètement libérés, quoi. Je ne sais pas, je ne connais rien à la critique littéraire, mais à mon avis, il n'y a pas un écrivain qui arrive à la cheville de Marquez pour ce qui est de... de... comment dire ?

– Je ne crois pas qu'il faille classer les écrivains comme ça, dit Catherine d'un ton légèrement réprobateur. Il y en a tant que nous ne lisons jamais, reprit-elle avant de s'arrêter un instant et d'ajouter : Personnellement, j'aime beaucoup Kundera. Il dit des tas de choses importantes sur la vie dans le monde d'aujourd'hui. »

Dans le même temps, j'entendais Miss West parler avec Sarah et Mark de l'apparition d'un nouveau gourou à Lucknow, qui s'était fait beaucoup de disciples parmi les touristes américains et européens – les « quêteurs », comme les appelait habituellement Miss West non sans dérision, même si, ce jour-là, elle se montrait moins ironique, par déférence, vraisemblablement, pour Sarah, elle-même « quêteuse » à sa manière.

Au milieu du bruit confus de ces conversations, je repensai à Rajesh, que j'avais vu à la bibliothèque un peu plus tôt dans la journée. Entouré de sa suite, il avait évoqué l'éventualité de violences étudiantes dans les jours à venir, inquiétant ses auditeurs au point qu'ils s'étaient montrés prêts à quitter l'université avant de faire les frais de la répression dont s'accompagnaient en principe les troubles de ce genre. Je me remémorai brièvement leurs paroles, et, ce faisant, ne pus m'empêcher de constater le gouffre qui séparait l'endroit où je me trouvais actuellement – la maison de Mark, cette enclave d'expatriés en plein cœur de Bénarès, qui me fascinait tant – de la vie que je menais à l'université, dont les problèmes, vus d'ici, apparaissaient aussi mineurs qu'inintéressants.

Catherine et Debbie parlaient toujours de Kundera.

« Ce que ces romans et ces films européens ont de bien, disait Debbie d'un ton agressif, c'est qu'ils ne font preuve d'aucune inhibition face au sexe et à la nudité... Ils ont une façon de présenter les choses tellement naturelle, pas comme aux États-Unis, où ce puritanisme petit-bourgeois parfaitement écœurant, regarde Jesse Helms..., finit par tout déformer.

– Mais ce n'est pas du tout le problème de Kundera, protesta Catherine, qui, consciente tout à coup du fait que j'écoutais, me lança un bref sourire. En fait, la nudité, chez Kundera, fait partie de cet état d'insoutenable légèreté. Et puis, c'est un Américain qui a réalisé le film. Ce n'est absolument pas un film européen.

– Mais je ne prétendais pas dire que c'était là la thèse du film, rétorqua Debbie. Je pensais simplement au comportement des personnages les uns vis-à-vis des autres, à leur attitude vis-à-vis de leur corps; ils n'ont absolument pas honte de leurs désirs... oh, je sais pas... »

La conversation se poursuivit encore quelque temps, jusqu'à ce que Debbie finisse par dire : « Brr, il commence à faire froid », et, à mon grand soulagement, rentre enfiler des vêtements plus chauds. Tout en parlant, Catherine m'avait jeté un coup d'œil à deux ou trois reprises comme pour m'inviter à prendre part au débat. Mais je m'étais abstenu. Je n'avais ni lu les romans ni vu les films dont il était question, et, même dans le cas contraire, les termes dans lesquels on en parlait m'étaient si peu familiers que j'aurais été bien incapable d'en dire quoi que ce soit avec un minimum d'assurance.

*

Quand j'eus l'occasion de l'approcher avec Miss West vers la fin de la visite, Catherine semblait agitée et perturbée, état qui, chez elle, s'accompagnait d'ordinaire d'une franchise sans nuance. Évoquant ses démêlés avec ses parents, elle en vint très vite à parler de leur mariage, lequel, à l'entendre, n'était pas particulièrement heureux. Pour elle, le responsable, c'était son père, un homme suffisant, arrogant et prompt à s'emporter. Elle-même ne s'était jamais bien entendue avec lui. Elle s'était révoltée très tôt et, depuis lors, avait toujours agi à sa guise, sans jamais lui demander son avis. À seize ans, elle avait fait part un jour de son intention de partir quelques semaines pour l'Allemagne. Il lui avait refusé sa permission. Elle était passée outre. Il avait tempêté pendant des jours et des jours après son départ. Le même scénario s'était reproduit quand elle était partie pour l'Inde. Depuis, il avait renoncé à lui imposer quoi que ce soit.

Mais elle redoutait ses réactions face à Anand. C'est à peine si sa mère, avec laquelle pourtant elle s'entendait mieux, l'avait accepté ; de la part de son père, elle ne pouvait s'attendre qu'à un rejet pur et simple. Ce catholique traditionaliste trouvait encore le moyen, à notre époque, d'être contre les relations sexuelles avant le mariage. Alors, voir sa fille vivre avec un homme, de surcroît indien et désargenté...

Et pourtant, ils avaient besoin de son accord. Dans quelques semaines, ils devaient partir vivre en France, où il faudrait que son père subvienne en partie à leurs besoins jusqu'à ce que la situation d'Anand ait changé. Pour ce faire, celui-ci avait besoin qu'on lui organise des récitals, histoire de se faire un nom et un peu d'argent.

Mais Anand, continua Catherine, n'avait fait qu'aggraver les choses. Il avait menti à ses parents quant à la manière dont il gagnait sa vie à Bénarès. Il s'était bêtement inventé une carrière de joueur de sitar, fabuleusement rémunéré. Sur quoi, ses parents n'avaient pas manqué de lui demander pourquoi, s'il avait tant d'argent, il ne leur en faisait pas parvenir un peu, ne fût-ce que pour augmenter les chances de ses sœurs de se marier de bonne heure. Si bien que maintenant, afin d'entretenir le mensonge, Catherine en était réduite à leur envoyer une partie de son salaire. L'aspect matériel, elle s'en moquait, dit-elle avec un haussement d'épaules ; de toute façon, ça n'allait pas chercher bien loin. Mais c'étaient tous ces mensonges qui la gênaient.

« Je suis navrée d'apprendre tout ça, dit Miss West. Vraiment. C'est tout à fait regrettable. Mais, vu la situation, c'est pratiquement inévitable. Trop de différences entre les deux mondes, j'entends en matière d'argent et de milieu. Il reste qu'à ta place je ne me ferais pas autant de souci. Ça finira bien par s'arranger, d'une manière ou d'une autre. »

J'écoutai sans rien dire, gêné par les révélations de Catherine.

Je rentrais seul chez moi – Miss West m'ayant laissé pour aller faire quelques courses dans le quartier de Godhulia –, quand il me vint à l'esprit que c'était peut-être à moi que Catherine, plus ou moins consciemment, avait d'abord adressé ses propos. La supposition était flatteuse, et, dans un premier temps, je la rejetai pour cette raison même. Mais elle prit un caractère plus plausible quand je songeai à la dernière visite que j'avais rendue à Catherine chez elle. Après tout, Miss West était déjà au courant du passé d'Anand dont Catherine parlait aujourd'hui avec tant de passion ; c'était précisément là ce qui la liait à Catherine depuis qu'elle avait présenté celle-ci au jeune homme lors d'une de ses soirées musicales. Oui, les paroles de Catherine m'étaient peut-être bien destinées, même si, sur le moment, nous n'en avions eu conscience ni l'un ni l'autre, et je sentais maintenant que j'aurais dû lui dire quelque chose – au besoin, le genre de banalités dont Miss West était coutumière en de telles occasions.

À l'époque, j'étais incapable de m'en rendre compte, mais Miss West faisait du bien-être d'Anand une affaire personnelle, en dépit des doutes qu'elle entretenait à propos de ses talents musicaux et dont elle m'avait récemment fait part. En outre, elle voyait en Catherine, seule et vulnérable, une cause à défendre qu'elle semblait vouloir faire partager, ou au moins faire connaître, à davantage de gens.

Il m'était clairement apparu, dès ce soir-là, chez elle, tandis que j'écoutais sa voix douce et chargée d'émotion dans la pièce envahie par les ombres et que le néon clignotait dans la maison d'en face, que les histoires concernant l'enfance d'Anand l'avaient profondément affectée. Ce que, en revanche, je n'avais pas compris, c'est qu'en les racontant elle souhaitait que les autres conviennent de leur profonde injustice. Elle cherchait aussi à protéger Anand et à lui épargner de nouvelles blessures.

C'était là sa motivation première, et, aujourd'hui, face à toutes les complications créées par ses parents et ceux d'Anand, face à toutes les difficultés qui s'amoncelaient, elle avait besoin que les autres la confortent dans son attitude ; elle avait besoin de savoir si elle avait raison d'agir comme elle le faisait.

*

Anand, quand je le revis, rêvait déjà de son départ pour Paris ; il parlait avec cette étrange sérénité que je lui connaissais et qui venait de sa conviction que, avec Catherine à ses côtés, rien de ce qu'il entreprendrait ne pouvait échouer. Paris était devenu la cible de tous ses désirs. Il en parlait avec solennité comme d'une occasion d'élargir les horizons étroits qu'il avait hérités de ses origines paysannes ; il évoquait avec un enthousiasme d'enfant les récitals qu'il donnerait devant des salles combles et le succès que ne manqueraient pas d'avoir ses enregistrements. Je l'avais déjà entendu parler, pendant la fête chez Miss West, de ses intentions d'ouvrir une école pour les joueurs de sitar doués et dans le besoin ; il revint sur le sujet, ce jour-là, pour le développer et en parla comme si l'école était déjà une réalité.

Tout ceci ne laissait pas d'être inquiétant. Je ne connaissais pas grand-chose au monde de la musique, mais j'avais le sentiment que le succès rapide qu'envisageait Anand risquait de ne pas être aussi facile qu'il se l'imaginait. Il me semblait n'avoir qu'une idée très vague de ce qui l'attendait, et, à regarder ses yeux clairs et confiants, je ne pus me défendre – pas plus que lors de ma première visite chez Catherine – d'un sentiment d'incongruité et de radicale inadéquation.

Mais il était trop tard pour reculer. Sans même en prendre pleinement conscience, je m'étais habitué à leur compagnie, au point de ne plus pouvoir m'en passer ; c'était la drogue dont j'avais besoin à intervalles réguliers, au même titre que mes visites quotidiennes à la bibliothèque. J'allais souvent chez Catherine et j'y restais des heures. Le *sadhu* aux cheveux emmêlés de la ruelle où se trouvait la maison et le *halwai* à l'énorme panse dans le fond de sa boutique noire de suie étaient devenus des silhouettes familières et rassurantes. Mais pareilles visites n'allaient pas sans tourments secrets : je voyais dans la sérénité qu'affichait Anand celle d'un homme sexuellement comblé, et, quand je les quittais, j'étais souvent habité de sombres fantasmes concernant le côté physique de sa relation avec Catherine. Vu mon manque d'expérience en la matière, de tels fantasmes étaient limités mais d'autant plus intenses. Ils donnaient un certain relief aux impressions que j'avais de Catherine, à sa voix douce, à son visage, qui semblait avoir changé d'expression chaque fois que je la retrouvais ; ce qui ne faisait qu'accroître la gêne qui s'était installée entre nous.

Je ne parlais jamais beaucoup. Je faisais part à Catherine de mes dernières découvertes à la bibliothèque, et c'était là toute ma contribution à la conversation. Pour l'essentiel, je me contentais de les écouter évoquer leurs projets, leurs inquiétudes au sujet du présent autant que de l'avenir, d'être le témoin de leurs désaccords et de leurs taquineries amicales.

Je m'aperçois aujourd'hui qu'ils m'avaient assigné un rôle bien défini. Ils étaient certes parfaitement heureux de se retrouver seuls ensemble, mais, comme tous les couples, ils avaient besoin de témoins extérieurs, et, dans cette ville indienne on ne peut plus conservatrice, la présence de gens tels que Miss West ou moi-même revêtait une grande importance à leurs yeux : elle signifiait la reconnaissance de leur fragile statut de couple non marié. Catherine ne connaissait pratiquement personne à Bénarès en dehors de Miss West, de Mark et de quelques résidents français semi-permanents qu'il m'arrivait de croiser : hommes d'une quarantaine d'années, à l'air épuisé, portant queue de cheval et boucles d'oreilles. Anand n'avait pas beaucoup d'amis non plus : quelques joueurs de sitar ou de *tabla* à l'air timide et déprimé, que je voyais parfois chez Catherine, tassés dans un coin, muets ou presque, aussi mal à l'aise en face d'Anand qu'en face de leur hôtesse. Je me rends compte aujourd'hui que la relation qu'il entretenait avec une riche Européenne comme Catherine devait embarrasser considérablement ses vieilles connaissances de Bénarès ; elle l'avait sans doute coupé des fréquentations qu'il avait auparavant parmi les musiciens, lesquels menaient une vie au jour le jour dans les quartiers pauvres de la ville.

Mais j'avais moi aussi besoin de contacts humains. Je n'avais pas d'amis : ayant grandi seul, j'étais peu doué pour les relations intimes, ou même pour la simple camaraderie ; l'amitié semblait requérir une aptitude à l'oubli de soi dont j'étais bien incapable. Pourtant, une bonne partie de cette solitude dont je ressentais de plus en plus le poids avait été compensée par ma passion pour la lecture et le respect que j'entretenais pour la vie de l'esprit. J'avais pris l'habitude avec chaque nouveau livre de tisser un lien privilégié avec l'auteur, auquel j'accordais toute l'attention et toute la sollicitude dont j'étais incapable dans mes rapports avec les autres.

Mais, le temps passant, il m'était apparu que c'était un leurre que de vouloir se servir du livre comme d'un substitut à l'amitié. Pour tout dire, quand j'arrivai à Bénarès, je souffrais depuis longtemps de ma solitude, constat que la compagnie inattendue de Miss West d'abord, puis de Catherine, avait mis en pleine lumière. Cette souffrance, je n'en étais jamais plus conscient que lorsque je frappais à la porte de Catherine et que j'entendais le bruit du lourd anneau de fer retombant contre le vieux bois blanchi résonner dans le vide de l'escalier, emportant un peu de ma solitude.

C'est cette souffrance qui explique la rapidité avec laquelle j'en vins à chérir ces longues soirées chez Catherine, dans la pièce remplie des ombres bleutées du soir, avec le néon qui clignotait de l'autre côté de la rue et les pigeons qui, à intervalles réguliers et pour répondre à d'invisibles sollicitations, s'envolaient à grand bruit dans le crépuscule.

Et c'est ainsi que je me mis à appréhender d'avoir à quitter cette maison tard le soir et à monter mes trois étages pour retrouver ma chambre minuscule plongée dans l'obscurité et, quand j'allumais, toutes mes affaires à l'endroit même où je les avais laissées : livres épars sur la table, hérissés de marque-pages, ou entassés dans les niches octogonales ; pyjama jeté sur le lit ; mules abandonnées sous la chaise, là où j'avais enfilé mes chaussures ; carte postale représentant Proust sur l'appui de fenêtre, là où je l'avais posée des semaines plus tôt. Comme si je m'étais attendu à ce que tous ces objets changent de place pendant mon absence. Qu'ils ne l'aient pas fait disait assez la solitude et l'ennui que j'en étais venu à éprouver dans cette pièce.

6

Au cours des années qui se sont écoulées depuis, j'ai souvent repensé à la soirée de Miss West, pour m'étonner de l'étrange émotion qui avait été la mienne le lendemain matin, tandis que j'étais seul sur le toit et que Miss West avait absorbé un somnifère pour tenter de retrouver le sommeil après une nuit d'angoisse. Il m'a fallu du temps pour comprendre que la solitude que je devais connaître plus tard, au moment où je retrouvais ma chambre après une visite chez Catherine, n'était qu'une autre forme de cette même émotion.

Je connaissais si peu les gens présents à cette soirée que, dans le peu de temps où je les vis, ils me devinrent encore plus mystérieux. Mon ignorance me tourmentait. Je voulais en savoir plus, je voulais tout savoir d'eux. Savoir, c'était une façon de surmonter l'impression pénible, quoique confuse, que j'avais ressentie après la fête, ce sentiment de l'immensité et de la diversité du monde, doublé de la conscience qu'il m'était en grande partie inaccessible, disqualifié que j'étais par le manque d'argent et de perspectives d'avenir bien définies.

La réalité de ma situation m'était apparue dans toute son étendue quand, à ma question sur la raison de son séjour à Bénarès, Debbie avait répondu : « Je ne fais que passer. » Les mots m'étaient restés. Vaguement teintés de magie, évocateurs d'une sorte de voyage perpétuel à travers le monde, d'une façon de jouir de la vie qui m'était interdite, d'une vie qui, à voir les photos de la chambre de Miss West, semblait pourtant si riche d'aventures.

Et plus j'avais de contacts avec cette vie, plus je m'en sentais écarté. Je ne savais rien de Miss West, mais je m'étais permis de lui fabriquer un passé fait de tristesse et de désenchantements : telle était l'illusion romanesque nourrie de la solitude oisive de ces premiers jours de brouillard à Bénarès. Ce matin-là, le matin qui avait suivi la fête, en regardant ces photos qui évoquaient pour moi les plaisirs d'une prospérité sans mélange, je m'étais fait une plus juste idée du personnage, mais cela n'avait fait que renforcer mon sentiment de solitude et ma tendance à l'autocompassion.

*

Les racines de notre personnalité sont aussi nombreuses qu'elles sont enchevêtrées : elles plongent dans le contexte social et affectif de nos jeunes années, dans celui de la vie de nos parents et, si l'on remonte plus loin encore, de nos ancêtres. D'une certaine manière, l'émotion que je ressentis le lendemain de cette fameuse fête était de celles avec lesquelles j'avais toujours vécu, même si je n'avais jamais réussi à les cerner avec précision. Elle avait déjà assombri mon enfance, sous la forme, à l'époque, d'une peur irraisonnée d'être soudain abandonné et laissé sans protection. Plus tard, cette crainte avait perdu de son acuité pour se dissoudre quelque peu dans les préoccupations plus vastes d'une adolescence solitaire. Je ne l'avais jamais analysée ; je n'en avais pas eu l'occasion. Ce n'est qu'aujourd'hui, au moment où j'écris pour tenter de relier entre eux des événements et des émotions disparates, que je perçois enfin le contexte plus large dans lequel cette peur s'inscrit, que je soupçonne ses lointaines origines, ses racines dans un passé dont seules les grandes lignes sont encore visibles.

Mes ancêtres étaient des brahmanes originaires de Kanauj, capitale du grand empire indien du VIIe siècle, fondé par Harshavardhan. On ne sait pas exactement à quelle époque ils quittèrent la ville. La tradition familiale rapporte que l'empereur mongol Akbar créa, au XVIe siècle, une aristocratie locale en accordant des terres aux brahmanes de la région, et que nos ancêtres furent au nombre des bénéficiaires. Personne n'en savait davantage : ce n'est pas là le genre de choses que les gens prennent la peine de rechercher, ni même de se rappeler ; le passé fait bien trop partie du présent pour être ainsi catégorisé de façon strictement chronologique.

Pendant les siècles qui suivirent le règne d'Akbar, mes ancêtres gardèrent leur statut de riches propriétaires terriens dans ces plaines délimitées par les contreforts ouest de l'Himalaya. Et tout au long de cette période, l'histoire agitée de l'Inde médiévale ne fit que les effleurer. Les connaissances que j'avais moi-même de ce passé ne remontaient guère au-delà de mon arrière-arrière-grand-père, au siècle précédent, mais j'ai du mal à imaginer que ses propres ancêtres aient beaucoup dévié de la voie toute tracée que lui-même, son fils et son petit-fils avaient empruntée par la suite : études à Bénarès, âge adulte et mariage, détachement de l'âge mûr, avant le renoncement final sous la forme d'une retraite dans les régions himalayennes.

Avec l'indépendance de l'Inde en 1947, cette vie parfaitement réglée fut soudain bouleversée. Mon grand-père et ses fils se retrouvèrent précipités dans le nouveau monde, impitoyable et matérialiste, de l'Inde indépendante, sans le soutien de leurs anciennes certitudes. Une série de lois visant à réformer la propriété terrienne porta un tel coup au patrimoine familial qu'il fallut mettre en gage de vieux bijoux de famille pour payer les études de mon père et de ses frères. Il y eut même une époque où études et mariage semblèrent sérieusement compromis.

Mon père grandit dans une curieuse atmosphère de féodale grandeur et de pénurie honteuse. Après avoir connu une vie de loisirs des plus protégées, il se retrouva dans les rangs des millions de désespérés à la recherche d'un emploi sous le nouveau régime. Ce n'est qu'après la mort de ma mère que j'appris à quel point cette difficile période de transition l'avait affecté.

Puis le temps apporta le nécessaire oubli. Il entra dans l'administration, au service de l'Équipement et des Travaux publics, et finit par connaître la sécurité et l'aisance relative d'un membre de la petite bourgeoisie. Mais il ne parlait jamais de sa jeunesse. Une fois, dans un accès inhabituel de nostalgie, il fit allusion aux éléphants caparaçonnés qu'il montait pour se rendre au village où habitait sa grand-mère. Une autre fois, il évoqua le jour où le Pandit Nehru était venu jusqu'à la maison familiale pour emprunter un cheval dans nos écuries. C'étaient là les seuls souvenirs dont je disposais pour me représenter la vie qui avait été la sienne dans son enfance.

Il m'était impossible à moi, qui étais né en 1969 et avais grandi avec le cricket, les romans d'Enid Blyton et les bandes dessinées de Tintin, d'avoir de tels souvenirs. Le passé de mon père – aussi bien que celui de ma mère, dont la famille avait subi de semblables revers – n'avait rien à voir avec la succession de HLM et d'écoles chrétiennes plutôt médiocres dans lesquelles j'avais moi-même passé mon enfance. La sérénité du vieux monde brahmane qu'avaient connue ses aïeux pendant des siècles m'était encore plus étrangère. Je n'en avais qu'une idée bien vague quand, le dimanche matin, mon père, sortant de son bain torse nu, s'asseyait sur une peau de tigre devant un feu odorant de bois de santal et récitait des hymnes védiques, dans un simulacre des rites majestueux observés pendant des millénaires par ses ancêtres. J'étais empli d'une crainte respectueuse devant ces pratiques d'un autre âge. Mais dans le même temps, je sentais bien que ma vie s'en était éloignée à jamais, pour s'attacher à d'autres désirs et reconnaître d'autres allégeances.

Ce fut à l'époque de la mort de ma mère que j'eus le plus nettement conscience de ce phénomène. Elle avait choisi d'aller finir ses jours dans un ashram de Bénarès quand elle avait appris qu'elle n'avait plus longtemps à vivre. Sa décision s'inscrivait dans le droit fil d'une croyance hindoue immémoriale qu'il n'était pas question de discuter : mourir à Bénarès, c'était se délivrer du cycle éternel des réincarnations.

Avant même que j'aie le temps d'arriver dans cette ville, elle était morte et avait dû être incinérée en toute hâte. J'avais été secrètement soulagé de me voir ainsi épargner les devoirs qui m'incombaient en la circonstance. J'aurais été incapable de faire face à la cruauté physique d'une crémation hindoue – la chair de marbre, le rictus de la bouche ouverte, la mascarade de la tenue de jeune mariée infligée à ce pauvre corps de femme, la pique de bambou enfoncée dans le crâne. Tant de brutalité n'aurait pu que détruire l'image que je gardais de ma mère, cette figure négligée de mon enfance – son visage rouge de bonheur et son étreinte avide quand je rentrais à la maison pour les vacances, le parfum de tristesse et les plis qui barraient son front quand, quelques semaines plus tard, je l'embrassais avant de repartir, et que nous tentions l'un et l'autre, sous l'œil désapprobateur de mon père, de retenir nos larmes.

Je restai seul avec ma douleur ; si mon père était affecté, il y avait peu de chance pour qu'il veuille partager son chagrin avec moi. Je me rendis seul dans la cellule de l'ashram où ma mère avait passé ses dernières années, sombrant lentement dans la piété et la maladie. C'était là que je l'avais vue une fois, minuscule silhouette recroquevillée sur son lit, pleurant en silence. C'était aussi ce jour-là que, pour la première fois, elle m'avait confié – ce qui me donne aujourd'hui une idée de l'étendue de son désespoir – qu'elle n'avait plus envie de vivre ; et moi, si ébranlé que je fusse, j'avais adopté l'attitude de son mari, qui la jugeait incapable de penser par elle-même, en refusant de croire qu'elle parlait en toute connaissance de cause. Dans cette pièce totalement nue où le silence résonnait de façon étrange, il y avait maintenant une sorte d'autel. Des bouquets de fleurs fraîchement coupées et des bâtonnets d'encens – dernier hommage rendu à ma mère par les autres occupants de l'ashram – ornaient une table devant un portrait d'elle nouvellement encadré. Aussi loin que remontaient mes souvenirs, elle avait toujours refusé de se laisser photographier, et mon père avait dû aller rechercher pour cette cérémonie commémorative un très vieux portrait, que je ne connaissais pas. On la voyait en robe de cérémonie recevant son diplôme universitaire, dont elle serrait le rouleau dans sa main, le visage de trois quarts – conformément à une mode des années 50 –, un sourire incertain à peine esquissé sur les lèvres, celui de l'étudiante en âge de se marier qui a déjà eu un aperçu de la vie sans saveur que lui réserve l'avenir.

Debout dans cette cellule, je repensai à toutes les gentillesses de ma mère, les bocaux de douceurs et de confitures maison qu'elle m'apportait à l'école, les billets qu'elle glissait dans ma poche, quand mon père avait les yeux ailleurs. Je me rappelai l'écriture ronde de ses lettres débordantes d'angoisse maternelle. C'est seulement lorsque j'eus épuisé ces souvenirs que mon attention se laissa enfin distraire, et je remarquai alors quelques-uns de ses objets personnels que l'on avait apportés dans cette chambre et que la mort avait élevés au statut de reliques : les volumes reliés du *Ramayana* et du *Mahabharata*, les œuvres complètes de Sarat et de Tagore, son journal avec ses comptes et ses listes de courses, de vieux numéros du magazine religieux *Kalyan*, un chapelet dans une pochette en velours effrangée et des petites figurines de Krishna et de Rama.

Ces objets l'avaient accompagnée toute sa vie ; ils avaient constitué son monde, mais ce n'est qu'au moment où je tombai sur le calendrier hindou abondamment annoté qu'elle avait conservé accroché dans sa chambre toute sa vie que je compris à quel point ce monde avait constitué pour elle un univers inviolable : celui d'une existence qui se situait bien au-delà des peines et des déceptions, et qui avait ses propres rythmes et ses propres saisons, ses vertus et ses habitudes. Magh, Aashaad, Phagun, Sankrant, Amavasya, Nau Ratra : la poésie sonore de ces noms sanskrits, le carillon musical de ces mois, de ces fêtes, de ces jours de jeûne, voilà ce qui, en secret, avait mis de l'ordre dans sa vie sur cette terre, l'avait rythmée et rendue supportable.

Mais comme tous ces noms sonnaient bizarrement à mes oreilles ! Comme il était difficile, dans cette cellule, face à ce calendrier, avec toutes les affaires de ma mère autour de moi et les lentes psalmodies des occupants de l'ashram pénétrant par la fenêtre ouverte, de ne pas admettre que le passé qui avait donné forme et cohérence à la vie de mes parents ne m'était plus accessible.

Je ne pouvais compter que sur moi-même : c'est là ce que mon père tenta de me faire comprendre dans les jours qui suivirent la mort de ma mère. Jusqu'alors, il ne m'avait guère adressé plus de quelques mots à la fois, comme il le faisait avec ma mère. Ils discutaient brièvement des questions matérielles, puis chacun se retirait dans son univers. Sans doute avait-il été moins distant quand j'étais encore enfant ; je me souviens de lui me lisant des extraits du *Mahabharata* et m'expliquant, alors que j'étais trop jeune pour les comprendre, les subtilités du dialogue entre le sage, Yagnavalkya, et son épouse, Maitreyi, dans le passage des *Brihadaranyaka Upanishad* traitant des illusions de l'amour et de l'attachement. Mais il était d'une nature réservée, trait qui n'avait fait que s'accentuer avec le temps.

Je me souviens d'un après-midi – le dernier de ce genre avant l'été – où j'étais assis dans la cour ensoleillée de l'ashram où mon père et moi séjournions à Bénarès. J'étais en train d'essayer de me concentrer sur ma lecture quand, levant les yeux, j'aperçus mon père qui venait vers moi. On dirait un infirme, me dis-je soudain, pris de pitié ; il avait tout d'un vieillard, ainsi courbé sur sa canne, avec ses cheveux et sa moustache d'un même gris, et les rides profondes de son visage qu'accusait la lumière du soleil.

Je me levai à son approche. Il s'arrêta et pencha la tête de côté pour jeter un coup d'œil à mon livre. Je le lui tendis aussitôt, mais, d'un geste, il l'écarta et, me regardant droit dans les yeux, me demanda si je voulais aller me promener avec lui sur les *ghats.*

C'est là, au milieu de la foule des baigneurs du soir, qu'il m'expliqua ses projets d'avenir. Il avait décidé de mettre un terme à la vie qu'il menait actuellement et de se retirer à l'ashram de Sri Aurobindo à Pondichéry, où il avait envie d'aller depuis fort longtemps. S'il ne se décidait pas maintenant, il craignait de ne plus jamais pouvoir partir. Pour ce qui était de mon avenir, il ferait au mieux. Certes, il n'avait pas de maison à me transmettre, et guère d'argent. Mais il pouvait me réserver une petite dotation qui me permettrait d'aller à l'université. Après quoi, ce serait à moi de me débrouiller.

Il entreprit ensuite de conclure ces déclarations quelque peu brutales sur une note philosophique personnelle encore plus inattendue. Il me dit n'avoir jamais voulu se marier; son mariage avait été une erreur, et autant lui que ma mère en avaient souffert. Une autre aberration avait été de vouloir travailler dans l'administration, même si, dans ce domaine, il n'avait guère eu le choix. Ce genre d'emploi ne lui convenait absolument pas, et il avait consacré les meilleures années de sa vie à un travail ingrat et sans joie. Il n'avait plus trop de regrets aujourd'hui, l'expérience lui ayant appris que c'était de ce genre d'erreurs qu'était faite la vie de la plupart des gens.

Ce qu'il avait toujours désiré par-dessus tout, c'était la liberté : être libéré de tous les liens qui rattachent l'homme aux vanités de ce monde, de toutes les responsabilités et de tous les devoirs qu'il peut avoir envers les autres. Cette liberté s'était enfin offerte à lui sur le tard, avec la mort de sa femme, à un moment où il ne pourrait plus en profiter pleinement. Mais il était bien décidé à en tirer le meilleur parti dans les quelques années qu'il lui restait à vivre.

Il lui fallut encore quelques mois pour mettre ses affaires en ordre. J'étais encore à Allahabad quand il partit pour Pondichéry et n'assistai pas à son départ. Mais c'était mieux ainsi, car il ne supportait pas la sentimentalité des adieux. Il me demanda malgré tout d'aller le voir pendant mes vacances. Je n'en fis rien, conscient du malaise qu'occasionnerait pareille visite, pour l'un comme pour l'autre. Au lieu de quoi, je me rendis dans le Kerala, le Cachemire, à Darjeeling et à Shimla, séjournant dans des hôtels bon marché et voyageant en car. Je lui écrivis pour lui parler de mes voyages. Il me répondit que j'avais bien fait de les entreprendre. Je continuai de lui écrire, une fois rentré à Allahabad, avec une assurance grandissante.

C'est à Allahabad, au milieu du désordre qui régnait à l'université, que je parvins à me tracer une voie. Sur laquelle je comptais bien rester, une fois arrivé à Bénarès au terme de mes trois années d'études. Le choix de cette ville se fit par défaut. À Allahabad, je n'étais pas arrivé à une idée très claire de ce que je voulais faire par la suite, ni de l'endroit où j'aurais aimé aller. J'assistai rarement aux cours et passai l'essentiel de mes longues journées vides sous les frais ombrages d'Azad Park, où je lisais pendant des heures et des heures. Loin du chaos de l'université existait une autre ville, faite de larges avenues endormies et de vieilles demeures coloniales tombant paisiblement en ruines derrière des haies qui ne connaissaient plus la taille que de loin en loin. C'était là que j'allais chercher les joies si caractéristiques du solitaire et de l'excentrique, réussissant même à y trouver une sorte de bonheur.

Dans mon souvenir, je revois Allahabad comme je la voyais souvent à cette époque depuis le dernier balcon d'une haute tour qui se dressait au milieu du campus, la soie verte et plissée de ses arbres s'écartant ici et là pour faire place aux dômes et aux flèches. L'épicentre de cette ville miniature telle que la reconstruit mon imagination, c'est l'avenue totalement rectiligne qui traversait l'ancien quartier britannique et sur laquelle se situaient, non loin l'une de l'autre, la librairie Wheeler's et le cinéma Le Palace. La librairie était plus grande et mieux fournie que celles que l'on trouve d'ordinaire dans une petite ville de province. Les livres étaient bien rangés et classés sur de longs rayons poussiéreux, et le magasin – luxe incroyable – était climatisé. Le Palace, lui, offrait à l'imagination un autre genre de paradis, plus facilement accessible. C'est là qu'un jour je regardai James Bond allègrement damer le pion à toute une bande de « méchants » cosmopolites, à Cuba, Berlin et dans le Rajasthan. Je me souviens être sorti de ce tour du monde enivrant pour retrouver, au sommet d'un escalier mal éclairé, non pas la terne réalité, mais l'enchantement d'une nuit transformée par une ondée silencieuse en un scintillement tremblé, la vapeur légère qui montait des trottoirs semés de flaques voilant l'éclat des lumières, un cycliste solitaire laissant sur la chaussée luisante l'empreinte de son passage.

7

À Allahabad, j'avais été livré à moi-même, et forcé de me trouver des repères et des lieux secrets dans la ville. Mais en arrivant à Bénarès, où je ne cherchais guère autre chose que la poursuite de cette vie oisive consacrée à la lecture que j'avais connue à Allahabad, je m'étais trouvé plongé dans un monde différent. Je connaissais davantage de gens, et leur présence emplissait ma vie d'émotions nouvelles, tout en ravivant la conscience de mes vieilles insuffisances.

Comme je supportais mal la solitude de ma chambre, je me mis à passer de plus en plus de temps dehors. Pour l'essentiel, à la bibliothèque de l'université. Nombreux sont les souvenirs qui me restent de ses salles sombres où le moindre bruit résonnait comme au plus profond d'une caverne, de ses magasins mal éclairés et empestant les *beedis,* où je passais des heures à parcourir du regard et à feuilleter au hasard les ouvrages rangés sur les rayons.

Souvenirs aussi du kiosque à thé en bois grossier, infesté de mouches, qui se trouvait tout près de l'entrée principale et où j'avalais debout en guise de repas une omelette arrosée d'un thé trop sucré ; de la vue que j'avais de mon bureau à côté de la fenêtre sur un carré de lumière qui tapissait la pelouse, dont l'herbe couverte de rosée scintillait dans le soleil tandis que les margousiers qui la bordaient étalaient leur luxuriance sombre et immobile. Pareilles images évoquent pour moi sérénité et plénitude, et, en ce sens, elles ne sont pas fausses.

Pourtant, si elles restent significatives, elles ne reflètent qu'une petite partie de mon expérience. Elles ne réussissent pas à transmettre le côté précaire de cette sérénité, sans cesse menacée par le chaos qui était de règle à l'université à cette époque et dont j'étais fréquemment le témoin direct, sans pour autant m'en offusquer.

Le campus avait été dessiné d'après une conception du cosmos que l'on trouvait quelque part dans les *Veda*; il devait son implantation au milieu de la verdure à la tradition hindoue qui assimilait les étudiants à des ermites. Il avait la forme d'un demi-cercle, sur le diamètre duquel étaient disposés les différents départements; derrière ceux-ci se trouvaient les résidences des étudiants et les terrains de sport.

Au milieu de leurs pelouses et de leurs jardins, les bâtiments semblaient sortis tout droit d'une imagination délirante. C'était le style indo-sarrasin, mélange hybride de néo-victorien et d'hindo-islamique, qui dominait ici : coupoles, arcades, balcons à colonnettes, tours crénelées, portiques classiques, dômes, minarets se dressaient dans un fouillis architectural étonnant.

Indo-sarrasin : le nom me disait quelque chose, mais à l'époque je ne m'y connaissais guère en architecture. À Allahabad, j'avais vécu parmi les toutes premières constructions représentatives de ce style, mais sans y prêter une attention particulière. Les bâtiments ressemblaient beaucoup aux demeures coloniales en ruines que l'on trouvait un peu partout dans la ville. L'Inde en était pleine. Je les voyais partout et les connaissais trop pour m'interroger à leur sujet.

Ce n'était de ma part ni fatuité ni manque de curiosité. Je voyais ce que je voyais, mais ne disposais d'aucune échelle de comparaison. La dégradation et la ruine faisaient partie intégrante de notre univers quotidien, au point de passer inaperçues. C'était le visiteur, le voyageur venu de l'étranger et cherchant à déchiffrer un nouveau pays et ses habitants, qui regardait d'un œil neuf et exercé ce que nous avions fini par ne plus remarquer – témoin Catherine, qui m'interrogea un jour sur l'université de Bénarès.

Elle parlait souvent de ses promenades dans Bénarès d'une manière qui soulignait son attachement au moindre détail. À son retour chez elle, elle s'émerveillait de la qualité de la lumière sur le fleuve, des reflets de l'eau jouant sur les façades des maisons d'un quai, du travail ajouré d'un certain balcon sur Narad Ghat. J'étais toujours fasciné par l'attention sans cesse en éveil qu'elle prêtait au monde qui l'entourait et qui lui faisait déceler style et beauté dans les endroits les plus inattendus. J'aurais voulu pouvoir découvrir la ville à travers ses yeux et, tentant comme à l'habitude de passer pour plus savant que je n'étais, je faisais souvent mien son avis sur des choses dont j'ignorais tout.

Elle était allée plusieurs fois au musée de l'université et en avait profité pour se promener sur le campus – à l'entendre, l'endroit ne ressemblait à rien de ce qu'elle avait pu voir jusqu'ici, en Inde ou ailleurs.

Lors de ma visite suivante à la bibliothèque, je m'empressai de m'informer sur l'histoire de l'université. Construite au tout début du XXe siècle, celle-ci était l'œuvre de la génération de nationalistes indiens qui avaient précédé l'ère Gandhi et qui comptaient dans leurs rangs des figures aussi importantes que Madan Mohan Malaviya. On voyait les statues érigées en leur honneur aux carrefours les plus importants de la ville ; elles étaient aujourd'hui oubliées, négligées, noires de crasse.

Ces nationalistes avaient pour objectif, en dehors de l'indépendance, de régénérer l'Inde grâce à un contact direct et permanent avec le meilleur de ce que le monde occidental avait à dire et à transmettre. De telles aspirations étaient d'ailleurs partagées par beaucoup de Britanniques. Au nombre des personnalités qui avaient contribué à la création de l'Université hindoue de Bénarès figurait Annie Besant, la théosophe anglaise, membre de la Fabian Society et amie de George Bernard Shaw. Je me souviens d'avoir lu cette histoire un après-midi dans la bibliothèque, assis au milieu des joueurs de cartes aux mines patibulaires et des jeunes filles aux ongles vernis, essayant de tromper leur ennui en gravant leurs initiales dans le bois d'un bureau. À un moment donné, ces noms internationalement connus avaient semblé donner à l'université plus de poids qu'elle n'en avait et en faire un endroit destiné à une noble cause à laquelle des hommes et des femmes célèbres avaient consacré leur temps et leur énergie.

Mais ce moment privilégié n'avait pas duré, car plus j'avançais dans ma lecture, plus j'avais l'impression d'avoir affaire à d'autres lieux appartenant à un autre monde.

À cet égard, l'université ressemblait à celle d'Allahabad. La coupure avec le passé, à quelque époque qu'elle se fût produite, avait été nette ; l'idéalisme des premières années était depuis longtemps oublié, et seuls les livres d'histoire en conservaient la trace. Le présent, en revanche, était affaire d'imagination. Il fallait simplement être conscient des problèmes et rester à l'écart des dangers.

*

Un matin, peu de temps après ma rencontre avec Rajesh, je me rendais à la bibliothèque quand mon attention fut attirée par une foule bruyante, rassemblée devant le musée de l'université. C'était un bâtiment lui aussi de style indo-sarrasin, séparé de la rue par une grande haie et des arbres, qui renfermait, souvenir des jours meilleurs qu'avait connus l'institution, des miniatures et des sculptures d'une grande valeur.

La foule grossissait à vue d'œil : étudiants arrivant à pied, à bicyclette, de toutes les directions, sans compter quelques motocyclistes isolés. Elle avait largement débordé sur la chaussée quand je la rejoignis. J'entendis alors les slogans : PRÉSIDENT, HAI HAI ! PRÉSIDENT MURDABAD ! À BAS LE PRÉSIDENT !

J'étais au courant de l'hostilité des étudiants à l'égard du président de l'université. Je n'avais pas oublié non plus l'avertissement qu'avait récemment lancé Rajesh quant à d'éventuelles violences de la part des étudiants. Je me demandai quelle nouvelle provocation pouvait être à l'origine d'une manifestation de cette envergure.

Quand je posai la question à mon voisin dans la foule, c'est à peine s'il me regarda avant de répondre : « Le président est à l'intérieur du musée. »

Cela me parut curieux : que pouvait bien faire le président à l'intérieur du musée ? Et pourquoi les étudiants s'étaient-ils rassemblés ici ?

Je restai là un moment à me demander si je devais poursuivre ma route, quand soudain, au milieu d'une marée de visages excités, j'aperçus quelqu'un que je connaissais.

C'était Pratap, l'un des jeunes étudiants que j'avais vus avec Rajesh le jour où nous avions bu un thé au kiosque.

Je me souvenais qu'il s'était montré particulièrement véhément au sujet de cet employé de l'administration qui avait amassé des millions : ce genre d'histoire était un fantasme réconfortant pour les étudiants pauvres. Pratap avait les cheveux pratiquement rasés, à l'image de beaucoup d'étudiants qui constituaient la clientèle du coiffeur de rue installé juste à l'extérieur des grilles, le musulman barbu et bossu avec sa chaise en bois branlante et son miroir rouillé. Ses maigres épaules étaient drapées dans un châle mince, et son pantalon, noué aux chevilles, était coupé dans un tissu synthétique brillant.

Il me surprit en train de le regarder, et son visage large et impassible se fendit d'un sourire. Il se fraya un chemin dans la foule, non sans quelques protestations de la part de ceux qu'il bousculait, et, bientôt, il était à mes côtés, me serrant la main avec vigueur – geste d'amitié qui devait probablement beaucoup au fait que je connaissais Rajesh.

Il m'expliqua que le président était venu inaugurer une exposition au musée, et que certains étudiants, ayant eu vent de sa présence, avaient aussitôt cerné le bâtiment, refusant de le laisser sortir tant qu'il n'aurait pas annulé les ordres d'expulsion lancés à l'encontre de trois de leurs camarades. Cela faisait maintenant plus d'une heure qu'il était séquestré. Dans l'intervalle, les étudiants avaient enfermé son personnel dans la cafétéria voisine et endommagé sa voiture officielle. Pratap eut un geste en direction de l'Ambassador blanche noyée au milieu d'un tourbillon de manifestants. Le pare-brise avait été défoncé, donnant à la voiture l'allure d'un crâne aux orbites vides ; les phares avaient été cassés, et les débris de verre brillaient sur la chaussée comme autant de minuscules diamants ; des fils sortaient d'un trou dans le toit, seul vestige d'un gyrophare bleu.

Pratap dit tout à coup : « Regarde là-bas, c'est Mohan ! »

Je jetai un œil dans la direction indiquée et vis un étudiant vêtu d'une *kurta* blanche et d'un gilet, et affublé de lunettes à grosses montures qui lui mangeaient le visage. Porté à bout de bras, il dominait la foule ; puis il fut juché sur les épaules de quelqu'un. Je ne l'avais jamais vu, et, quand je lui demandai qui c'était, Pratap parut surpris de mon ignorance. Mohan s'éternisait dans les études, il était membre du syndicat d'obédience communiste et connu sur tout le campus pour ses poèmes révolutionnaires.

Une voix forte réclama le silence et, quand l'auditoire se fut quelque peu calmé, quelqu'un annonça d'une voix théâtrale que Mohan allait réciter ses poèmes.

Tous les yeux convergèrent sur le poète, qui se mit à fourrager dans la liasse de feuillets qu'il tenait à la main ; quelqu'un s'esclaffa, et aussitôt des voix s'élevèrent en signe de protestation. Un silence relatif s'ensuivit tandis que Mohan continuait à chercher. Il finit par mettre la main sur la page qui l'intéressait.

Le poème, récité d'un ton grave et pénétré, appelait à une nouvelle lutte pour la libération et l'indépendance du pays ; celle qu'avait obtenue l'Inde en 1947 n'était qu'une imposture, qui s'était contentée de remplacer les oppresseurs étrangers par des tyrans domestiques.

Tandis que Mohan poursuivait, l'attention de la

foule commença à se relâcher. Il entama un second poème, à propos du siège de Leningrad par les nazis, celui-là. Sans parvenir pour autant à accrocher l'assistance. Quelqu'un fut pris de fou rire, bientôt imité par d'autres.

Le premier à s'être esclaffé se mit à hurler : À BAS LENINGRAD !! Une vague de rires parcourut la foule. Pratap me souffla dans l'oreille : « Ceux-là, ce sont pour la plupart des membres du parti du Réveil hindou. Ils ne supportent pas ces histoires d'antagonisme sino-russe. »

Mohan entama le poème suivant, sans paraître le moins du monde affecté. Il s'agissait cette fois d'une traduction en hindi du poème de Pablo Neruda sur la chute d'Allende.

Le face-à-face entre le poète tenace et l'auditoire moqueur se poursuivit encore un moment. Je m'apprêtais à quitter les lieux, quand je sentis un frémissement d'inquiétude parcourir l'assemblée. Quelques secondes plus tard retentissait la sirène familière, et aussitôt un silence tendu tomba sur les étudiants. Quelques-uns cherchèrent même à s'extirper de la cohue. Mohan s'arrêta net, puis, rassemblant son courage, reprit sa récitation, sa voix soudain très claire dans le silence désormais écrasant.

Une Ambassador blanche, dotée d'une sirène bleue, ne tarda pas à apparaître, suivie de deux Jeep remplies de policiers armés de matraques et de boucliers.

Les têtes se tournèrent en direction de l'entrée, où s'étaient arrêtées la voiture et les Jeep. Quelqu'un prit la place de Mohan et se mit à exhorter la foule d'une voix forte pour l'empêcher de se disperser. « Notre combat est juste ! » entendit-on hurler en mauvais anglais, au moment où les rangs s'ouvraient déjà pour laisser le passage aux policiers qui se dirigeaient d'un pas rapide vers le musée où le président était retenu prisonnier.

Je savais que la voiture était celle du chef de la police, dont je connaissais même le nom, pour l'avoir vu à une ou deux reprises dans les journaux locaux. Il passait pour un adversaire acharné des mafias de la région. Je tendis le cou pour mieux le voir quand il passa à ma hauteur, accompagné d'une escouade d'agents. C'était un homme courtaud et corpulent, dont le visage affichait une expression nerveuse et agitée. Il portait sa casquette de travers et avait la démarche d'un homme souffrant d'une élongation à l'aine.

L'orateur qui avait remplacé Mohan exhortait toujours les étudiants à rester sur place et à ne pas céder à la pression policière.

Plus tard, tout le monde, y compris les journaux locaux, proposerait des versions différentes des faits. Apparemment, personne n'était assez bien placé pour voir ce qui s'était réellement passé, et la foule trop dense autour du chef de la police et de ses hommes qui progressaient non sans mal en direction du musée. Mais certains se souviendraient d'avoir vu soudain tomber la casquette du chef de la police ; ils se rappelleraient avoir vu celui-ci se retourner et frapper sauvagement le garçon qui se trouvait juste à côté de lui, avant que ce dernier se jette sur lui en hurlant, et que les deux hommes s'affalent dans un corps à corps sauvage au milieu de la foule, qui, s'écartant aussitôt, les laissa glisser à terre.

Puis ce fut le chaos.

Les policiers qui étaient restés à proximité des Jeep et de la voiture blanche s'affolèrent et, dans leur hâte à vouloir gagner l'endroit où ils sentaient que leur présence était réclamée, ils se mirent à faire tournoyer leurs matraques au-dessus de leurs têtes pour tenter de s'ouvrir un passage. L'espace restreint dont ils disposaient limitait considérablement l'ampleur de leurs mouvements, et un étudiant réussit à attraper le bout d'une matraque pour finalement arracher l'arme au policier terrifié.

L'exploit stimula les autres, qui se mirent à vociférer en chœur. Les policiers, trop peu nombreux, furent rapidement débordés. D'autres matraques furent arrachées, et même utilisées : l'air résonna bientôt des craquements sinistres du bois s'écrasant sur les têtes et des cris de douleur montant de la foule.

C'est alors que j'entendis une détonation, semblable à l'explosion d'un gros pétard de carnaval, si ce n'est que le bruit me parvint légèrement assourdi. Quand je me tournai dans cette direction, ce fut pour voir un policier, un homme grand et maigre à la moustache naissante, qui ne devait pas avoir plus de vingt ans, faire quelques pas en titubant, le visage déformé par la douleur. Il avait été atteint par-derrière, et, tandis que la foule, d'instinct, s'écartait de lui, j'aperçus son agresseur : un jeune étudiant, dont la chemise au grand col blanc collait comme une seconde peau à son torse maigre. Je remarquai ses pantalons pattes d'éléphant en polyester, style années 70, dépouille sans doute d'un membre de sa famille plus âgé. Jambes écartées, ses longs bras maigres pendant de chaque côté de son corps, il regardait l'autre s'affaisser, comme hypnotisé par le spectacle.

Tandis que le policier titubait et s'écroulait, comme dans une séquence au ralenti, sous les yeux de ses collègues momentanément abasourdis, j'aperçus son dos labouré et maculé de sang. Les lambeaux de sa chemise kaki déchirée étaient collés à des morceaux de chair que la peau arrachée mettait à nu.

Il avait été atteint par une grenade de fabrication artisanale. Je connaissais ce genre d'objet : rempli de petits clous rouillés, il pouvait être dissimulé dans le creux de la main et explosait au premier impact.

Tandis que nous nous jetions tous à terre, obéissant à un réflexe inspiré par les films de guerre, nous entendîmes un puissant bruit de moteur. Nous levâmes les yeux pour voir un gros camion militaire s'arrêter derrière les Jeep déjà garées. Il faisait sans doute partie des forces initialement prévues mais avait été retardé pour une raison ou pour une autre.

En un instant, le combat changea d'âme. Les policiers bondirent du camion et chargèrent la foule pour se porter au secours de leurs frères d'armes en difficulté. Ce fut au tour des étudiants de s'affoler; la plupart lâchèrent aussitôt les matraques et prirent leurs jambes à leur cou. En quelques secondes, la marée humaine se dispersa, pour s'écouler en longs filets sinueux, tandis que l'air s'emplissait du claquement rapide des chaussures de cuir sur l'asphalte.

J'étais parmi ceux qui s'éloignaient le plus vite du musée, terrorisé à l'idée que mes sandales puissent lâcher à tout moment et me laisser pieds nus, incapable de fuir. Je courais comme un fou avec les autres, ne sachant où j'allais ; uniquement préoccupé de mettre le plus de distance possible entre les forces de l'ordre et moi, je m'enfonçai dans le campus. C'est seulement lorsque je me sentis relativement en sécurité et que l'horrible vision du policier blessé m'eut quitté que je pris le temps de faire le bilan de ma situation. La police allait certainement procéder à des rafles. Elle allait bloquer toutes les issues et fouiller tous les bâtiments à proximité du musée susceptibles d'abriter des étudiants. Même si je ne l'étais pas, j'en avais l'allure, et les policiers, dans leur désir de vengeance, ne s'encombreraient pas de nuances.

En regardant autour de moi, je m'aperçus que j'étais à bonne distance du musée, ayant traversé les terrains de cricket et de football, alors qu'une poignée d'étudiants s'apprêtaient seulement à le faire. Je me rendis compte que j'étais tout près de la résidence de Rajesh. D'où j'étais, j'apercevais le kiosque à thé où il m'avait emmené et les coupoles de sa résidence. Les choses avaient l'air plus calme dans ce secteur : les allées et les bâtiments étaient déserts. Il semblait peu probable que la police vienne jusqu'ici. Je me dirigeai donc vers la chambre de Rajesh.

Il était là, mais s'apprêtait à sortir, me dit-il, pour se rendre au temple d'Hanuman de la vieille ville ; il était occupé à nouer les lacets de ses tennis, lesquels n'étaient plus couverts de boue mais fraîchement lavés et d'un blanc étincelant. Nous étions un mardi, jour de jeûne et de prières pour lui. Je lui dis qu'il ne pouvait pas sortir, et, quand il me jeta un coup d'œil interrogateur, lui racontai mon histoire, le souffle court tant j'avais couru et tant j'étais surexcité.

Il m'écouta avec attention, le visage totalement inexpressif. Mais quand j'eus terminé, et qu'il détourna les yeux, je surpris à nouveau cette lueur d'incertitude que j'y avais déjà vue.

Il garda le silence dans un premier temps. Quand il finit par ouvrir la bouche, sans pour autant me regarder, ce fut pour dire : « Je t'avais pourtant prévenu. Pourquoi ne m'as-tu pas écouté ? Tu ne devrais pas frayer avec ces gens-là. Tu es un brahmane, toi ; tu es ici pour étudier, et c'est ce que tu devrais te contenter de faire. »

C'était là ce qu'il m'avait déjà dit lors de notre première rencontre. Aujourd'hui, sa remarque m'irrita. Je n'avais frayé avec personne, je m'étais simplement trouvé pris, comme beaucoup d'autres, dans les incidents du matin, sans l'avoir cherché. C'est vrai qu'il m'avait averti, mais comment aurais-je pu deviner la date exacte des troubles et la tournure qu'ils prendraient ?

Et puis, cette histoire de brahmane ne tenait pas debout. Avec ses accents de mélodrame nostalgique, elle évoquait une Inde depuis longtemps disparue, l'Inde de l'époque classique, où le savoir et les arts étaient le domaine exclusif des brahmanes.

Mais impossible de dire cela à Rajesh. Notre relation était trop récente et trop fragile pour que je m'autorise pareille franchise. Il me rendait nerveux. S'ils avaient apparemment disparu de la pièce, les pistolets me restaient encore en mémoire. Je le connaissais finalement très peu et avais du mal à me défaire de l'idée qu'il aurait fort bien pu être l'étudiant qui avait agressé le policier. Je me demandai si la grenade utilisée provenait de sources connues de lui. Qu'il ait été au courant de ce qui venait de se produire montrait assez à quel point il était proche des agitateurs.

Mais au lieu d'exprimer ces doutes, je me contentai de dire :

« Il y avait des étudiants communistes dans la foule ainsi que des nationalistes hindous. »

La rapidité de sa réaction me surprit.

« Non, répondit-il aussitôt, les yeux maintenant fixés sur moi. Non, c'étaient simplement des étudiants. Ni communistes, ni nationalistes hindous, ni partisans du

Congrès. Ne refais jamais cette erreur, poursuivit-il au bout d'un instant, d'un ton véhément. Il s'agissait simplement d'étudiants qui n'ont rien à faire, ni nulle part où aller. Des gens sans avenir, sans perspectives de carrière, sans rien du tout. »

Il retomba dans le silence et resta là sans bouger, les yeux ailleurs.

Puis il se redressa et se mit à arpenter la pièce, laissant traîner derrière lui ses lacets, qu'il n'avait pas fini de nouer. Il s'arrêta devant la table, regarda la pile de livres qui s'y trouvait. Sa voix s'était adoucie quand il reprit la parole.

« Tu as lu Iqbal ? me demanda-t-il.

– Non », répondis-je, un peu surpris. Il m'avait posé la même question à propos de Faiz. Son intérêt pour Iqbal, le chantre du Pakistan islamiste, me parut encore plus bizarre.

Il sortit un livre mince de la pile et se mit à en tourner les feuilles de papier bible.

J'étais épuisé par ma longue course, et je gardais encore très présent à l'esprit le souvenir du policier et de sa terrible blessure ; je n'arrivais pas non plus à me défaire de la crainte que les policiers décident de faire des descentes dans toutes les résidences du campus. Je n'avais qu'une envie : partir d'ici au plus vite. C'est donc à peine si j'écoutai Rajesh me lire un extrait de son livre. Mais quelques mots du poème, empreints d'un sentimentalisme ténébreux, se gravèrent dans ma mémoire. Les voici, tirés d'une traduction sur laquelle je suis récemment tombé :

L'amour disparu, l'Esprit l'a mordu comme un serpent ;
Il ne pouvait le plier à son désir ;
Il voulut parcourir le firmament, incapable seulement
D'explorer le monde de ses pensées ;
Pris dans le labyrinthe de son savoir,
Il perdit la notion du bien et du mal ;
Captura les rayons du soleil, sans que sa main
Puisse déployer l'aube sur les ténèbres de la vie.

8

C'est à peu près à cette époque que les amis français de Catherine commencèrent à débarquer chez elle. Ils arrivaient par groupes de deux ou trois, repartaient quelques jours plus tard avant de revenir au bout d'une semaine ou deux. Le vide spartiate de l'appartement fut bientôt menacé par les sacs à dos crasseux, les bouteilles de Perrier vides, les ballots de linge sale, et les vieux numéros du *Figaro*, de *L'Express* et de *Newsweek* dans des pochettes d'Air France.

C'étaient d'anciens camarades de faculté qu'elle avait connus à la Sorbonne. Presque tous avaient milité dans les mouvements étudiants de gauche et s'intéressaient particulièrement aux problèmes du tiers monde. J'eus l'impression que Catherine, en me disant cela, cherchait à me les présenter sous un jour favorable. Si bien que quand je les rencontrai pour la première fois, ils étaient à mes yeux indissociables de ces grandes manifestations, conduites par Danielle Mitterrand, qui, de temps à autre, faisaient la une des journaux indiens.

Quelques années seulement après la fin de leurs études, ils avaient trouvé des emplois intéressants dans les secteurs les plus variés. Quand Catherine me fit part de ce détail, peu après l'arrivée des premiers d'entre eux, je dus lui demander des précisions, et je remarquai une pointe d'envie dans sa voix et dans son expression quand elle entreprit de m'énumérer la liste de leurs brillantes carrières dans le journalisme, la publicité ou le design. Je me rends compte aujourd'hui qu'elle devait se sentir laissée pour compte à Bénarès et que retrouver de vieux amis dotés maintenant de situations enviables réveillait sans doute en elle l'esprit de compétition hérité du temps de ses études.

En leur compagnie, Catherine était autre : plus vive, quoique, dans le même temps, un peu distante. Elle et ses amis parlaient anglais entre eux, par égard pour Anand et pour moi. Mais il lui arrivait souvent de s'oublier et de se mettre à parler français à toute vitesse au beau milieu d'une conversation. Ce qui ne faisait que me déconcerter davantage, moi qui avais déjà l'impression d'être exclu de leurs propos dans la mesure où j'ignorais jusqu'au nom de ces villes, ces cafés ou ces films qu'ils avaient sans cesse à la bouche.

Face à ces gens qui semblaient tout connaître du monde et n'en tiraient aucune gloire, je ne sentais que trop combien j'étais inconsistant, combien je manquais de goûts et d'opinions arrêtées.

Je dois reconnaître que Catherine fit plusieurs tentatives pour me rapprocher de ses amis. À l'égard d'Anand, leur attitude ne pouvait être que celle de protecteurs bienveillants et vaguement intéressés. Lui n'avait rien à leur dire. Eux, la musique classique indienne les ennuyait, et s'ils assistèrent jusqu'au bout aux quelques récitals privés que Catherine réussit à convaincre Anand de donner, c'est essentiellement parce qu'il eût été malpoli de partir avant la fin. Quant à moi, elle avait sans doute l'impression que j'étais le seul de ses amis indiens de Bénarès avec lequel ils avaient une chance d'échanger quelques propos intéressants. Elle me les présentait avec enthousiasme, parlant de moi comme d'un « intellectuel », mot si typiquement parisien que j'en étais gêné. Mais il est probable qu'en l'utilisant, elle ne cherchait qu'à nous fournir une entrée en matière commode.

Les efforts de Catherine ne furent guère couronnés de succès. Je ne savais rien ou presque de ses amis et je n'avais aucun moyen d'en savoir plus. Catherine les avait dits préoccupés par le sort des pays du tiers monde, or il n'en était rien. La vérité, c'est qu'ils étaient passés, sans aucun état d'âme, de leur condition d'étudiant à une carrière professionnelle, et que leur visite en Inde, sur les invitations répétées de Catherine, s'inscrivait dans le cadre d'une aventure sans risques, d'une incursion dans un monde inconnu pour lequel ils avaient nourri à une époque une passion politique parfaitement abstraite.

Mais, à l'époque, je n'en savais rien. Ce que je pouvais connaître de leur arrière-plan social et intellectuel, je le tenais des livres, en particulier des philosophes utopistes du XIXe siècle et du début du XXe auxquels me renvoyait Edmund Wilson, le critique américain dont je lisais alors les ouvrages à la bibliothèque. Ces connaissances, aussi datées que peu pertinentes, ne faisaient que me plonger dans une confusion plus grande encore, me poussant à chercher un sens et des nuances là où il n'y en avait pas.

Une confusion de même nature, parce qu'elle aussi livresque pour l'essentiel, régnait dans leurs esprits. Je me souviens d'un épisode en particulier. Quelques secondes à peine après les présentations, un des amis de Catherine – Jacques, un homme grand et dégingandé, qui affichait en permanence un air affligé – s'était mis à me poser des questions sur Gandhi. Il me fallut un certain temps pour comprendre où il voulait en venir, et il était trop tard, alors, pour rétablir la vérité historique.

Dans son idée, largement tributaire des livres qu'il avait lus et des films qu'il avait pu voir, tout Indien était par définition un disciple de Gandhi, et le pays une sorte de jardin d'Éden constitué de villages autarciques, habités par des fileurs de coton non-violents. Son plus cher désir était d'explorer le « vrai » visage de l'Inde, celle de Gandhi, par opposition au « faux », réservé, d'après lui, aux touristes paresseux.

J'avais vécu toute ma vie dans ce pays mais n'avais jamais songé à opposer l'Inde des touristes et l'Inde de Gandhi. La conception de Jacques ne laissait pas de m'intriguer. J'avais le sentiment, comme souvent en présence de Catherine, qu'il apportait une vision neuve à une réalité qui m'était devenue trop familière, vision à laquelle j'avais envie d'adhérer. J'avais envie de voir les choses à travers ses yeux, et c'est pour cette raison sans doute que je me sentis pris d'une étrange compassion quand j'appris, par l'intermédiaire d'Anand, qu'il avait connu bien des déboires. Il avait quitté Bénarès avec la ferme intention de découvrir l'Inde dont il rêvait et était prêt, pour ce faire, à sacrifier toute idée de confort et de luxe. Quinze jours plus tard, il était de retour, malade et affaibli par une intoxication alimentaire et la dysenterie. Les horreurs de l'Inde urbaine et semi-urbaine l'avaient tellement dégoûté qu'en moins d'une semaine il avait renoncé à ses résolutions d'ascète pour chercher refuge dans le sanctuaire de ces hôtels cinq étoiles qu'il voulait pourtant à tout prix éviter.

Mes rencontres avec les autres amis de Catherine ne connurent pas davantage de succès. Une fois franchie la barrière de la langue (c'est avec beaucoup de difficultés qu'ils parlaient un anglais presque incompréhensible, tant leur accent était prononcé), nos conversations s'enlisaient dans les préjugés et l'artifice. Ces gens étaient incapables de voir l'Inde autrement que comme un foyer plus ou moins pittoresque d'analphabétisme, de pauvreté et de fanatisme religieux : au retour de leurs excursions dans Bénarès, ils parlaient avec animation de *sadhus* debout sur une seule jambe depuis dix ans, d'enfants estropiés mendiant dans les rues et des énormes rats qu'on voyait courir jusque dans la moindre ruelle.

En essayant de corriger l'idée qu'ils se faisaient de l'Inde, je me trahissais moi-même autant que je trahissais mon peuple. Je me transformais en une sorte d'histrion, avec un œil et une oreille constamment tournés vers Catherine. Je ne cessais de faire étalage de mes connaissances et de lancer des noms, tous les noms qui me venaient à l'esprit : Nietzsche, Mann, Proust, James, Kierkegaard, Pascal. Je tenais à prouver que je les avais lus et que, mieux encore, je n'oubliais rien de ce que j'avais lu.

Je ne saurais dire dans quelle mesure je réussis à les impressionner. Sans doute très peu. Ils observaient à mon égard une condescendance bienveillante dont j'étais en partie conscient et qui ne faisait qu'exacerber mon désir d'avoir l'air de savoir tout sur tout. Je me souviens, à ce propos, d'une brève dispute avec une des meilleures amies de Catherine, Claire, jeune femme maigre et anguleuse, aux cheveux coupés très court. Elle prétendait être amoureuse de l'Angleterre et des Anglais, dont, à l'entendre, elle avait trouvé la meilleure représentation dans *Retour à Brideshead* d'Evelyn Waugh. J'avais lu le roman, mais seule la première partie m'avait paru accessible. Tout ce qui, dans la suite, concernait la théologie catholique m'avait laissé perplexe ; les personnages autant que leurs motivations devenaient soudain abscons, pour ne pas dire absurdes. Récemment, en parcourant les rayons de la bibliothèque, j'étais tombé sur les pages où Edmund Wilson soumet le roman de Waugh à une attaque en règle, et, dans l'ensemble, elles m'avaient paru tout à fait justes. Quand je repris devant Claire certains des arguments de Wilson, ce fut pour m'attirer cette question : « Qui est ce Wilson ? » Je lui dis qu'il s'agissait d'un critique américain. Sur quoi, elle enchaîna : « Tu sais, il ne faut jamais se fier aux Américains dans ce domaine. Que veux-tu qu'ils sachent de la littérature européenne ? Rien. Pourquoi, vous autres Indiens, lisez-vous ces gens-là ? »

*

Je trouvais déroutante la facilité avec laquelle Catherine se coulait dans le petit cercle de ses anciens amis, que je n'arrivais pas à apprécier en dépit de tous ses efforts. Ce qui me frappait le plus, c'était la désinvolture avec laquelle ils parlaient de leur vie privée et de celle de leurs connaissances mutuelles. Je n'avais jamais rien connu de semblable ; pareille intimité, je m'en rends compte aujourd'hui, datait vraisemblablement de leurs années de faculté et avait dû s'épanouir au cours de longues nuits de discussions, passées à boire du café et à fumer des cigarettes dans des chambres d'étudiant. C'est ce qui expliquait leur légèreté quand ils parlaient de leurs inquiétudes face à leur avenir et leur carrière, en même temps que la gaieté nostalgique avec laquelle ils évoquaient leurs amours d'hier et d'aujourd'hui.

En présence de ces amis, je sentais que Catherine se faisait plus distante, me devenait soudain moins familière. La maison elle-même semblait changer, teintant mon humeur de mélancolie devant ces signes d'une vie plus riche et plus pleine : magazines français sur papier glacé avec leurs publicités de décoration intérieure et leurs offres de vacances, bouteilles de vin venues tout droit de Dordogne, catalogues des dernières expositions du Louvre ; autant de symboles du monde qu'elle avait connu toute sa vie et qu'elle retrouverait bientôt, après ce bref intermède à Bénarès.

Cette pensée, chaque fois qu'elle me venait, me frappait de plein fouet avec une force renouvelée et me chavirait le cœur. Le soir, quand je rentrais chez moi, ma chambre en désordre me semblait encore plus pauvre et plus miteuse, à la lumière de son ampoule nue.

Extérieurement, rien n'avait changé. Ma vie restait ancrée dans sa routine. Les journées passées à la bibliothèque se déroulaient calmement, et ce n'est qu'au crépuscule, quand le quotidien ne suffisait plus, que l'angoisse et l'agitation commençaient à prendre le dessus.

J'allais à la bibliothèque tous les jours et j'y restais jusqu'à la fermeture, à dix-huit heures. J'y voyais souvent Rajesh, que je ne m'étais pourtant jamais imaginé en rat de bibliothèque. Mais il venait très régulièrement, apparemment sans but bien précis, et chaque fois il cherchait à me voir. Son attitude à mon égard était moins formelle ; la raideur et la gaucherie des premières rencontres avaient disparu. Il lui arrivait encore de détourner le regard au beau milieu d'une conversation, les yeux voilés d'incertitude, le visage soudain fermé, et je m'interrogeais alors sur son autre vie, celle où je le supposais lié aux agitateurs.

Mais le contact était maintenant plus facile. Il savait où me trouver et restait derrière ma chaise à regarder mon livre par-dessus mon épaule.

« Edmund Wilson ! commençait-il, sur un ton qui me rappelait celui de Claire, l'amie de Catherine. Pourquoi est-ce que tu lis toujours le même bonhomme ? Qu'est-ce qu'il a de spécial ? »

Il ne m'était guère possible de lui expliquer les raisons pour lesquelles Wilson était devenu à mes yeux une figure littéraire particulièrement attirante et importante. Cela tenait à mon éducation semi-coloniale qui m'avait amené à passer plus de temps que nécessaire sur des écrivains victoriens et édouardiens mineurs ; à mes recherches d'autodidacte, aussi, qui m'avaient conduit un peu au hasard vers des ouvrages dont j'ignorais l'arrière-plan historique et culturel.

C'était par hasard, justement, que j'étais tombé sur Wilson. J'avais lu son livre sur la dépression américaine. À Bénarès, j'avais découvert que la bibliothèque possédait d'autres ouvrages de lui, que je m'empressai de dévorer. Et qui me guidèrent vers d'autres encore, tout en me renvoyant à certains de ceux que j'avais déjà lus. Cet hiver-là, Wilson se mua pour moi en un guide littéraire et intellectuel aussi précieux qu'indispensable. Il semblait sensible à l'esthétique de certains grands textes. Il était capable de les replacer dans leur contexte historique et de les rattacher à des mouvements et à des courants d'idées plus larges.

Sans compter l'image de Wilson que suggéraient ses diverses entreprises : celle d'un homme entièrement voué à la vie de l'esprit, absorbé dans une quête intellectuelle des plus nobles ; d'un homme doué d'une vision du monde parfaitement lucide et prêt à l'élargir sans cesse grâce à de nouvelles découvertes – bref, l'homme qu'en secret je rêvais d'être.

Je n'étais pas aveugle au point d'oublier la disparité existant entre pareille ambition et la vie qui était la mienne. Mes angoisses concernant l'avenir, même si elles devaient être tenues à distance jusqu'à ce que j'atteigne l'âge requis pour passer l'examen de la fonction publique, étaient bien trop réelles pour ne pas battre en brèche mes illusions. L'avenir lui-même semblait borné de toutes parts – non seulement pour moi mais pour tant d'autres à l'université –, quels que pussent être nos efforts pour en changer le cours. Une partie de moi-même savait pertinemment que je visais trop haut en prenant Wilson pour modèle. Je n'étais jamais très éloigné de me sentir ridicule et emprunté, ce qui contribuait à m'intimider encore davantage en présence des amis de Catherine.

Mais je devinais que rien de tout cela n'aurait de sens pour Rajesh. Si bien qu'en réponse à ses questions je me contentais de quelques remarques générales concernant l'importance de l'écrivain en tant que critique. Il ne s'en satisfaisait pas. Il me trouva un jour en train de lire *La Gare de Finlande* – l'ouvrage de Wilson sur les méthodes pré- et postmarxistes d'analyse historique – et me somma de lui résumer les idées de Trotski.

De telles demandes exigeaient parfois beaucoup d'efforts de ma part, et je m'étonnais, non sans un sentiment d'irritation, qu'un homme comme lui, qui ne semblait jamais rien lire d'autre que les journaux locaux et les poètes Faiz et Iqbal, montrât autant d'intérêt pour Trotski ou Wilson, lesquels étaient si loin de notre mode de pensée, si loin de Bénarès.

Comme si mon irritation ne lui avait pas échappé, il apporta un jour à la bibliothèque un cahier dont le papier réglé était jauni par l'humidité et dont la couverture s'ornait d'une pin-up aux lèvres rouges et charnues. Il y avait recopié quelques poèmes de Wordsworth et de Shelley qu'il avait étudiés dans ses premières années de faculté : « La Moissonneuse solitaire » était son préféré. Mais cette poésie romantique, contrairement aux œuvres de Faiz et d'Iqbal, il se contentait de la lire, sans jamais la réciter à haute voix. Il me dit avoir parfois quelques problèmes avec certains mots anglais, ajoutant qu'il faisait des efforts pour améliorer sa prononciation : il était impensable de prétendre à quoi que ce soit en Inde sans une bonne connaissance de cette langue, et, sous ce rapport, les poèmes lui étaient d'un grand secours. Quand je lui demandai pourtant ce qu'il aimait au juste dans cette poésie, il ne me fournit aucune explication. Les vers semblaient n'exister que dans sa tête, comme une sorte de musique secrète.

Il me rejoignait souvent au kiosque à thé infesté de mouches où je prenais mon déjeuner. Invariablement, les étudiants qui traînaient là à toute heure du jour le reconnaissaient, et, en quelques minutes, un petit groupe se formait autour de lui pour évoquer les derniers ragots, les scandales récents en matière de sexe et de corruption : la fortune fabuleuse de tel ou tel homme politique, les trésors d'invention dont on avait fait preuve pour escroquer la Banque mondiale en faveur du développement du tiers monde, les ponts qui n'existaient que sur le papier, les routes à deux voies qui n'avaient jamais été construites.

Quand on lui demandait de s'exprimer sur un sujet quelconque, Rajesh se retranchait dans un de ses interminables monologues. Certains de ses thèmes favoris me furent bientôt familiers. Gandhi, prétendait-il, aurait mis le pays sur la bonne voie si seulement il n'avait pas été assassiné si tôt après l'Indépendance. En dépit de ses bonnes intentions et de sa bonne volonté, Nehru n'avait qu'une connaissance très imparfaite de l'Inde. Il accordait trop de foi à des formules importées de l'étranger : industrialisation à outrance, pour un pays essentiellement agricole, laïcité, pour un peuple essentiellement religieux.

C'était là un de ses thèmes préférés. Un autre concernait la collusion entre les hommes politiques et les hommes d'affaires (qu'il appelait *dukandaar*, boutiquiers), qui d'un commun accord avaient trahi le pays. À l'entendre, le seul espoir résidait dans l'intégrité des employés de la fonction publique.

Il était capable de parler ainsi pendant des heures, mais je ne tardais pas à m'échapper de son petit cercle d'auditeurs admiratifs pour aller rejoindre mon bureau près de la fenêtre à la bibliothèque.

Il m'arrivait de temps à autre de m'interroger sur ses autres amis. Qui étaient-ils ? Que faisaient-ils ? Un jour, je le vis descendre d'une Ambassador vert foncé aux vitres teintées, signe indubitable de fréquentations douteuses. J'aperçus à l'intérieur de la voiture deux hommes à la moustache épaisse, en train de mastiquer du *paan*, portant la tenue habituelle des hommes politiques locaux : *kurta* blanche et *churidars* serrés. Je me demandai s'il avait l'intention d'entamer une carrière politique, si les étudiants dont il s'entourait répondaient à une stratégie plus vaste visant à lui assurer une base électorale à l'université. Mais je n'étais sûr de rien, même après les manifestations dans lesquelles je le soupçonnais d'avoir joué un rôle. L'idée m'effleura de l'interroger à ce sujet, mais il ne parlait jamais de ses relations, que ce fût à l'université ou en dehors. J'étais certain qu'il prendrait mal ma question.

Un jour, pourtant, il mentionna le nom d'Arjun, le fils indélicat de Mrs. Pandey. À l'époque, il savait déjà que j'habitais chez sa mère.

« Cet Arjun, me dit-il. Tu sais ce qu'il a essayé de faire ?

– Non, répondis-je, intrigué.

– Il a tenté d'hypothéquer la maison où tu habites, une maison qui n'est même pas à lui. »

Où et comment avait-il bien pu obtenir pareil renseignement ? Je ne dis rien sur le moment, mais me promis d'en parler à Mrs. Pandey, laquelle ne faisait pas mystère des écarts de son fils et aimerait certainement être mise au courant de ses dernières turpitudes.

Mais j'oubliais de le faire chaque fois que je la voyais. Les soirs où je n'étais pas chez Catherine, je mangeais avec Mrs. Pandey et Shyam dans leur cuisine sombre et sans ouverture. Le repas manquait singulièrement d'animation. Shyam déposait inlassablement des *chapatis* sur mon plat en cuivre, le visage empreint d'une férocité quasi démoniaque dans le rougeoiement du foyer de brique. Mrs. Pandey observait la scène, sans un mot, sans la moindre expression sur son large visage aux traits épais. De grandes ombres dansaient sur les murs encrassés de suie, tandis que de la cour du temple voisin, où un groupe de fidèles sacrifiait aux rites de la prière du soir, parvenait le bruit des cloches et des conques, et que d'en bas montaient le nasillement étouffé des sitars et les vibrations sourdes des *tablas* : c'était Panditji donnant sa dernière leçon de la journée à quelques-uns des ces étudiants américains et européens qui, la séance terminée, montaient souvent fumer de l'opium sur la terrasse, au grand dam de Miss West. « Ces foutus toxicos ! s'exclamait-elle. Il faut absolument que j'en parle à Mrs. Pandey. »

En fait, elle s'était déjà plainte à la propriétaire, mais comme elle n'avait qu'une maîtrise très limitée de l'hindi, elle n'avait pas compris quand cette dernière lui avait fait part de son impuissance en la matière. Les apprentis musiciens étaient des connaissances de son fils, Arjun, et c'étaient eux qui fournissaient à Panditji l'essentiel de ses revenus – ce n'était pas ce qu'il gagnait en chantant au temple de temps à autre qui pouvait le faire vivre. Il n'était donc pas question de se les mettre à dos.

Je ne voyais que très peu Arjun. Mais je me souviens très bien d'un incident en particulier. Un soir, en montant les escaliers, je remarquai une forme recroquevillée sur un petit lit de camp devant la cuisine où étaient assis Mrs. Pandey et Shyam. La silhouette remua légèrement, pour se soulever sur un coude et me regarder : deux yeux au beurre noir dans un visage enflé. C'était Arjun, presque méconnaissable au premier coup d'œil : ses lèvres épaisses étaient fendues et boursouflées, sa barbe et son crâne déjà dégarni enveloppés de bandages et couverts de sparadrap.

Il loucha dans ma direction avant de me reconnaître et de se laisser retomber.

Je finis de gravir les escaliers. Un peu plus tard dans la soirée, assis en face de Mrs. Pandey dans la cuisine, tandis qu'Arjun était toujours recroquevillé sur son lit de camp à l'entrée, je demandai à celle-ci :

« Qu'est-il arrivé à Arjun ?
– On l'a battu, dit-elle d'une voix neutre, comme si elle parlait d'un étranger.
– Qui ça, "on" ? » demandai-je.
D'un signe de tête, elle me signifia qu'elle l'ignorait.
« C'est de sa faute, fit-elle au bout d'un moment. Il est toujours en train de traîner avec des gens louches. Il joue. Il emprunte de l'argent qu'ensuite il ne peut pas rembourser... »
Elle enchaîna avec d'autres accusations. Shyam, quant à lui, hochait la tête tout en entonnant son habituelle litanie :
« La cupidité est le pire des maux. Elle dévore l'homme, détruit la famille, sépare le fils de ses parents, le mari de sa femme... »
Tandis qu'il grommelait ainsi, les paroles de Rajesh me revinrent brutalement en mémoire : « Il a essayé d'hypothéquer une maison qui n'était même pas à lui. »
Je me dis que je devrais peut-être en parler à Mrs. Pandey. Il se pouvait qu'il y eût un rapport entre ce que m'avait raconté Rajesh et l'état dans lequel se trouvait présentement Arjun. Mais les circonstances – Mrs. Pandey accablant son fils qui gémissait de douleur de l'autre côté de la porte – ne me parurent pas se prêter à une telle révélation.
Une fois passée, l'occasion ne se représenta plus. L'histoire se perdit dans les oubliettes du souvenir, où elle resta avant de resurgir bien des années plus tard.

DEUXIÈME PARTIE

1

Février venait tout juste de se terminer, mars commençait et les après-midi se réchauffaient progressivement, quand Miss West annonça brusquement son intention d'aller passer quelques jours à Mussoorie (« à la montagne », dit-elle à sa manière un peu désuète).

Elle me fit savoir qu'elle avait déjà discuté de ses projets avec Catherine, qui devait l'accompagner.

« Tous ses amis sont partis à droite et à gauche visiter le pays, dit-elle. La pauvre petite aimerait bien sortir de Bénarès et voyager un peu elle aussi avant de rentrer à Paris. »

Miss West avait des amis à Delhi – un ancien maharadjah, pour tout dire – qui possédaient une maison dans un des quartiers les moins peuplés et les moins touristiques de Mussoorie. Elle m'offrit de les accompagner. « Il y aura encore de la neige, me dit-elle, le visage rayonnant, excitée comme une enfant. Ça vous plairait, non ? Et la vue que l'on a depuis la maison sur la vallée de la Doon est absolument superbe. »

Je m'inquiétai d'abord de savoir si je pouvais me permettre pareille fantaisie. Il fallait que je compte mon argent, conservé dans une bourse en similicuir dans ma chambre, avant de pouvoir accepter sa proposition.

Je fus ensuite impressionné de voir à quelle vitesse un voyage pouvait s'organiser, tant pour acheter les billets que pour faire les valises. Il faut dire que mes parents, eux, s'y prenaient des mois à l'avance avant de quitter la maison, même pour un court voyage en train.

Mais au moment où nous étions prêts à partir, Miss West eut un contretemps qui l'empêcha de mener à bien ses projets. Il fallait qu'elle s'arrête à Delhi pour remplir certaines formalités relatives à son permis de séjour. Elle me donna tous les renseignements nécessaires concernant la maison de Mussoorie, puis partit pour Delhi avant nous, promettant de nous rejoindre « à la montagne » le lendemain de notre arrivée.

Et c'est ainsi que nous fîmes seuls, Catherine et moi, le voyage jusqu'à Mussoorie.

Au cours des jours qui précédèrent notre départ, je fus pris d'une étrange excitation : c'était la première fois que je voyagerais seul avec une femme, et puis il y avait les montagnes de l'Himalaya, qui, à elles seules, méritaient le déplacement. Anand, en revanche, avait l'air morose, pour ne pas dire déprimé. Je savais que Catherine avait expressément demandé à Miss West, qui me l'avait rapporté, de ne pas l'inviter à Mussoorie. Elle voulait faire ce voyage sans lui, pour se distraire de la vie qu'elle menait à Bénarès, récemment assombrie par une inquiétude grandissante quant à son avenir et à celui d'Anand à Paris.

C'était la première fois qu'il se séparait d'elle depuis qu'il avait fait sa connaissance. Il s'était toujours montré poli à mon égard. Jamais il n'avait semblé nous en vouloir de le tenir à l'écart des quelques conversations que nous avions eues à propos de nos lectures. Il répétait ses morceaux sur son sitar dans la pièce voisine, apparemment confiant et certain de jouir du temps et de l'attention de Catherine à la moindre sollicitation. Mais il n'apprécia guère de se voir exclu du voyage à Mussoorie, et son attitude à mon égard se teinta soudain d'une circonspection distante, qui n'était pas dénuée d'hostilité.

Il nous accompagna à la gare, l'air un peu perdu avec son visage mal rasé et sa *kurta* toute froissée. Il nous aida à monter nos bagages sur la couchette du dessus, puis nous nous retrouvâmes tous trois, mêlés à la cohue, à attendre sur le quai et à contempler un spectacle qui ne nous était que trop familier : échoppes déversant de la musique de film ; urinoirs sans eau courante dégageant une forte odeur d'ammoniac ; kiosques à journaux abondamment pourvus de revues pornographiques sous leur feuille de plastique jaunie par le temps ; petits mendiants à moitié nus, les cheveux brun-roux en bataille, s'accrochant aux basques des passants ; hommes courant d'un bout à l'autre du quai sans raison apparente, les traits déformés par la fatigue et l'inquiétude.

D'un air faussement détaché, Anand récapitula avec Catherine ce qu'il avait à faire dans la semaine à venir. Il devait se rendre chez ses parents dans le Bihar, pour assister à un mariage. Mais avant son départ, il lui fallait à nouveau essayer de contacter les gens de All India Radio en vue d'un éventuel enregistrement en studio, se renseigner sur les tarifs les plus avantageux des vols pour la France et essayer de faire avancer la procédure pour sa demande de passeport. Il eut un geste d'impatience quand Catherine, dont l'humeur enjouée contrastait avec la sienne, lui rappela certaines tâches qu'il avait omis de mentionner.

Le train resta à quai bien au-delà de l'heure prévue pour le départ, et, dans l'étrange atmosphère qui s'installa une fois accomplie la cérémonie des adieux, la conversation s'étiola avant de mourir tout à fait.

Anand avait l'air de plus en plus maussade, et quand le train s'ébranla et se mit à glisser le long du quai, c'est avec un effort visible qu'il leva la main, sans pour autant l'agiter, comme s'il lui avait fallu puiser dans ses dernières réserves d'énergie.

Le train prit de la vitesse ; la poussière vola dans le compartiment par la fenêtre ouverte. Bénarès – du moins le quartier neuf et particulièrement laid que nous traversions – disparut bientôt pour faire place à des mares d'eau stagnante, des rangées de cabanes en tôle ondulée et des dépôts remplis de voitures et de camions rouillés destinés à la casse. Les cinq femmes drapées dans leurs *burkha* qui se trouvaient dans notre compartiment se mirent à chuchoter entre elles. Je saisis le mot *angrez*, terme générique et familier servant à désigner les étrangers. Elles s'interrogeaient manifestement sur Catherine qui, assise près de la fenêtre à barreaux, regardait les champs et les fossés qui commençaient à s'obscurcir.

La nuit tomba d'un coup. Une faible lumière jaunâtre s'alluma dans le compartiment. Nous traversâmes dans un fracas de ferraille une série de gares sombres et désertes. De petits points lumineux piquetaient l'obscurité au-dehors. Catherine ne bougeait pas d'un pouce. Les cinq musulmanes jouaient aux cartes, faisant jaillir de leur *burkha* des mains blafardes et de longs ongles au vernis rose pâle.

Il faisait encore nuit quand nous arrivâmes à Dehradun pour prendre place dans le car bondé qui devait nous emmener à Mussoorie. J'étais assis tout près d'une Catherine aux yeux gonflés de sommeil, les quelques centimètres qui séparaient nos corps ne les empêchant pas de se toucher quand le chauffeur prenait un tournant un peu brusque sur la route déserte éclairée par la lumière blême des lampadaires. Je fus gêné par cette intimité, d'autant que, juste devant nous, de jeunes militaires se retournaient de temps à autre pour nous gratifier de regards inquisiteurs.

Je dus m'assoupir peu après ; quand je me réveillai, le car filait à bonne allure le long d'une route brillamment éclairée et bordée de stations d'essence, et Catherine dormait, la tête sur mon épaule, les lumières crues du dehors éclairant par intermittences son visage, ses yeux clos et sa bouche entrouverte. De peur de la réveiller, je me raidis sur mon siège, tressaillant à chaque cahot, et regardai les premières lueurs de l'aube franger d'orange les sommets enneigés des montagnes vertes de Mussoorie. La plus grande partie de la vallée de la Doon était encore nimbée d'ombres bleuâtres. Mais sur la route de Rajpour, les pelouses trempées de rosée des fonctionnaires et des officiers à la retraite commençaient à scintiller, et, sur les larges allées gravillonnées, les journaux enroulés attendaient patiemment leurs premiers lecteurs.

Catherine cligna des paupières au moment où le car entamait son ascension laborieuse et tortueuse en direction de Mussoorie. Nous n'avions pas échangé un mot pendant le trajet en train, où, de toute façon, le fracas des roues aurait rendu difficile toute conversation, et nous avions rejoint nos couchettes de bonne heure. À peine réveillée, elle s'excusa de s'être endormie sur mon épaule.

« J'espère que je ne t'ai pas empêché de dormir », dit-elle.

Je la rassurai. Elle sourit et, prise d'un soudain accès d'énergie, se mit à me masser doucement l'avant-bras gauche.

« Tu as bien dormi, au moins ? » reprit-elle. Je mentis à nouveau.

*

À Mussoorie, au sortir de la tiédeur du car chargée de l'odeur du gas-oil, il faisait froid. La neige s'entassait en monticules sales sur les bas-côtés de la route. Des coolies du Cachemire étaient accroupis autour de petits braseros alimentés au charbon de bois ; des filets de fumée montaient dans l'air vif depuis les cabanes en tôle et en bois de charpente blotties au fond de la vallée. Devant les échoppes aux rideaux baissés, des hommes encore en pyjama, la tête emmitouflée dans d'épais cache-nez, se brossaient les dents aux robinets publics.

La maison que nous avait réservée Miss West se trouvait sur les hauteurs de Landour Cantonment. C'était un grand chalet au toit blanc et aux encadrements de portes et de fenêtres verts ; je ne m'étais pas attendu à de telles proportions ni à un cadre aussi grandiose. Installé au milieu d'une vaste pelouse d'herbe riche et rase et abrité par un écran épais de chênes et de pins, le chalet était une des constructions les plus importantes de l'endroit. À l'intérieur, la grande baie vitrée du salon offrait un beau panorama sur Dehradun, miroitant au fond de la large vallée de la Shivalik. La vallée elle-même était visible sur toute sa longueur et, avec ses lits de rivière à sec, les taches vertes de ses forêts et les cuvettes de ses dépressions, elle ressemblait à une gigantesque carte topographique. Plus près de nous, un peu plus bas sur le flanc de la colline, où s'attardaient encore quelques plaques de neige, se trouvait la maison de poupée de la Wynberg Allen School, et, en descendant encore, on voyait les pentes encombrées du centre de la ville, véritable entassement d'hôtels et de restaurants. Tout au fond de la vallée, à gauche, j'apercevais le Gange, dévalant furieusement les pentes de l'Himalaya pour traverser Hardwar, mais réduit, à une telle distance, à un mince ruban d'argent sur une carte.

Mais il y avait aussi la maison elle-même, la demeure du maharadjah, avec ses lambris de chêne, sa cuisine rutilante, ses banquettes confortables, ses tapis moelleux, son installation stéréo ultramoderne et ses grandes baignoires en porcelaine.

Catherine parut enchantée par la maison et ses abords. « Miss West connaît des gens fort riches », dit-elle en s'installant dans un fauteuil qu'elle avait traîné sur la pelouse.

Un peu oppressé par toute cette opulence, je ne dis rien, faute de pouvoir mettre des mots sur mes impressions. Des pensées étranges et sans suite me traversaient l'esprit tandis que nous profitions d'une paix et d'un calme parfaits. Des feuilles sèches bruissèrent doucement sous les pas de quelqu'un qui descendait le sentier derrière la maison. À une ou deux reprises, le klaxon d'un car ou d'un camion vint déchirer l'air. Au-dessus de nos têtes, dans le bleu du ciel tranquille, les nuages semblaient sortis d'une bombe de mousse à raser.

La sensation d'oppression qui m'étreignait grandit quand nous partîmes déjeuner. Auparavant, le gardien de la maison était passé pendant que Catherine prenait une douche. Quand je m'étais retourné, en entendant des pas derrière moi, j'avais vu un vieil homme trapu, en chemise et pantalons kaki délavés, traverser la pelouse en boitant. Je m'étais raidi sur mon fauteuil, soudain vulnérable et plus conscient que jamais d'avoir usurpé ma place dans cette demeure. L'homme avait froncé les sourcils en s'approchant de moi, son petit visage fripé visiblement interrogateur. Quand je lui avais dit que nous étions des invités de Miss West, il m'avait gratifié d'un large sourire obséquieux, creusant encore les plis de son visage craquelé.

Nous devions prendre nos repas dans un hôtel voisin. Miss West ne voulait pas avoir à s'occuper de la cuisine pendant son séjour à Mussoorie. Le propriétaire de l'hôtel n'était autre que le maharadjah auquel appartenait également la maison où nous nous trouvions. En fait, cette espèce de chalet suisse avec pignons et bois chantournés était sa résidence personnelle, qu'il avait transformée en hôtel, quand le gouvernement indien avait décidé de ne plus accorder de subventions privées aux anciens maharadjahs. C'était là ce que m'avait raconté Miss West, pour qui le maharadjah et sa demeure semblaient constituer une bonne part du charme de l'Inde.

Je pensais qu'elle l'avait prévenu de notre arrivée. Mais il n'était au courant que de celle de Catherine, à qui il adressa un grand sourire avant de lui demander si elle trouvait la maison à son goût. Sa réaction, en me voyant, me prit complètement au dépourvu.

« Alors, c'est toi le guide de Miss Catherine ? Tu es de Delhi ? » me demanda-t-il en hindi, du ton brusque que je l'entendis utiliser plus tard avec les derniers de ses employés. Il avait de grands yeux sous des sourcils broussailleux. Son épaisse moustache parsemée de fils gris n'était pas lissée et retombait de chaque côté de sa bouche.

« Le guide ? finis-je par articuler. Non, pourquoi ? »

Mais il se contenta de hocher la tête ; il n'avait pas écouté, et son personnel modela aussitôt son attitude sur la sienne. Le directeur, un grand sec à la raideur toute militaire, insista pour que j'inscrive mon nom en lettres majuscules dans le registre de l'hôtel. « Qu'est-ce que c'est que cette écriture-là, s'il vous plaît ? Je vais qui les habitait. La femme d'Andrew redescendit de sa chambre à un moment pour suggérer le nom de quelqu'un à Paris qui pourrait aider Catherine à trouver du travail. La conversation passa ensuite à Gorbatchev et à la Perestroïka. Il se trouva que les touristes français avaient des vues bien arrêtées sur le sujet : ils s'opposèrent violemment à Andrew quand il affirma qu'Eltsine était le seul espoir de la Russie.

*

Quand nous rentrâmes, Catherine me dit qu'elle était lasse et qu'elle avait besoin de faire une sieste. Elle se jeta sur la banquette du séjour recouverte de soie chocolat, où elle resta tout l'après-midi, recroquevillée sur le côté, ses cheveux épais retombant en cascade presque jusqu'au tapis et découvrant le fin duvet de sa nuque.

J'allai m'asseoir sur la pelouse ensoleillée. Le calme profond de la mi-journée n'était troublé que par les cris étouffés qui provenaient d'un terrain de basket et, plus bas dans la ville, les échos d'un haut-parleur diffusant l'appel enregistré d'un muezzin. Je lus *Le Guépard* et me retrouvai pendant quelque temps, rêveur et mélancolique, au milieu de paysages siciliens.

Catherine émergea de sa sieste quelques heures plus tard et me proposa une promenade. Les yeux encore ensommeillés, elle apparut dans l'encadrement de la porte du séjour et, tout en se lissant les cheveux, me dit :

« Il faut que nous sortions de toute façon. Nous devons absolument appeler Miss West à Delhi pour savoir où elle en est. »

C'est ce que nous fîmes. Au téléphone, Miss West s'enquit de son ami, le maharadjah, avant de nous dire, d'un ton résigné mais jovial, qu'elle était retenue encore quelques jours et qu'elle ne pourrait donc se trouver à Mussoorie avant que nous en soyons nous-mêmes partis.

Plus tard, nous allâmes nous asseoir sous la verrière

d'un restaurant rempli de vacanciers de Delhi parlant le panjabi – hommes en costumes trois pièces bleu marine, femmes en *salwar-kameeze* chatoyants, enfants chahuteurs vêtus de couleurs fluorescentes dignes des meilleurs dessins animés –, nous demandant comment occuper notre temps au mieux pendant notre séjour. Je n'avais qu'une envie : partir ailleurs, quitter cet hôtel et cette maison trop bien conçue, pour ne plus voir le maharadjah ni les visiteurs américains. Aussi, quand Catherine proposa une excursion à Kalpi, un village en bord de rivière dont elle avait entendu parler par des amis, j'acquiesçai aussitôt. Nous prîmes quelques renseignements à l'office de tourisme du coin où l'on nous apprit qu'il y avait un car pour Kalpi le lendemain matin de bonne heure. Nous décidâmes de le prendre.

Tandis que nous revenions du centre commercial et passions devant les restaurants bondés et les salles de jeux vidéo aux borborygmes électroniques pour aller retrouver notre colline boisée, Catherine se mit tout à coup à parler d'Anand.

Il n'avait aucun sens pratique, aucune idée non plus de ce qui l'attendait à Paris. Il s'imaginait qu'il n'y aurait rien de plus facile que d'organiser des récitals ou d'enregistrer des albums et d'être immédiatement reconnu. Il était loin de se douter que la plupart des artistes en Europe devaient rester pendant des années aux frontières du monde musical avant de réussir à percer.

Elle poursuivit ainsi un long moment de sa voix douce et lasse avant de s'arrêter brusquement pour me dire : « Dis-moi, qu'est-ce que tu ferais à ma place ? »

C'était la première fois qu'elle me posait une question aussi directe, ce qui ne laissa pas de m'embarrasser. Jusqu'à présent, je m'étais toujours contenté d'écouter. Au même titre que Miss West, je n'avais été qu'un témoin passif de son insatisfaction ; je ne m'étais jamais vraiment posé la question de savoir ce que je ferais à sa place, pour la bonne raison que je ne voyais guère comment pareille chose pourrait jamais m'arriver. Et puis, rien ne m'autorisait, en l'occurrence, à

2

Nous nous levâmes tard le lendemain matin, et il nous fallut dévaler la colline en toute hâte pour arriver à temps à la gare routière. Le car pour Kalpi était déjà bondé ; il ne restait plus la moindre place, assise ou debout, à l'intérieur. Les seules places disponibles se trouvaient en haut, et, sous le regard ébahi des autres passagers – en majorité des paysans chargés de baluchons remplis de légumes –, nous grimpâmes, Catherine et moi, sur le toit de tôle en hissant nos bagages.

Le car partit avec du retard, et dès qu'il se mit à rouler, je sentis le froid ; le vent sec et coupant nous cinglait jusqu'à la moelle. Je sortis petit à petit de ma valise tous les vêtements en laine que j'avais emportés. Ce qui ne m'empêcha pas de continuer à frissonner chaque fois que notre perchoir était balayé par une nouvelle rafale.

Quand nous eûmes quitté les encombrements et la laideur du centre-ville de Mussoorie, de larges horizons complètement dégagés s'ouvrirent tout autour de nous : contreforts richement boisés qui émergeaient des brumes bleutées du petit matin ; flèches de soleil qui allaient se ficher dans le sol meuble des sapinières ; minces colonnes de fumée qui montaient des toits de chaume ou de tôle ondulée des cabanes minuscules éparpillées sur les collines et au fond de la vallée – les gemmes pâles de la veille réduites à presque rien maintenant par l'immensité des espaces que révélait la lumière du jour et sur lesquels présidaient avec sérénité les sommets enneigés au nord, appuyés sur le bleu profond du ciel, énormes montagnes blanches qui apparaissaient souvent déformées par la perspective. Elles disparaissaient de notre vue de temps à autre au hasard des lacets et des boucles de la route, sans que l'on puisse jamais oublier leur présence immuable.

Pendant toute la matinée, nous suivîmes une route tortueuse qui nous entraînait dans les profondeurs d'une vallée et traversait le gigantesque quadrillage des champs de riz, où de minuscules silhouettes courbées semblaient autant de points dans un travail de broderie ; bientôt, alors que nous continuions notre descente, les fichus rouge vif des femmes et les champs détrempés où se réfléchissaient des fragments de ciel se découpèrent de plus en plus nettement. Il régnait là une autre saison, un autre type de climat ; le fond de l'air était moins froid. Le car s'arrêtait régulièrement pour déverser ses passagers devant des petits kiosques à thé : des odeurs de nourriture et de tabac flottaient dans l'air piquant, des vieillards à barbe grise engoncés dans d'épais gilets de laine étaient assis à toussoter sur leurs narguilés autour d'un feu de pommes de pin qui crépitait à même le sol. Quand il débouchait brutalement d'un virage, il arrivait au car de surprendre un groupe de Gujjars au nez crochu qui remontaient vers les hauteurs après avoir passé l'hiver dans la vallée ; s'aidant de leurs bras autant que de leurs bâtons, ceux-ci poussaient vers le bord de la route leurs bêtes aux grands yeux brillants et aux cornes recourbées, tout en regardant passer notre véhicule d'un œil méfiant.

Dans une ville à l'allure débraillée, où nous nous arrêtâmes pour changer de car, Catherine se fit accoster par un homme d'affaires de Delhi. Jeune, la lèvre épaisse, le sourcil léonin, un début de bedaine déjà visible en dépit de sa grosse veste fourrée, il portait des bottes de cow-boy et un jean et était en train de se recoiffer devant la boutique du vendeur de *pan* à grands renforts de coups de peigne amples et ostentatoires. Les mains enfoncées dans les poches de sa veste, il s'approcha d'un air désinvolte de l'endroit où nous attendions le car. Faisant commc si jc n'cxistais pas, il s'adressa à Catherine :

« Vous allez à Kalpi, je suppose. Vous savez, par le car, c'est pénible. Vous pouvez monter dans ma voiture, si vous voulez. Elle est très confortable, climatisée et tout. »

Il eut un geste en direction de la Maruti gris métallisé garée devant la boutique.

Légèrement surprise, Catherine se tourna vers moi en roulant les yeux d'un air comique.

« J'en conclus que vous allez à Kalpi ? dit-elle à l'homme.

– Non, répondit-il. Je rentre à Mussoorie. Vous comprenez, j'ai de grosses affaires là-bas, hôtel, restaurant et tout ce qui s'ensuit. J'ai de grosses affaires dans toute la région, en fait, poursuivit-il en retirant une main de sa poche et en l'agitant d'un geste circulaire. Mais je peux vous déposer à Kalpi. Aucun problème. Je vous assure.

– C'est gentil, merci. Mais je crois que je préfère prendre le car », dit Catherine.

Il eut soudain l'air défait et resta un instant à la dévisager sans un mot. Sa belle assurance l'avait abandonné.

« De quel pays venez-vous ? lui demanda-t-il, au moment où il s'apprêtait à s'éloigner.

– D'Inde, dit Catherine, qui s'amusait maintenant à ses dépens.

– D'Inde ? reprit-il d'un air soupçonneux, fronçant ses épais sourcils. De quel État ?

– Le Rajasthan, répliqua Catherine, sans sourciller. District d'Ajmer. Vous connaissez ?

– Non », dit-il faiblement. Il avait l'air complètement perdu. Il fixa Catherine d'un œil hésitant, le temps de se pénétrer de la réalité de la situation. Puis, le visage empourpré, il pivota sur ses talons et retourna à sa voiture.

*

Il se trouva que nous étions les seuls occupants du car en partance pour Kalpi, en dehors de quelques sacs de courrier grisâtres entassés derrière le siège du chauffeur, où un mélange de gas-oil et de poussière avait formé une espèce de dépôt noirâtre. Nous étions à peine partis que la route commença à tourner, grimpant à l'assaut de la montagne. Bientôt, les pics enneigés, que la brume et les nuages nous avaient momentanément cachés, réapparurent en pleine lumière, graves et majestueux sur le bleu du ciel ; la rivière écumante que nous avions franchie sur un pont branlant n'était plus maintenant qu'un mince ruban d'argent sinueux, et les champs dans la plaine reformaient leurs élégants motifs de patchwork.

Au fur et à mesure que nous montions, les yaks se multipliaient, chacun d'eux soulevant son nuage de poussière quand il détalait devant nous. De minuscules singes au visage rouge et hirsute, accroupis sur les talus, regardaient passer les voitures d'un air effaré. Les sacs de courrier étaient traînés hors du car et jetés à terre devant de tout petits bureaux de poste peints en rouge. Des hameaux bordaient la route, avec leurs maisons aux toits d'ardoises, leurs cours pavées de bouse séchée et ornées de rosiers et de basilic. Des écoliers attendaient le car dans des abris de fortune arborant des réclames pour les cigarettes Four Square ; leurs chemises blanches et leurs shorts ou leurs jupes bleus paraissaient curieusement déplacés dans un pareil environnement. Quand ils nous apercevaient, un grand sourire fendait leurs joues rubicondes, et ils agitaient la main avec une ardeur frénétique. À un moment, je me retournai vers Catherine pour la voir saluer en retour, ses cheveux volant au vent, le bout du nez rougi par le froid, les yeux pleins de larmes, le visage heureux et l'air ravi.

« Ce serait merveilleux de vivre ici, non ? me cria-t-elle, surprenant mon regard.

– Oui, hurlai-je en retour. Merveilleux ! »

La même idée m'était venue ; en fait, elle ne m'avait pas quitté depuis notre départ de Mussoorie. C'était une idée née du bonheur de me retrouver dans l'Himalaya, une sorte de jubilation intime qui dissipait la tension des jours précédents, les rejetant dans une autre vie dont la réalité et la signification apparaissaient soudain tout à fait secondaires. Ce sentiment n'était pas uniquement dû à la beauté de ces pentes tapissées de neige, de ces larges vallées vertes, de ces torrents impétueux – beauté à laquelle même les natures les plus frustes ne sauraient rester insensibles. Il devait aussi beaucoup au fait que ces sommets, ces vallées, ces torrents appelaient chez moi tant de souvenirs et d'associations d'idées. C'était le premier paysage qu'avait connu mon imagination, grâce aux histoires tirées du *Mahabharata*, où il était le décor de l'exil et du renoncement. Les frères Pandav avaient foulé cette terre (leur présence était d'ailleurs rappelée par d'innombrables petits temples éparpillés le long des chaînes de montagne), et de vénérables sages hindous s'étaient installés sur le bord de ses célèbres rivières. Je trouvais toujours exaltant de pouvoir me dire que c'était dans ces montagnes et ces vallées qu'en des temps reculés s'étaient retirés mes ancêtres, après de longues vies bien remplies passées dans les plaines. Elles étaient liées à un passé que je chérissais même s'il restait flou, aux souvenirs que je conservais des dimanches matin de mon enfance : fumée odorante d'un feu de bois de santal, vision de mon père en train de méditer sur sa peau de tigre devant un temple miniature, dont je savais, même alors, que les flèches ne faisaient que reproduire les sommets vertigineux de l'Himalaya.

Bientôt apparut l'école où devaient se rendre tous les enfants que nous avions vus. Elle était perchée au milieu de rizières miroitantes, et constituée d'un seul bâtiment posé au milieu d'une pelouse impeccable et doté d'un toit de tôle ondulée rouge, sur lequel le nom de l'école serpentait en vaguelettes blanches. Une gorge profonde apparut sur notre gauche, la rivière qui coulait en bas semblant vouloir franchir discrètement tous les obstacles qu'elle rencontrait avant de disparaître. Mais c'était une illusion car, au bout d'une heure de descente dans le ravin, elle réapparut, plus ou moins parallèle à la route, sans que les cliquetis, grincements et pétarades de notre car parviennent à étouffer les grondements puissants des gerbes écumantes qui s'écrasaient sur les gros rochers blancs en travers de son cours. S'écartant de la rivière grondante et fumante, de modestes ruisseaux allaient se perdre dans de petites mares à peine agitées par la brise et frangées d'iris délicats.

De hautes cascades enserraient le flanc de la montagne dans leur filet de gouttelettes aux mailles fines. Des plaques de neige sale s'accrochaient dans le fond des ravines exposées au nord et laissaient s'écouler quelques filets boueux. Au-dessus de nous, les falaises tombaient à pic ; on apercevait de jeunes bergers juchés sur les pentes en dents de scie et des moutons qui paissaient sur d'étroites corniches herbeuses. La gorge s'élargit pour faire place à une vallée, à ses lits de rivière à sec et aux rochers blancs et lisses qui s'entassaient sur le bord de la route. Le car s'enfonça dans des forêts de sapins et de chênes, et nous perdîmes de vue la rivière. Le ciel ne fut bientôt plus qu'un morceau de bleu qu'égratignaient les cimes des arbres. D'autres sommets enneigés apparurent; la vallée s'étrécit, la route ne tarda pas à rejoindre la rivière pour aussitôt devenir très mauvaise. Une fine poussière d'un blanc crayeux nous enveloppa tandis que le car cahotait sur le sol hérissé de cailloux. Au bout de cette piste poussiéreuse se trouvait Kalpi : quelques cabanes aux toits d'ardoises disséminées dans une grande prairie verte, déserte en cette fin d'après-midi endormi, et menacée par les longues ombres froides des sommets enneigés qui surplombaient les deux berges de la rivière turbulente.

Il n'y avait pas âme qui vive dans le village. Les jambes raides et la tête bourdonnante, je suivis Catherine le long d'un pont de corde qui enjambait la rivière et nous permit d'atteindre le seul bâtiment du voisinage qui inspirât quelque confiance. C'était un bungalow pour touristes, doté d'une véranda au treillis de bois et d'une petite pelouse, encore entièrement couverte de neige. Le *chokidar* dormait dans une des remises, au milieu d'un capharnaüm de bûches, de vieux vêtements sales et de braseros bancals. Il avait les yeux rouges, l'élocution embarrassée et une haleine qui empestait le rhum bon marché. Il nous dit que nous étions les premiers visiteurs de l'année, et que le gîte n'était pas encore habitable, à l'exception d'une seule pièce, qui, pas plus tôt ouverte, dégagea cette odeur humide de renfermé caractéristique d'un endroit qui n'a pas été aéré depuis des mois. L'humidité semblait suinter des murs et s'infiltrer à travers les multiples couches de nos vêtements de laine. Il n'y avait pas d'électricité. Le matelas de l'unique lit était nu ; du tapis de coco jeté sur le sol s'échappait une odeur âcre de poussière. Quelques conglomérats de grains de riz desséchés, reliefs du dernier repas pris ici, décoraient la toile cirée de la table. Dans la salle de bains, où une lucarne découpait un fragment de sommets enneigés, les robinets commencèrent par grincer et tressauter, refusant tout service, jusqu'au moment où, après force crachotements, ils se calmèrent pour produire un filet régulier d'une eau boueuse qui vous glaçait les mains.

À grands renforts de grommellements parfaitement incompréhensibles, le *chokidar* finit par nous apporter des bougies et des bûches, des draps propres et des couettes qui sentaient fort la naphtaline. Catherine s'agenouilla devant le foyer en pierre et, après un long moment passé à craquer des allumettes, finit par renoncer. Le bois était trop humide. « Il va falloir que nous nous passions de feu », dit-elle avec un sourire, tout en mimant un frisson.

Le long voyage l'avait mise de bonne humeur ; le gardien l'amusait, avec sa démarche maniérée et son élocution embarrassée, et elle essaya de l'imiter dès qu'il eut disparu pour de bon.

Pour ma part, j'étais fatigué, et quand Catherine alla dans la salle de bains pour s'asperger tant bien que mal, je m'allongeai sur l'étroit lit à deux places et ne tardai pas à m'assoupir.

Je me réveillai pour trouver la pièce plongée dans une totale obscurité – Catherine avait soufflé la bougie – et ma compagne allongée à côté de moi, le visage enfoui dans l'oreiller, sa nuque au fin duvet se soulevant doucement au rythme de sa respiration.

Je restai un moment sans bouger, n'osant pas changer de position de peur de la réveiller. L'exaltation du voyage n'avait pas complètement dissipé le malaise qui m'avait assailli la veille à Mussoorie, et j'étais donc d'autant plus sensible, allongé ainsi aux côtés de Catherine, à la bizarrerie et au comique de ma situation : un étudiant brahmane d'Allahabad seul avec une jeune Française dans une chambre au bout du monde.

Ce n'était pas ainsi que je nous avais imaginés quand nous étions partis de Bénarès. Par le passé, quand les espoirs les plus fous et les plus flous me portaient jusqu'à la maison de Catherine, je n'étais jamais allé jusqu'à me représenter une intimité aussi parfaite. Quelque chose, quelque crainte puritaine peut-être, m'avait toujours retenu.

Mais, aussi étrange que cela puisse paraître, c'était une situation qui semblait obéir à sa propre logique et à sa propre force. Je sentais que je ne la maîtrisais déjà plus. J'étais prêt à m'abandonner, et ma nervosité avait fait place à une attente relativement sereine.

*

Je dus somnoler à nouveau à un moment ou à un autre car, quand je rouvris les yeux, je vis Catherine qui se déplaçait dans la pièce ; elle semblait chercher quelque chose, son ombre immense dansant dans la lumière de la chandelle.

« Tu ne veux pas sortir un moment? me demanda-t-elle. C'est magnifique, dehors. »

Le jour se mourait dans un océan d'encre indigo ; les sommets neigeux devant nous se perdaient dans des nuages cotonneux qui, accrochant les derniers rayons du jour, se teintaient de rose ; derrière nous, silhouettes silencieuses, les hautes collines se dressaient à l'assaut du ciel assombri, où commençaient à naître les étoiles.

Nous marchâmes jusqu'au temple que nous avions aperçu en montant au bungalow. C'était un tout petit édifice, abrité par un vieux chêne et orné, en bordure de toit, de sculptures en bois élégantes et travaillées. Il n'y avait personne dans les parages, mais la grille qui menait au sanctuaire était ouverte, et l'idole pailletée à l'intérieur était celle de Krishna, mais dans des tons de violet au lieu du bleu foncé habituel. L'air raréfié était encore chargé de l'odeur de l'encens que l'on venait de faire brûler. Des papillons de nuit tournoyaient autour de la lanterne posée sur le porche en brique. À gauche du temple, il y avait une sorte de réserve sur pilotis; et derrière se trouvait une gargouille à tête de lion sculptée dans le bois, d'où l'eau, provenant d'un ruisseau, s'échappait pour s'écouler dans un étroit chéneau.

Quelqu'un finit par sortir de l'obscurité. C'était le prêtre : un jeune *sadhu*, d'une incroyable beauté. Son torse musclé était nu, chose étonnante vu le froid intense qui régnait. Un *dohti* blanc tombait sur ses pieds nus. Son large front portait des traces de pâte de santal. Ses longs cheveux noirs flottaient librement sur ses épaules. Il nous aperçut; son regard s'attarda un peu plus longtemps sur Catherine, sans que son beau visage aux traits bien dessinés exprime la moindre surprise. Il nous dit que nous étions venus trop tard pour la *puja* du soir, laquelle venait de se terminer.

Il parlait un hindi très marqué par le sanskrit. Ses manières étaient empreintes d'une courtoisie un peu solennelle; il nous invita à nous asseoir avec lui sur le porche et à partager son repas du soir. Devant les hésitations de Catherine, il nous assura qu'il y avait bien assez de nourriture pour trois. En quelques gestes rapides et assurés, il rapporta de la réserve des *thalis* sur lesquels il servit du *dhal* et du riz qu'il puisait dans de grandes marmites et remplit des tasses à l'émail craquelé en prenant l'eau à la gargouille. Nous mangeâmes avec les doigts. Il s'excusa de ne pas pouvoir nous offrir de cuillers ni de fourchettes et ajouta que l'eau venait d'une source voisine et ne présentait aucun danger. De lui-même, il ne nous dit rien de plus ; il ne nous posa aucune question, peu curieux apparemment de savoir d'où nous venions ou ce qui nous amenait à Kalpi.

Je lui demandai depuis combien de temps il était au temple.

« Depuis cinq ans », me répondit-il, la tête penchée sur son *thali*, ses doigts mélangeant avec dextérité le *dhal* au riz.

Et où avait-il grandi ?

« À Lucknow », répondit-il, la bouche pleine. Il cessa de mastiquer et me regarda de ses yeux clairs et assurés avant d'ajouter :

« Mais c'était une autre vie, moins pleine et moins riche. »

Il pencha à nouveau la tête et se remit à manger. Il parlait merveilleusement, émaillant son discours d'expressions et de tournures sanskrites qu'il n'avait pas pu apprendre à Lucknow et qui laissaient supposer une éducation bien différente. Intrigué, je lui posai d'autres questions. Les détails vinrent peu à peu, fragmentaires mais suffisamment révélateurs ; et ce ne fut pas sans difficulté que je les traduisis pour Catherine.

Il venait d'une famille de commerçants de la classe moyenne et avait reçu une instruction des plus traditionnelles, d'abord dans un établissement de la ville, puis à l'université. Ses parents lui avaient arrangé son mariage avant même son vingt et unième anniversaire. En dépit des réticences de leur fils, ils n'avaient pas su résister à la dot qu'apportait la fiancée. Sa jeune femme était morte peu de temps après les noces : il la connaissait à peine, et pourtant sa mort avait été pour lui un choc insurmontable. C'est alors qu'il s'était mis à réfléchir sur le sens de sa vie et à remettre en question ses anciennes croyances. Se sentant de plus en plus étranger au monde dans lequel il avait grandi, il avait commencé à fréquenter les temples et les ashrams et à lire les textes sacrés. Et puis un jour il était parti de chez lui et avait voyagé en compagnie de quelques *sadhus* jusqu'à Gangotri, la source du Gange. Il avait erré quelques mois, séjournant de temps à autre dans un ashram avant d'arriver à Kalpi. Puis il avait vécu un temps avec le prêtre qui s'occupait alors du temple, un homme âgé et malade. Il l'avait soigné et, à sa mort, avait décidé de rester au village.

Catherine, qui jusque-là s'était tue, tout entière occupée à essayer de manger avec les doigts, me demanda de traduire une question qu'elle voulait lui poser :

« Êtes-vous encore en contact avec vos parents et vos frères ?

– Non, répondit-il, sans que son beau visage trahisse la moindre émotion. Quand je suis parti, j'ai abandonné tous ces liens derrière moi. Je n'ai pas voulu m'en encombrer ici. Ils appartiennent au passé. »

*

Il faisait nuit quand nous quittâmes le temple pour redescendre lentement, à la lueur de la lampe torche de Catherine, la pente boueuse et abrupte, au milieu d'une odeur douceâtre de tabac. Le firmament était étoilé ; les points minuscules et blafards des lampes à pétrole piquaient les flancs noirs des coteaux, dont les contours se confondaient avec le ciel ; un chien, non loin de là, ne cessait d'aboyer ; le pont se détachait, sombre et immobile, sur l'eau blanche et luisante.

Catherine avait envie de s'asseoir un moment au bord de la rivière. Nous prîmes le sentier étroit, jonché de crottin de poney, qui menait jusqu'à l'eau, passant devant des rochers éparpillés pour finalement trouver un endroit où nous asseoir sur un des escarpements qui surplombaient la rivière, plus calme en cet endroit. Assis à côté de Catherine, les jambes dans le vide, je sentais les gouttelettes froides me picoter le visage.

Nous restâmes ainsi un moment, sans échanger un mot. Je repensai à ce qu'avait dit le *sadhu* à propos de ce passé qu'il avait rejeté. Ses paroles avaient brusquement réveillé en moi un sentiment qui m'était venu plus tôt ce jour-là, l'impression, presque religieuse, que l'Himalaya constituait un refuge contre la futilité de l'existence. Je repensai à la vie qu'il avait connue auparavant, à sa douleur quand il avait perdu sa jeune femme, à ses errances dans les montagnes.

Je sentais que Catherine songeait, elle aussi, au *sadhu*. Je finis par lui demander :

« Alors, qu'est-ce que tu penses de lui ? »

Sans me regarder, elle répondit aussitôt :

« Il est bizarre.

– Comment ça, bizarre ?

– Eh bien, peut-être que le mot "bizarre" ne convient pas exactement, dit-elle au bout d'un instant de réflexion. Disons, pas tout à fait normal... Mais j'ai bien aimé la façon dont tu lui as parlé, ajouta-t-elle au bout d'un moment. La façon dont tu t'es intéressé à sa vie.

– Mais c'est une vie intéressante.

– Pas pour moi. Non, pas pour moi, répondit-elle vivement. Je la trouve vide, creuse. Sans amour. C'est une vie sans amour. Qu'est-ce qu'elle peut avoir d'intéressant ? Rien. »

La brusque passion qui enflammait sa voix me surprit. Je me tournai pour la regarder. Elle portait son béret bleu, qui soulignait la pâleur de son teint, et son profil se découpait sur le ciel nocturne tandis qu'elle regardait la rivière. Surgissant de nulle part, comme s'ils venaient d'une vie et d'un monde oubliés, et tellement étranges dans ce décor, me revinrent soudain les mots de Miss West : « Elle a tant besoin d'être aimée. » Et un sentiment d'étrange tristesse m'envahit.

Je fus complètement pris au dépourvu, quand, donnant soudain un tout autre tour à la conversation, elle me demanda : « Mais est-ce que tu as déjà aimé ? Sais-tu seulement de quoi je parle ? »

Sa question contenait implicitement un défi. Elle me remplit de confusion. Que pouvais-je lui répondre ? Je n'avais pas de réponse toute faite ; la vérité était trop compliquée, et j'étais trop timide pour oser la dire à quiconque. Je n'avais jamais connu le genre de contact physique auquel Catherine faisait allusion. En dehors de celles de ma famille, je ne connaissais aucune femme. Ce que je savais de l'amour, cette composante la moins réglée mais la plus naturelle de l'existence, était purement livresque, et je suivais l'exemple des gens de mon milieu et de ma culture quand je le soupçonnais précisément de n'être point naturel. Dans l'univers qui avait été le mien, l'amour romantique était méprisé, considéré comme une sorte de dérangement des sens susceptible d'affecter brièvement des jeunes gens insuffisamment cultivés et « brahmanisés » pour les laisser aussitôt après meurtris et sans illusion. Dans ce monde-là, un homme et une femme ne tâtaient du mariage qu'une fois que leurs aînés avaient apparié leurs horoscopes et s'étaient convaincus mutuellement de leurs statuts social et financier respectifs. L'amour était censé venir après le mariage et non l'inverse ; et peu importait si ce n'était pas le cas.

« Tu ne dis rien, me dit Catherine, ce qui signifie que tu n'as jamais aimé. Après tout, ajouta-t-elle en riant de son rire de gorge généreux, tu as peut-être envie de ressembler à ce *sadhu*, non ? C'est ça, ton ambition ? Rester célibataire toute ta vie ? C'est ça, hein ? Allez, avoue ! »

Tout en parlant, elle me pilonnait le dos de ses petits poings serrés, son visage rayonnant tourné vers moi.

Cette soudaine espièglerie dissipa la tension qu'avait provoquée chez moi sa première question. Elle parla d'un ami, homosexuel, qui s'était fait moine et avait fini par tomber amoureux d'un autre moine ; elle me raconta comment plus tard il s'était défroqué. Elle se faisait de plus en plus volubile.

Nous rentrâmes au bungalow – elle avait trop froid pour rester dehors et voulait se mettre sous un édredon –, et nous restâmes allongés sur le lit, appuyés sur nos oreillers, un livre fermé sur la poitrine, le regard fixé sur les poutres du plafond, à bavarder de manière décousue jusque tard dans la nuit.

C'était surtout elle qui parlait. J'écoutais, me contentant d'une question de temps à autre. Elle évoqua sa vie à l'université, ses camarades de classe, son amour d'adolescente pour un homme d'âge mûr qui n'avait jamais su ce qu'elle éprouvait pour lui ; elle parla aussi d'autres amours malheureuses.

Elle égrenait ses souvenirs avec une franchise troublante – troublante pour moi, qui n'avais jamais entendu personne auparavant dévoiler son passé de façon aussi directe. Elle s'était apparemment beaucoup investie dans ces relations, qui lui avaient semblé riches de toutes les possibilités dont elle pensait avoir été privée dans une atmosphère familiale faite d'indifférence et de cérébralité excessive. Plusieurs hommes, à des moments différents de sa vie, lui avaient fait croire que, grâce à eux, elle pouvait s'échapper de ce désert affectif dans lequel elle avait grandi, et elle avait souvent succombé, pour découvrir à chaque fois qu'elle s'était trompée. Les hommes ne s'intéressaient qu'à son physique ; personne ne l'avait jamais comprise.

J'écoutais, ensorcelé, mais aussi pénétré d'une infinie tristesse. Je ne connaissais pratiquement rien jusqu'ici du passé de Catherine. Un père faussement empressé, une mère désapprobatrice, voilà tout ce que j'en savais. Les histoires qu'elle me racontait maintenant donnaient plus de corps à ce passé, mais ce n'étaient pas tant ces révélations qui me passionnaient. La fascination était ailleurs : dans l'énorme besoin d'amour dont Catherine semblait souffrir, dans cette attente d'une émotion qui la comblerait et donnerait forme et sens à sa vie. Que ce besoin pût être la cause d'une insatisfaction perpétuelle ne faisait qu'ajouter à l'attrait qu'il exerçait sur moi : à l'origine d'une secrète empathie entre nous, il me prouvait à quel point les combats de Catherine ressemblaient aux miens.

La plupart des évocations de Catherine, même les plus heureuses, celles qui concernaient ses années à l'université, traitaient d'entreprises avortées, renvoyaient à un temps irrémédiablement perdu et rendu rétrospectivement encore plus futile. Elles suggéraient une succession d'échecs et de dérives. Mais il s'agissait là d'une chose dont j'avais moi-même fait l'expérience, à un moindre degré, certes, en vivant si loin de la richesse du monde telle que je l'imaginais et sans aucun moyen de m'en approcher. Ce sentiment d'une vie qui ne se décidait pas à grandir, d'une vie dont le véritable épanouissement était encore à venir, je le connaissais bien, et c'était lui qui, soudain réveillé, m'émouvait aussi profondément – comme plus tôt dans la soirée, au bord de la rivière, m'avait ému le souvenir des paroles de Miss West à propos de Catherine.

Au fur et à mesure qu'elle parlait, Catherine se faisait de plus en plus mélancolique, sa voix de plus en plus douce. Elle retombait souvent dans un long silence, qu'elle occupait à contempler les grandes ombres dansant au plafond.

C'est au cours d'un de ces silences que je la sentis se tourner vers moi pour me regarder de ses yeux noisette, alors pleins d'une tristesse désemparée, ses cheveux doux et bouclés s'étalant sur l'oreiller et venant me chatouiller la joue.

Un tel moment d'intimité, jamais je n'aurais pu l'imaginer; et pourtant, maintenant qu'il était arrivé, dans le froid humide de cette pièce avec ses odeurs âcres et son tapis miteux, l'ombre gigantesque de la flamme de la bougie léchant sans relâche les murs, le monde extérieur, derrière les portes et les fenêtres closes, réduit au murmure étouffé d'une rivière, j'aurais voulu, ce moment-là, le voir durer toujours.

3

Plus tard dans la nuit, au cours d'un de ses longs silences mélancoliques, Catherine m'attira vers elle et m'embrassa. Je répondis, avec maladresse, mais avec une avidité qu'elle trouva drôle et qui, moi, m'embarrassa.

Il m'est difficile de donner une idée précise de l'activité physique qui s'ensuivit. Tout ce que j'en ai retenu, c'est l'impression de ma totale incompétence dès l'instant où le premier baiser de Catherine précipita les événements : les premières explorations maladroites, les doigts malhabiles aux prises avec les boutons et les agrafes, les tentatives avortées, les extases solitaires et coupables.

À supposer que je sois capable d'une description sans emphase et sans affectation, je ne rendrais toujours pas justice au souvenir de cet événement, qui n'avait que de très lointains rapports avec les habituels fantasmes d'adolescent que j'avais pu avoir concernant ces plaisirs inconnus.

La révélation fut d'un ordre différent, et c'est elle qui fit toute la douceur de ce moment, que j'aurais voulu pouvoir prolonger indéfiniment, car il avait éveillé une partie de moi-même dont j'ignorais jusqu'ici l'existence. Elle me vint un instant plus tard, une fois calmé le désordre des sens, tandis que, couché contre Catherine, j'écoutais ses mots affectueux et ses déclarations d'amour – déclarations qu'elle disait avoir eu envie de me faire depuis longtemps et auxquelles je répondis gauchement, ce qui l'amusa –, et que je la regardais, si tendre et si belle, dans la lueur de la bougie, vision qui me rappela la première image que j'avais eue d'elle, jouant du *tanpura,* assise très droit sur le tapis, le visage baigné de la lumière dorée que répandaient les *diyas.*

Je n'arrivais pas à croire à cette complicité qui avait surgi entre nous de manière aussi brutale et spontanée, à cette intimité soudaine avec un être qui, à peine quelques minutes plus tôt, semblait aussi lointain et troublant. Notre nudité, le visage lumineux de Catherine, qui m'avait toujours fasciné et qui était maintenant si proche du mien que ses traits en devenaient comme étrangers, notre conversation puérile, nos rires irrépressibles à propos d'enfantillages – tout cela me semblait relever du miracle.

C'est ça, l'amour ? C'est donc ça ? ne cessais-je de me répéter, de manière beaucoup plus pressante maintenant que j'en avais eu l'expérience directe, et cette partie de moi-même que troublait le côté irréel de toute l'affaire – l'impression que les mots d'amour que me disaient Catherine s'adressaient à un autre que moi – fut bientôt submergée par l'autre, celle qui voulait croire que Catherine avait décelé en moi des choses que je ne soupçonnais pas, celle qui ne demandait qu'à s'abandonner à l'humeur du moment et à l'intense émotion qui l'accompagnait, indissociable de l'immense désir que j'avais si longtemps refoulé et dont j'avais maintenant une conscience aiguë.

J'aurais aimé que ce moment ne finisse pas, qu'il dure dans toute son intensité, et quand le jour se leva je l'accueillis comme un intrus.

*

J'étais resté éveillé un moment quand Catherine s'était endormie, la tête sur mon épaule, les ombres de la bougie se balançant toujours sur les murs et le plafond de la chambre. Une folle exaltation m'habitait ; d'étranges pensées se bousculaient dans ma tête avant de s'évanouir brusquement. Quand la bougie se fut consumée et que la pièce fut plongée dans l'obscurité, je finis par m'endormir moi aussi.

Ce furent d'abord les souvenirs de la nuit précédente qui m'envahirent au réveil, puis, presque instantanément, je fus pris de panique.

Catherine n'était plus là. À sa place, un amas de draps et de couvertures froissés. Je m'inquiétai aussitôt. C'est alors que j'entendis le bruit d'un robinet et celui de l'eau giclant dans un tube en métal. Elle était tout simplement dans la salle de bains, constatation on ne peut plus prosaïque qui, jointe à l'angoisse de ne pas l'avoir trouvée à mes côtés, contribua à dissiper quelque peu les souvenirs de la nuit.

La chambre elle-même, privée de son aura nocturne, avait repris son allure ordinaire, maintenant que la lumière crue filtrait à travers les rideaux d'un vert sale. Le soleil tombait au hasard sur un sac abandonné, un tas de vêtements, une paire de chaussures; le bruit continu de la rivière avait quelque chose de monotone.

Le robinet se referma dans la salle de bains. J'entendis les bruits de succion rapides que faisaient ses tongs sur le sol mouillé, puis, au bout d'un moment de silence mystérieux, le bruit caractéristique de la chaîne rouillée, suivi de la cataracte de la chasse d'eau.

La porte s'ouvrit, et Catherine apparut, enveloppée dans une serviette noire. Ses cheveux mouillés luisaient, elle avait les bras piqués de gouttelettes et rentrait la tête dans les épaules, comme quelqu'un qui cherche à se protéger du froid. Elle n'eut pas un regard dans ma direction. À petits pas délicats, elle se dirigea vers son sac appuyé contre le mur, fouilla un moment à l'intérieur avant d'en sortir un T-shirt blanc et des sous-vêtements. Puis elle se retourna, comme je m'y attendais, vers le lit, cherchant des yeux son jean, abandonné sur le sol.

Elle remarqua alors que je la regardais et vint vers moi, un petit sourire forcé aux lèvres. Je sentis le parfum du savon au santal dont elle s'était servie pour se laver le visage, tandis qu'elle se penchait pour me planter sur le front un rapide baiser. Elle se releva tout aussi rapidement et dénoua la serviette qui l'enveloppait.

Une seconde, elle fut nue, les seins parcourus de légers frissons, puis elle commença à s'habiller et, toujours étendu sur le lit, je la regardai : d'abord les sous-vêtements, puis le T-shirt et le jean, et enfin le pull en laine. Tous ces gestes – bretelles élastiques claquant contre la peau, boutonnages et agrafages, fermetures Éclair remontées – furent accomplis avec une aisance désinvolte qui ne laissa pas de me déconcerter, et l'échange de tendresses que j'avais espéré quand elle était entrée dans la pièce m'apparut soudain déplacé.

Elle se pencha sur le côté et entreprit de sécher la masse épaisse de ses cheveux.

« Je vois... les Indiennes de Bénarès... faire la même chose... Elles s'y prennent... vraiment très bien », me dit-elle, entre les frottements de la serviette.

Elle paraissait si posée et si lointaine, si différente de la personne tendre et passionnée que j'avais tenue dans mes bras. Il me fut particulièrement pénible de l'entendre mentionner Bénarès et ce monde que nos dernières heures d'intimité avaient réussi à rejeter dans l'oubli et vers lequel nous allions devoir maintenant retourner.

Chaque fois que Catherine frappait ses cheveux avec sa serviette, de fines gouttes d'eau jaillissaient de sa tête et traversaient les rayons dorés qui barraient la pièce.

Une image s'imposa soudain à moi.

« Il y a une femme qui habite juste à côté de chez moi à Assi, lui dis-je. Je n'ai jamais vu son visage, mais je l'entends se sécher les cheveux tous les matins. »

Elle ne répondit pas. Quand elle s'arrêta et se redressa, le souffle un peu court, des mèches de cheveux rebelles sur les yeux, son visage avait une expression solennelle.

« Il ne faut pas qu'Anand apprenne ce qui s'est passé cette nuit, dit-elle, d'une voix basse et monocorde. Il serait incapable de comprendre. Ça risquerait de le détruire, et ça, je ne le veux pas. Je me sens responsable de lui. Lui aussi, je l'aime, tu comprends. »

J'avais été bien loin pendant tout ce temps de penser à Anand ; ce rappel brutal de la relation qu'elle entretenait avec lui, venant juste après l'allusion à Bénarès, n'aurait pu tomber à un plus mauvais moment. Elle vit la douleur et l'étonnement se peindre sur mon visage et se pencha aussitôt pour m'embrasser. Je respirai à nouveau le parfum du santal ; ses cheveux humides et froids sur ma peau me firent frissonner. Puis, comme il était trop malcommode pour elle de m'enlacer tout en restant debout, elle se glissa à côté de moi dans le lit et me serra dans ses bras.

Elle me répéta les mots doux qu'elle m'avait déjà murmurés la veille, se déclarant à nouveau convaincue que notre amitié serait éternelle. Bientôt, sans même nous en rendre compte, nous bavardions à la manière de deux enfants, comme nous l'avions déjà fait. Puis, après quelques baisers passionnés, nous célébrâmes le rite auquel j'avais été initié la nuit précédente.

Je ne m'en tirai guère mieux que la première fois. Catherine en plaisanta puis, voyant mon air contrit, éclata de rire.

« Vous les hommes, vous êtes bien tous les mêmes, dit-elle, riant toujours, les joues creusées de fossettes. Sans arrêt à vous inquiéter pour ce genre de choses. »

Je repensai, tiraillé par la jalousie, aux hommes dont elle avait parlé la nuit précédente, ces hommes qui n'avaient pas su lui apporter ce qu'elle attendait.

*

Mais le nuage se dissipa rapidement, et je fus bientôt gagné par la bonne humeur de Catherine, laquelle imita à nouveau la démarche du *chokidar* tandis que nous remballions nos affaires. Elle parlait avec animation du voyage de retour à travers les montagnes. Tandis que nous nous éloignions du bungalow, pliant sous le poids de nos sacs, Catherine s'arrêta brusquement et se retourna.

« Un dernier coup d'œil », dit-elle d'un ton enjoué. Cette attitude sentimentale ne laissa pas d'abord de me surprendre ; mais, d'une certaine manière, son visage sombre et la tristesse de son regard quand elle tourna les yeux vers moi me remplirent d'aise.

Plus tard, en attendant le car pour Hardwar, nous nous assîmes sur un rocher au bord de la rivière, les yeux mi-clos pour nous protéger de la réverbération de la lumière. Le monde paraissait si neuf, le moment si plein, si protégé des désillusions du passé et des inquiétudes face à l'avenir. Le bonheur qui m'habitait transfigurait tout alentour – les sommets enneigés resplendissants au soleil, la rivière bondissante, le pont de corde, les flancs verts des collines parsemés de rosée, le temple aux murs blanchis à la chaux et le fanion ocre flottant tout en haut du chêne.

Le *sadhu* de la veille se livrait à ses ablutions matinales à quelques mètres de nous, image même de la grâce tandis que, face au soleil, ses longs cheveux humides, son torse musclé luisant d'huile, il s'aspergeait la tête à l'aide d'un pichet en cuivre étincelant.

Il m'apparaissait désormais incroyablement lointain, ainsi fondu dans ce brillant tableau matinal, comme s'il était déjà sorti de ma mémoire, avec toute la mélancolie et les sentiments confus qu'il avait fait naître en moi la veille.

En partant, il nous salua d'un petit signe de tête. C'est alors que je remarquai que Catherine le regardait sans le voir, le visage empreint d'émotions contradictoires. Dès qu'il eut disparu de notre vue, elle s'effondra.

La confusion qui régnait dans sa vie, me dit-elle, le corps secoué de sanglots, l'oppressait, la confusion et l'incertitude, aussi. Et les choses étaient loin de s'arranger : comme si son attachement pour Anand, avec toutes les responsabilités qu'il supposait, ne suffisait pas, voilà qu'elle s'en créait un autre, pour moi, ce qui ne faisait qu'aggraver les choses. Loin de se détacher, elle multipliait les liens affectifs de tous ordres.

Même si cela provoquait des pleurs, il était réconfortant pour moi de découvrir que j'étais un attachement encombrant. J'essayai de la consoler et, au bout d'un moment, elle sécha ses larmes. J'allai lui chercher un peu d'eau à la rivière dans un gobelet en plastique : elle se baigna le visage, qu'elle essuya ensuite avec mon mouchoir. Puis elle me donna un baiser, presque à la dérobée, avant de me complimenter sur ma galanterie. Elle semblait avoir oublié un peu de sa mélancolie.

*

Mais le pli était pris. Elle ne cessa désormais d'avoir des sautes d'humeur, et l'angoisse avec laquelle je les guettais m'en rendit bientôt prisonnier. Mes yeux ne quittaient que rarement son visage. Les quelques minutes de plaisir que m'apportait une accalmie étaient aussitôt oubliées dès qu'elle retombait dans un accès de remords et recommençait à s'apitoyer sur son sort.

Elle pleura à nouveau abondamment dans le car, essayant de dissimuler ses larmes dès que le regard un peu trop insistant d'un paysan se posait sur nous. Le paysage que j'avais contemplé avec tant d'attention à l'aller – les villages accrochés au sommet des falaises, les parterres de fleurs si joliment arrangés dans les cours des maisons le long de la route, les vieillards, le visage buriné, fumant leur narguilé devant les kiosques à thé, les écoliers aux uniformes si pimpants, les bergers au nez crochu et à la barbe couverte de poussière blanche, le bleu du ciel et les sommets enneigés –, tout cela défilait maintenant, comme noyé dans un brouillard, devant mes yeux indifférents.

À notre descente du car à Hardwar, où nous nous arrêtâmes avec l'intention de prendre un train direct pour Bénarès, un rabatteur nous conduisit jusqu'à une pension lugubre située dans une rue envahie par des pâtisseries aux décorations criardes et des kiosques à légumes. Nous y passâmes toute la journée à somnoler, trop épuisés par le voyage en car pour pouvoir faire grand-chose d'autre. Il arrivait aux gens dans le couloir de se tromper de porte et de frapper par erreur à la nôtre. Une musique grêle entrait par les fenêtres ouvertes en provenance d'un lieu de culte voisin, et une voix toute proche ne cessait d'annoncer dans un haut-parleur les numéros gagnants d'une loterie.

Entre deux sommes, Catherine se laissait aller à de nouveaux accès de larmes. Je tentai de la réconforter, sans grand succès. Ses sanglots, venus d'une source qui m'était inconnue, avaient souvent pour effet de déclencher les miens ; ils me laissaient perplexe et m'emplissaient de toutes sortes de craintes et d'appréhensions. Une certaine gêne s'installa entre nous : allongés l'un contre l'autre sur le lit dur et étroit, sous un ventilateur aux larges pales rouillées, nous n'échangeâmes pas un seul baiser.

C'est la faim qui finit par nous chasser de cette chambre, où les moustiques commençaient à former des nuées bourdonnantes. Nous nous rendîmes dans une *dhaba* au bord de la route. Catherine mangea peu ; plus calme maintenant, elle se mit à parler de ses voyages en Inde du Sud et à boire quantités de verres d'eau minérale qu'allait lui chercher un petit serveur agile qui, le reste du temps, restait assis à la table voisine à nous dévisager sans la moindre gêne.

Après quoi, le long des rues brillamment éclairées et encombrées par la foule des pèlerins et des vaches, nous gagnâmes le *ghat* d'Har-Ki-Pauri, où nous restâmes assis à observer le rite de l'*aarti*, frappés de voir à quel point Hardwar rappelait, en plus petit, Bénarès.

Des pandits aux cheveux gris et aux ventres creusés de plis se tenaient devant les idoles habillées de brillantes robes de poupée, balançant leurs lampes de cuivre qui dessinaient de grands arcs dorés dans un brouillard d'encens. De jeunes novices tonsurés soufflaient de toutes leurs forces dans leurs conques. Plus bas, là où nous étions assis, les lumières du *ghat* luisaient faiblement sur le fleuve ombré de noir, qui, étonnamment serein à Bénarès, se précipitait ici sans retenue aucune, éteignant les *diyas* que les fidèles avaient pris tant de soin à faire flotter sur ses eaux.

Catherine m'interrogea au sujet de mon père : comment supportait-il sa vie solitaire à Pondichéry ? Que faisait-il de ses journées ? Elle était intriguée par cette idée de retraite et de renoncement. Elle dit qu'elle aurait bien aimé lui rendre visite ; que les parents étaient souvent la clé qui permettait de comprendre les gens qu'on aimait.

« Mais je suis contente, dit-elle, prise d'un soudain fou rire, que tu ne sois plus prêt à suivre les traces de ton père, que tu ne sois plus un Babaji célibataire. »

Je souris faiblement, pour entrer dans son jeu, sans pouvoir m'empêcher de trouver sa remarque cavalière et déplacée, choqué de la désinvolture avec laquelle elle parlait de mon père.

À la fin de la cérémonie, des enfants au front marqué de vermillon passèrent dans la foule avec leurs *thalis* pour la quête ; ils aspergeaient d'eau bénite les fidèles, qui réchauffaient leurs paumes et leur visage à la flamme du camphre avant de déposer une pièce dans le plat. Quelques-uns s'approchèrent de nous. Catherine déposa plusieurs pièces, puis me caressa le visage de ses mains tièdes.

En arrivant à la gare, nous apprîmes, à notre grande déception, que toutes les couchettes étaient réservées. En dépit de mes demandes répétées et quasiment humiliantes auprès d'un employé à la mâchoire lourde, je ne réussis à obtenir qu'une seule couchette, située juste en face des toilettes. Comme la porte ne fermait pas, des odeurs d'urine et d'excréments nous maintinrent éveillés tout au long du voyage. Le train s'attardait interminablement le long de quais qui avaient des allures de morgue, jonchés qu'ils étaient de corps endormis enveloppés de linceuls blancs, puis repartait dans la nuit au milieu des grincements et des gémissements. Des lumières lointaines nous faisaient signe dans l'obscurité, se rapprochant de plus en plus, pour se dérober au dernier moment ; le train ponctuait chacun de ces abandons d'une plainte déchirante.

Nous nous allongeâmes à tour de rôle sur la couchette, jusqu'au moment où, incapables de dormir, nous finîmes par nous asseoir côte à côte, regardant sans un mot défiler la nuit par les fenêtres ouvertes. Entre deux accalmies, Catherine pleurait sans bruit, et je garderais longtemps le souvenir de la poussière qui entrait par les fenêtres et marquait de traînées noires ses joues pâles et humides.

*

Au matin, ce fut Bénarès, dans la grisaille d'un jour de pluie : boutiques aux stores baissés, rues défoncées, égouts remplis d'eau saumâtre, hommes en train de déféquer sous nos yeux fatigués. À la gare, des porteurs agressifs marchandaient leurs services avec des passagers que le seul fait de décharger famille et bagages rendait déjà hystériques. Des gamins des rues en haillons glapissaient « *chai, chai* », tandis que des haut-parleurs crachotants annonçaient les retards des arrivées et des départs. Dehors, des conducteurs de *rickshaw*, maigres, mal rasés, la moustache en bataille et l'œil injecté de sang, se bousculaient pour tenter d'appâter les voyageurs fraîchement débarqués.

Le monde du dehors, tenu à distance pendant si longtemps, reprenait ses droits, mais ma plus grande tristesse était à venir.

Il avait plu, tôt dans la matinée, et le ciel était encore couvert. L'eau fangeuse formait des rigoles le long des trottoirs défoncés. Les rues étaient jonchées de lambeaux de papier détrempés, de légumes pourris et de bouses de vaches. Dans le silence profond, on n'entendait que le grincement laborieux des roues. Les maisons qui bordaient les rues étaient sombres et miteuses. Ici et là, sur les sièges des *rickshaws*, des hommes dormaient, recroquevillés dans des postures incroyables.

« Au moins, dit Catherine, comme si elle pouvait lire dans mes pensées, au moins, nous avons encore une journée à passer ensemble. »

Elle faisait allusion au fait qu'Anand était toujours dans le Bihar, chez ses parents.

J'en conçus du plaisir. J'avais besoin qu'elle me rassure et me donne la preuve de son affection pour moi. J'avais envie d'être à nouveau seul avec elle, et c'est le cœur battant que je montai l'escalier familier, orné des peintures de Rama et Sita.

Catherine se pencha vers moi pour m'embrasser tandis qu'elle mettait la clé dans la serrure. Je la suivis dans la pièce, où s'amoncelaient pêle-mêle sitars, *tablas*, vêtements sales, cendriers débordant de mégots, et où, bras en croix, Anand était allongé à même le sol, non pas mort, comme je le crus un instant, mais profondément endormi.

*

Tout au long du voyage de retour m'avait assailli la pensée du peu de temps qu'il me restait à passer seul avec Catherine. J'avais vécu avec l'idée douloureuse que les quelques heures que nous avions devant nous avant de retrouver Bénarès passaient à une allure folle. Voir Anand maintenant, c'était me retrouver confronté brutalement aux problèmes qui allaient se poser sans tarder.

J'éprouvai d'abord un fort sentiment de culpabilité. À regarder Anand étendu par terre, vulnérable, totalement exposé dans son sommeil, j'eus soudain le sombre pressentiment du lien qui désormais nous unissait.

Tout occupé que j'étais à me remettre du choc de notre découverte, je n'en remarquai pas moins l'habileté avec laquelle Catherine maîtrisa la situation. Elle fit preuve d'un grand sang-froid pour réveiller Anand et, tandis qu'il ouvrait un œil maussade et louchait dans notre direction, elle lui demanda pourquoi il était encore à Bénarès. Était-il seulement allé dans le Bihar, ou bien était-il rentré plus tôt que prévu ?

Elle multiplia ses questions, tandis qu'Anand, toujours étendu par terre, la fixait de ses yeux las, noyés de sommeil. C'est alors que je me rendis compte de son état : il avait les cheveux en bataille, une barbe de plusieurs jours, de grands cernes sous les yeux et la bouche pincée.

Catherine finit par mettre un terme à son interrogatoire.

« C'est merveilleux de te revoir, dit-elle avec un sourire, avant d'ajouter, d'un ton délibérément las : Mais est-ce que tu pourrais nous faire un peu de thé ? Nous sommes tous les deux littéralement épuisés. »

Anand n'attendait, semble-t-il, qu'une demande de ce genre : il se leva, pris d'une soudaine énergie, embrassa Catherine sur la joue et s'exécuta aussitôt, tout en ne cessant de s'excuser pour sa paresse des derniers jours.

Plus tard, une fois le thé infusé et servi, il sortit des photos des amis de Catherine pendant leur séjour à Bénarès. Elles étaient pour la plupart totalement inoffensives : visages souriants devant des temples, des *ghats* ou des restaurants. Ce furent les photos prises à Ramnagar, sur la plage de sable de l'autre côté du fleuve, qui retinrent mon attention. Sur l'une d'elles, Anand, vêtu d'un simple slip de bain, son corps maigre et poilu exposé à la vue, aspergeait le large dos bronzé d'un Jacques apparemment consentant. Il semblait tellement différent de l'homme que je connaissais, tellement détendu, libéré : visiblement, Catherine et ses amis avaient réussi à faire resurgir en lui un enthousiasme candide. J'étais de plus en plus mal à l'aise. Regarder ces photos ne faisait qu'augmenter mon sentiment de culpabilité vis-à-vis d'Anand. Et voir Catherine, le visage lavé et rayonnant, s'exclamer et sourire devant les clichés, n'arrangeait rien.

En quelques minutes, elle avait retrouvé son rôle habituel avec Anand : comment reconnaître dans cette fille volontaire aux idées bien arrêtées la personne fragile qu'il m'avait été donné de voir au cours de ces dernières heures ?

J'eus soudain l'impression d'étouffer dans la pièce trop petite. Et je partis dès que j'eus fini mon thé. Catherine et Anand m'accompagnèrent sur le palier. J'avais déjà senti le regard d'Anand, ouvertement curieux, peser sur moi, mais il me regarda d'encore plus près quand j'échangeai quelques mots avec Catherine au sujet d'une prochaine rencontre.

Dehors, l'ennui pesait sur les ruelles et les boutiques

familières. Le jour, qui ne faisait que commencer, semblait avoir déjà perdu toute sa fraîcheur, la lumière blanche était terne, et le fleuve, que j'apercevais de temps à autre au bout d'une ruelle, paresseux.

Le *sadhu* aux cheveux plaqués ne releva pas les yeux quand je passai devant lui. Derrière lui, un gamin qui essayait de se tenir sur un vélo bien trop grand pour lui bascula et tomba ; une femme voilée, qui le regardait faire depuis une terrasse, éclata de rire. Le vendeur de légumes débitait inlassablement de sa voix monocorde le prix des choux et des tomates.

Quand j'abordai l'escalier menant à ma chambre, Mrs. Pandey et Shyam levèrent un instant le nez de dessus leur assiette de tomates aux oignons et à l'ail. Un cadenas tout neuf brillait sur la porte de Miss West. Il n'y avait pas d'eau dans la salle de bains à ciel ouvert, ni d'électricité dans ma chambre. Les bruits de la rue – bribes de conversations animées, tintement des clochettes des *rickshaws* – envahirent la pièce quand j'ouvris la fenêtre ; la poussière tourbillonna dans les rayons de soleil qui vinrent frapper le sol ; elle couvrait aussi les livres sur la table d'une fine pellicule ; une nouvelle toile d'araignée s'accrochait à l'une des poutres du plafond.

Par terre, il y avait une lettre de mon père, postée de Pondichéry ; Shyam devait l'avoir glissée sous la porte. C'était une lettre recommandée. Pourquoi ? me demandai-je, tout en l'ouvrant. Avait-elle donc tant d'importance ? Était-elle donc si urgente ?

Un mot bref et précis, d'une écriture qui m'était inconnue, me faisait savoir que mon père, qui souffrait du cœur depuis longtemps, n'allait pas bien et qu'il espérait me voir bientôt.

Je défis mes lacets et m'étendis sur le lit, tout en essayant d'imaginer mon père à Pondichéry, dans une maison blanchie à la chaux au bord de la mer. Je me vis quittant Bénarès, et aussitôt sentis mon cœur se serrer à l'idée de me séparer de Catherine.

4

C'est alors que je vécus mes derniers jours à Bénarès – jours d'agitation extrême et de grande mélancolie. Le temps, incroyablement clément, était en total désaccord avec mon humeur. L'hiver reculait peu à peu et, bien que les matins fussent encore brumeux et froids, les calmes après-midi étaient baignés d'un grand soleil. C'est à peine si un nuage obscurcissait le ciel, et l'odeur des cacahuètes grillées envahissait les quartiers d'Assi et de Lanka. Les soirées s'allongeaient un peu plus chaque jour.

La violence dont j'avais été le témoin à l'université n'était pas restée sans lendemain. Les agitateurs avaient fini par s'organiser et par déclarer une grève générale. Il y avait eu d'autres troubles pendant mon absence. Les brutalités policières étaient devenues le nouveau thème de ralliement des grévistes, qui inscrivirent bientôt au nombre de leurs revendications majeures le retrait de toutes les forces de police du campus. On s'attendait maintenant à une répression musclée de la part des autorités, et, autour des kiosques à thé, on ne parlait que des affrontements à venir. Si bien que, pendant les jours qui suivirent mon retour à Bénarès, je ne mis pas les pieds à l'université.

Je passais toutes mes journées dans ma chambre – il faisait trop chaud pour rester dehors au soleil – à parcourir les livres qui me paraissaient être au diapason de mon humeur ou pouvaient lui offrir un dérivatif.

La pensée de mon père malade venait me troubler de temps à autre, m'assaillant de remords et de culpabilité. Je n'avais pas osé relire le mot envoyé de Pondichéry. Il était resté posé à côté de mon lit et, chaque fois que je le voyais, je me demandais si je n'aurais pas intérêt à partir tout de suite. Le seul souvenir de Catherine suffisait à balayer pareille idée.

J'avais cessé d'aller chez elle, respectant en cela sa volonté. Elle m'avait dit se sentir nerveuse et mal à l'aise quand elle se retrouvait avec Anand et moi. Elle préférait me voir seul. Je ne me plaignais pas. Moi-même, je supportais mal de la voir en compagnie d'Anand. Je n'avais jamais eu grand-chose à lui dire et, les deux ou trois fois où j'allai leur rendre visite après mon retour de Kalpi, le malaise fit place aux remords. J'étais incapable de lui opposer un front serein, incapable d'empêcher mon sentiment de culpabilité de s'infiltrer dans la plus banale des conversations.

Je rencontrais Catherine dans un de ces salons de thé modernes qui, à Bénarès, commençaient tout juste à remplacer les vieilles échoppes encrassées de suie. C'est elle qui avait suggéré ces lieux de rendez-vous, semblant ainsi vouloir signifier qu'il n'était pas question d'endroits plus intimes.

Nous restions à bavarder une demi-heure, voire moins, tout en buvant des thés au lait. Catherine avait toujours quelque chose de nouveau à me dire concernant son retour en France, car ses projets prenaient maintenant tournure. Ses parents avaient accepté de l'aider à trouver un appartement ; elle devait partir sous peu, dans quelques semaines, si le passeport d'Anand était prêt d'ici là. Chaque nouvelle étape franchie ranimait son énergie ; un geste de son père, réel ou imaginaire, suffisait à transformer sa journée.

Elle entrait dans le café, le front moite de sueur, un sac brodé à l'épaule, et m'embrassait furtivement sur la joue, tandis que le patron, assis sous une photo encadrée de son père ou de son grand-père, abondamment pourvue de guirlandes, chassait d'un air absent les mouches qui bourdonnaient autour des vitrines en verre étincelantes, et que les serveurs en mal de travail, un torchon constellé de taches jeté sur l'épaule, contemplaient d'un œil vide la rue déserte.

Invariablement, ces rendez-vous me laissaient avec un trop-plein de sentiments inexprimés. Je ne cherchais qu'à retrouver l'intimité que nous avions connue, si brièvement que ce fût, à Kalpi. Pareil désir – qui se renouvelait à chaque rencontre pour se trouver aussitôt contrarié – n'était qu'en partie physique. Sa composante majeure était cette mystérieuse complicité que nous avions partagée, et que je n'avais connue jusqu'alors que par procuration, quand, curieux et étonné à la fois, je les voyais ensemble, elle et Anand. Dans mon souvenir, elle faisait partie de la merveilleuse étrangeté de ces moments, faite d'un mélange de hasards, de désirs et d'émotions qui, parmi bien d'autres choses, avait conduit deux adultes à revenir au langage de l'enfance oublié depuis si longtemps.

D'un autre côté, j'avais également envie, envers et contre tout, de parler de l'avenir, des lieux où nous pensions nous trouver dans quelques années. Je ne pouvais me résoudre à aborder moi-même la question. Je craignais de me montrer présomptueux, mais j'avais surtout peur des vérités trop dures auxquelles pareille évocation risquait de m'exposer.

C'est à peine si Catherine faisait allusion à ce qui s'était passé entre nous ; et souvent me venait l'idée, épouvantable, que ce qui, pour moi, resterait à jamais inoubliable, était déjà, pour elle, tombé dans l'oubli. Je me demandais s'il ne s'agissait pas à ses yeux d'une de ces aventures sans suite dont elle m'avait parlé, d'une distraction mineure qui ne serait bientôt plus qu'un souvenir parmi tant d'autres.

En l'écoutant évoquer ses soucis à propos d'Anand, j'étais souvent plein de rancœur. J'éprouvais, avec une intensité accrue, ce que j'avais vaguement ressenti quand je l'avais vue pour la première fois en compagnie de ses amis, à savoir que la vie qu'elle avait connue avant d'arriver à Bénarès avait bien plus de droits sur elle, et que cette Catherine-là, avec ses soucis bien ordinaires, était sans doute autrement plus authentique et réelle que celle qui m'avait comblé de tendresse et de bonheur.

Mais parfois, au beau milieu d'autres sujets de conversation, elle me gratifiait de quelques mots doux – des mots français qui, traduits en anglais, avaient un charme désuet –, les yeux soudain pleins de sollicitude à mon égard, et elle parlait de cette « belle amitié », comme elle l'appelait, qui était la nôtre. Mon insatisfaction s'envolait alors pour un temps.

Mais jamais pour bien longtemps. Je l'imaginais rentrant chez elle, le long des ruelles surpeuplées, passant devant le *sadhu* et la boutique Chandu Halwai, montant l'escalier décoré de ses peintures, jusqu'à la chambre où Anand était adossé à ses coussins, et la pensée de cette autre vie, marquée par une intimité bien plus complète et significative, suffisait à me replonger dans ma tristesse.

De mon côté, je rentrais à Assi en passant par les *ghats*, afin d'éviter les ruelles dont l'animation, le soir venu – hommes jouant aux cartes ou aux échecs, échangeant des plaisanteries douteuses autour des kiosques à thé, accords de sitar ou de *sarod* déversés par les fenêtres ouvertes –, finissait de me déprimer. Je continuais à retourner dans ma tête les propos de Catherine, en quête de signes d'affection, mais c'était pour me retrouver plus frustré que jamais.

Je m'attardais sur les *ghats*, avec une sensation de vide au creux de l'estomac, jusqu'à la nuit tombée, au milieu d'une foule composite : rabatteurs et dealers, blanchisseurs venant ramasser les vêtements d'une blancheur étincelante dans le soleil, qui avaient passé l'après-midi sur les marches, enfants jouant à la marelle sur le sol de pierre marqué à la craie, baigneurs tardifs s'habillant et se déshabillant sous des parasols déchirés, groupes de vieillards qui regardaient en silence le fleuve s'assombrir.

Tandis que j'empruntais la ruelle sombre menant à la maison, je me sentais envahi d'une étrange impatience, du sentiment qu'il y aurait peut-être quelque chose ou quelqu'un – une lettre, une visite, un télégramme – qui m'attendrait à l'intérieur et qui, d'un coup de baguette magique, me ferait franchir d'un bond toutes les étapes intermédiaires pour me transporter instantanément dans un monde libéré de tout souci et de toute angoisse.

Chaque fois, une déception de plus en plus aiguë m'attendait quand, après m'être lavé les mains dans une petite salle d'eau, dont le sol visqueux avait plus d'une fois fait glisser les étudiants de Panditji, je montais au deuxième étage où je retrouvais Mrs. Pandey et Shyam, et m'asseyais par terre pour partager les éternels repas de *dhal*, de *chapati* et de *sabzi*.

Et soir après soir, je regardais Shyam préparer le *dhal* à sa manière lente et méthodique. Il faisait fondre le *ghee* dans un petit bol en métal, ajoutait de l'ail et de l'oignon émincés, des graines de cumin et de coriandre ; il se penchait un peu en arrière, les yeux mi-clos, les lèvres retroussées, tandis que des gouttes de *ghee* et des graines de cumin noircies jaillissaient du bol en crépitant ; puis, quand les fumées montant du bol se faisaient plus épaisses – emplissant la pièce d'un arôme qui resterait toujours pour moi associé au désarroi que je connaissais alors –, quand l'oignon et l'ail étaient d'un beau brun doré, il soulevait le bol avec une pince en métal et en versait lentement le contenu dans la soupière en cuivre, où, après une brève protestation rageuse, le *ghee* se répandait docilement sur la surface aqueuse du *dhal*.

*

J'avais l'impression que c'était à mon intention désormais que Shyam disait : « La cupidité est le pire des maux, elle détruit les familles, sépare le fils de ses parents, le mari de sa femme... »

Une sorte d'avertissement salutaire me vint aussi d'un livre que j'étais alors en train de lire. Il est des livres qui, si acclamés et célèbres qu'ils soient, ne réussissent pas à nous impressionner. C'est parce que, d'un point de vue intellectuel ou affectif, nous ne sommes pas prêts à les recevoir, notre expérience et notre compréhension de nous-mêmes et du monde n'étant ni assez riches ni assez profondes pour égaler celles de l'auteur.

J'avais déjà lu le roman de Flaubert, *L'Éducation sentimentale*, quelques années plus tôt. J'avais acheté pour vingt roupies une édition de 1950 à un vendeur des rues d'Allahabad. Le nom du premier propriétaire et le tampon rouge du libraire, Wheeler's, étaient encore visibles sur la page de garde et, quand j'ouvris le livre, des pétales de rose séchés s'échappèrent des pages. J'avais été attiré par le prestige du nom de l'auteur en même temps que par celui de la collection, Penguin Classics. Mais j'étais passé à côté du roman, comme de tant d'autres ouvrages à l'époque ; je l'avais trouvé terne et trop long. J'avais malgré tout persévéré jusqu'au bout, mais avec l'obstination du coureur de marathon qui veut à tout prix terminer l'épreuve alors qu'il est vidé depuis longtemps de toute énergie. Après quoi, le livre s'en était allé moisir sur un rayon, où il avait retrouvé quelques compagnons d'infortune que j'avais lus tout aussi consciencieusement, sans rien en retirer.

Et puis, juste avant de partir pour Mussoorie, j'étais tombé sur un essai d'Edmund Wilson sur Flaubert et la politique, dans lequel le critique parlait de *L'Éducation sentimentale* d'une façon si vivante que j'en avais conclu être complètement passé à côté du roman. Je le repris donc. Et contrairement à d'autres livres que, trop souvent, je commençais pour les lâcher aussitôt, celui-là, je ne me contentai pas de le feuilleter : je le lus de bout en bout en quelques heures. Et, ô miracle, je trouvai cette fois-ci ce récit de la rencontre d'un provincial ambitieux avec les mirages et les désillusions de la grande ville étonnamment fascinant. J'étais désormais particulièrement réceptif à certains de ses aspects. Avec ses attentes et ses ambitions aussi vagues que passionnées, son indécision, son absence de but dans la vie, son auto-dépréciation permanente, le héros, Frédéric Moreau, semblait me renvoyer ma propre image. Dans le même temps, le roman – tout au long de ses descriptions détaillées, étalées dans le temps, d'aventures amoureuses sans issue, d'ambitions artistiques et littéraires déçues qui finissent par disparaître complètement, de vies condamnées à s'accommoder d'horizons qui se rétrécissent inexorablement au fil du temps – me proposait une vision philosophique que je ne pouvais pas ne pas reconnaître. Quelque chose du fatalisme hindou semblait se dégager de ses pages, le sentiment que la vie n'est que dérive, futilité, illusion. Voir ces idées illustrées de manière aussi convaincante à l'aide d'un large éventail de destinées humaines, c'était avoir, même à vingt ans et avec une expérience aussi limitée que la mienne, une préfiguration réaliste de la vie à venir.

*

Mais ce moment béni fut de courte durée, comme le sont toujours les moments de ce genre, et mes pensées revinrent à Catherine.

À l'université, les choses s'étaient arrangées ; une fois les meneurs arrêtés, la grève s'éteignit d'elle-même. Je retrouvai le chemin de la bibliothèque, et avec lui les petits plaisirs des anciennes habitudes, tentant de me replonger dans cette quête obstinée du savoir qui m'avait tellement absorbé.

Le sentiment que ma vie avait changé de façon irrévocable et que je n'avais rien à substituer à mes anciennes certitudes, maintenant évanouies, me jetait parfois dans une panique folle.

À d'autres moments, ces réflexions douloureuses laissaient la place à des souvenirs de Kalpi, seuls encore à même de m'apporter réconfort et bien-être.

Ces tensions intérieures ne valaient rien à ma concentration, et j'étais frustré de ne pouvoir retrouver l'époque où j'étais capable de rester assis des après-midi entiers sans bouger sur une chaise au dossier inconfortable, tandis que la pelouse devant la fenêtre sombrait lentement dans l'obscurité, et où quelques minutes de trop passées dehors avec Rajesh et ses amis ne manquaient pas de me culpabiliser.

Rajesh venait souvent à la bibliothèque, et c'est au cours d'une de ses apparitions qu'il m'interrogea longuement sur mon voyage à Mussoorie. Je lui dis tout ce que je pouvais lui en dire. Il m'écouta avec beaucoup d'attention. Puis me pressa encore de questions, notamment sur les montagnes de l'Himalaya, qui semblaient exercer sur lui une attirance du même ordre que celle qu'elles exerçaient sur moi, encore que, comme à son habitude, il ne fût pas très explicite à ce sujet. Je lui parlai également de Miss West et de Catherine, sur quoi il redoubla d'attention. Dès lors, il me questionna souvent à leur sujet. Je sentis qu'il avait toujours été curieux de connaître ma vie en dehors de l'université. La nature de mes relations avec Miss West et Catherine l'intriguait beaucoup, ne fût-ce que parce qu'elles étaient totalement étrangères à son expérience – celle de quelqu'un qui n'avait jamais rencontré un Blanc ni voyagé en dehors de la région.

Devant l'entrée de la bibliothèque, où je prenais mes repas de midi, il y avait toujours quelques membres de sa suite, occupés à parler politique, pots-de-vin et dots. Rajesh n'était pas allé à l'université ces derniers temps et ne savait donc pas grand-chose des dernières manifestations de la contestation étudiante. Mais les autres disposaient de toutes les informations nécessaires. On savait désormais que l'étudiant qui avait lancé une grenade contre un policier avait été torturé quelque temps auparavant par ce même homme, alors qu'il était en garde à vue. Son agression relevait donc de la vengeance préméditée.

Je continuais à me demander si Rajesh n'avait pas trempé dans cette histoire. Mais les autres n'eurent jamais la moindre réflexion permettant de corroborer mes soupçons. Lui-même ne fit rien qui pût les confirmer. Quand j'allai lui rendre à nouveau visite dans sa chambre – pour récupérer un article photocopié que j'avais perdu et que l'un de ses acolytes avait retrouvé à la bibliothèque –, le sac avec les pistolets avait disparu.

Le soupçonnant de l'avoir caché quelque part, je jetai un coup d'œil dans son *almirah* au moment où il me laissa seul quelques instants, mais il n'y avait sur les rayons presque vides que des vêtements, un flacon de lotion à l'huile de noix de coco et une image d'Hanuman encadrée et ceinte d'une guirlande.

Il était désormais plus détendu avec moi, et me posait souvent des questions au sujet d'Arjun. Mais il conservait cette habitude déconcertante qu'il avait d'arriver à pas de loup derrière moi tandis que je lisais. Après m'avoir fait sursauter, il jetait un coup d'œil sur mon livre avant de s'exclamer rituellement : « Encore Edmund Wilson ! Mais pourquoi est-ce que tu lis toujours le même type ? »

Un peu agacé par la remarque, je lui montrai un jour l'essai de Wilson sur Flaubert et la politique, et lui conseillai de le lire s'il tenait vraiment à savoir pourquoi je m'obstinais à lire cet auteur. Je lui demandai de faire une photocopie de l'essai sur une des machines de la bibliothèque, tâche qu'il n'accomplit pas lui-même mais dont il chargea un de ses acolytes. Je profitai de l'occasion pour lui prêter mon exemplaire de *L'Éducation sentimentale*, une fois que j'eus recouvert le fragile livre de poche avec du papier d'emballage. Je lui dis qu'il comprendrait mieux l'essai s'il lisait d'abord le roman.

Mais j'étais convaincu qu'il ne ferait rien de tout cela. Ses lectures se limitaient d'ordinaire à Faiz, Iqbal et aux journaux en hindi qui traînaient un peu partout à l'université. Je ne le pensais pas capable de s'intéresser à Flaubert ou à Wilson, ni d'ailleurs de les comprendre.

*

Miss West finit par rentrer à Bénarès. Une musique que je ne connaissais pas s'échappait désormais de sa chambre. Je fus particulièrement frappé par une mélodie envoûtante qu'elle ne cessait de passer et de repasser, la *Cinquième symphonie* de Prokofiev. Elle me dit qu'il s'agissait là d'un des nouveaux CD qu'elle avait rapportés, et je me demandai s'ils lui avaient été donnés ou envoyés par Christopher, dont je tentais de regarder la photo de plus près chaque fois que je me trouvais dans sa chambre.

Je voyais maintenant Miss West à la lumière des révélations de Catherine. Je croyais discerner l'insatisfaction dans ses yeux brillants et ses manières désinvoltes, ainsi qu'une irritation permanente dans ses remarques à l'emporte-pièce. Et tandis qu'elle restait assise sur le toit en terrasse jusque tard dans la soirée, le regard perdu au-dessus du fleuve éclairé par la lune, je voyais réapparaître le fantôme de ce passé agité que j'avais soupçonné lors de mon arrivée à Bénarès.

Mais je ne réagissais plus aux révélations de Catherine comme je l'avais fait à Mussoorie. Je ne trouvais plus du tout étrange qu'on puisse se laisser guider exclusivement par une passion amoureuse. Ce passé de Miss West qui m'avait tant interpellé, ce passé qui m'était d'abord apparu comme une prison, me semblait maintenant faire partie intégrante de sa vie, de sa personnalité, de son sens de l'humour et même de son amour pour la musique, que je comprenais mieux désormais, en même temps que la musique elle-même, quand j'écoutais certains de ses compositeurs préférés : Brahms, Schubert et Schumann.

Elle me parla du nouveau lien qui l'attachait à Bénarès. Elle avait déjà fait mention d'une grand-tante à elle qui avait été brièvement mariée à un capitaine de l'armée britannique. Elle venait maintenant d'apprendre – grâce à de vieilles lettres découvertes et dépouillées par un cousin en Angleterre – que cette grand-tante était venue à Bénarès en 1945 et qu'elle avait succombé aux charmes d'un gourou du tantrisme. Elle était restée auprès de cet homme pendant plusieurs mois. Conduite scandaleuse, à l'époque, pour une Anglaise. Son mariage avec le capitaine avait pris fin peu de temps après, et elle était rentrée en Angleterre où elle avait eu toute une kyrielle d'amants. Elle était morte dans le Norfolk, où elle vivait seule, quelques semaines auparavant.

« Quelle histoire ! me dit Miss West. On dirait un

amalgame de *La Route des Indes* de Forster et des *Joyaux de la Couronne* de Paul Scott. Les lettres sont adressées à sa sœur cadette, et même si elles n'en font pas mention, je suis sûre qu'elle a eu une aventure avec ce gourou. Ces adeptes du tantrisme en connaissent un rayon côté érotisme, non ? Je parierais que les hommes avec lesquels elle a couché en Angleterre n'ont eu qu'à se féliciter de son expérience. »

Quelques mois plus tôt, pareilles remarques de sa part m'auraient terriblement gêné. Je me contentai ce jour-là de sourire.

Je me demandais si elle avait remarqué une différence dans mon comportement. J'inventais souvent une excuse quand elle me proposait de l'accompagner dans sa tournée de visites mondaines à travers la ville. J'acceptai un jour de me rendre à une soirée chez Sarah, mais je m'empressai de prétexter une indisposition dès que j'appris qu'un concert d'Anand était prévu au programme ce soir-là.

« Vous n'avez pas l'air dans votre assiette. Qu'est-ce qui ne va pas ? » me demandait-elle souvent, tandis que je regagnais ma chambre après une longue soirée mélancolique passée sur les *ghats*. Elle me questionnait sur mon séjour à Mussoorie avec Catherine : le maharadjah, me dit-elle, n'avait pas fait allusion à ma présence quand il lui avait raconté notre repas à son hôtel. Elle était surtout curieuse de savoir ce qui s'était passé lors de notre escapade improvisée à Kalpi. Y avait-il un hôtel dans le village ? Quel genre de chambre avions-nous ? Pour une personne ou pour deux ?

Elle n'avait pas posé ce genre de questions à Catherine, je le savais. Soupçonnait-elle quelque chose ? Je n'aurais su le dire.

Mais bientôt arriva la fête de Shiva, et c'est alors que je faillis me trahir.

*

Dans le calendrier de Bénarès, Shivaratri occupe une place à part. Des millions de pèlerins envahissent la ville ce jour-là pour sacrifier au bain rituel dans le Gange ; et c'était pour assister à leur défilé coloré en fin d'après-midi dans les rues et les ruelles de la vieille ville que j'avais donné rendez-vous à Catherine et à Miss West sur le *ghat* Dashashvmedh.

J'arrivai en haut des escaliers du *ghat* un peu avant l'heure prévue. Je me souviens que c'était un jour radieux, une de ces journées de mars dont les matins piquants, les ciels d'un azur tendre, les doux après-midi caressés de soleil et les longs crépuscules indigo sont les derniers présents que nous laissent en partant les dieux du printemps avant d'être brutalement déposés en avril par les esprits malveillants de l'été. Tout autour de moi se pressait une foule de pèlerins, sans un pouce de terrain libre à l'horizon, pèlerins qui se déversaient de toutes parts dans l'artère principale, sortant de chemins étroits et de ruelles labyrinthiques ; pèlerins tenant dans leurs mains, qui des soucis, qui des hibiscus rouges, leurs plateaux de cuivre ou de fer couverts de *diyas* allumées, de douceurs et de poudre vermillon ; pèlerins vêtus de saris roses ou violets, de soie chatoyante ou de coton usé jusqu'à la corde, coiffés de turbans rouges ou blancs ; pèlerins enveloppés de tuniques ocre ou complètement nus – *sadhus* du Nagaland barbouillés de cendres, les cheveux collés, leurs tridents luisants à la main et leurs longs pénis flasques se balançant au rythme de leur marche en direction du *ghat*. Les pèlerins étaient partout, qui scandaient des slogans à la gloire de Shiva et descendaient les marches jusqu'au fleuve, passant devant les vendeurs d'huile de coco et de fleurs, les vaches aux grands yeux tristes et les prêtres gras sous leurs ombrelles en paille, et jetant des pétales de rose au-dessus de leur tête, en direction des singes, silencieux et attentifs, assis en équilibre sur les poteaux électriques.

C'est de cette foule qu'émergea soudain Miss West, lunettes de soleil sur le nez, chapeau de paille sur la tête, vêtue d'une *kurta* jaune pâle et de jeans, le visage rouge d'une excitation qui n'était pas le seul fait de l'environnement : elle connaissait le spectacle par cœur pour y avoir souvent assisté. En l'occurrence, elle avait de nouvelles histoires à me raconter sur le compte des amis de Catherine. Celle-ci tenait bien trop à eux pour accepter de me faire des révélations quant à leurs mésaventures en Inde. En revanche, elle était beaucoup moins inhibée avec Miss West, laquelle trouvait ces histoires tout à la fois délicieusement drôles et tristes et s'empressait de me les rapporter par le menu.

Elle adorait les commérages. Une étrange fascination alluma son regard dès qu'elle commença à me conter son histoire, tandis que la foule s'écoulait bruyamment autour de nous.

Claire, la jeune fille avec laquelle j'avais eu une discussion à propos d'Evelyn Waugh, était rentrée de l'Orissa, se plaignant amèrement de s'être fait accoster à tous les coins de rue par des voyous qui ne cessaient de lui faire des propositions obscènes. Elle s'était également fait voler son appareil photo et son couteau suisse par son hôte, un homme d'apparence pourtant honnête, à Ahmedabad. À Pondichéry, Pierre – dont Miss West disait qu'il était à la recherche d'expériences mystiques – avait été réveillé en pleine nuit par son hôte, un Tamoul qui parlait couramment le français, qui lui avait offert en guise de dot pré-maritale la virginité de sa fille nubile. Deirdre, une jeune femme que Catherine connaissait par l'intermédiaire d'une autre amie et qui vivait mal son obésité, avait épousé de manière tout à fait inattendue un jeune homme qui faisait de l'import-export dans le Rajasthan : il était incapable de prononcer son nom et l'appelait Didi. Quant à Danielle, bouddhiste theravada convaincue, elle avait eu une aventure amoureuse avec un jeune Tibétain au cours d'une « retraite » à Bodhgaya, avant de plier bagage en toute hâte quand il s'était mis à lui parler de la vie merveilleuse qui les attendait tous les deux en France.

D'où j'étais, j'avais une vue très dégagée des alentours. Je savais que, même dans une foule aussi dense, je n'aurais aucun mal à repérer Catherine, mais je ne la voyais nulle part. Écoutant à peine Miss West, je commençai machinalement à remarquer certaines choses autour de moi : la cabine téléphonique installée en toute hâte, fraîchement peinte, mais dépourvue d'appareil ; les fautes d'orthographe et les solécismes sur les affichettes aux couleurs vives vantant les mérites de l'huile Keo Karpin pour les cheveux et décorant les lampadaires et les fanions qui s'agitaient mollement sur leurs fils ; les gendarmes ventrus jouant de leurs *lathis* pour permettre à une personnalité importante de se frayer un chemin à travers la foule.

Quelques minutes s'écoulèrent encore, et je commençai à m'impatienter. L'heure du rendez-vous arriva, puis fut bientôt passée. Quatre heures, quatre heures dix, quatre heures vingt, quatre heures trente. La grande aiguille tournait avec une lenteur torturante.

J'interrompis Miss West pour lui demander si elle connaissait la cause du retard de Catherine. Mais elle l'ignorait, et apparemment ne s'en souciait guère, puisqu'elle reprit aussitôt le fil de son récit.

Je commençais à me demander ce qui avait pu lui arriver. Des visions toutes plus grotesques les unes que les autres dansaient devant mes yeux : un accident de *rickshaw*, un amalgame de métal et de caoutchouc déchiqueté, des témoins indifférents. Les manchettes des journaux locaux et leurs horreurs habituelles me revenaient en mémoire : enlèvements en plein jour, viols, meurtres, criminels en fuite. Mais où pouvait-elle bien être ?

À cinq heures, les gens continuaient d'arriver, et c'est avec angoisse que je regardais déferler chaque nouvelle vague de visages joyeux et inconnus.

Miss West n'avait toujours pas terminé l'histoire de Danielle. Refusant d'être abandonné à son triste sort, son amant tibétain l'avait suivie jusqu'à Katmandou, sans se séparer d'un couteau au manche en bois grossièrement sculpté, qu'il avait fini par lui appliquer sur la gorge un beau matin dans sa chambre d'hôtel, demandant réparation pour l'humiliation et le ridicule dont il avait eu à souffrir : il avait déjà promis à ses compatriotes de leur envoyer de Paris des T-shirts Disney et des jeans. Elle avait dû se défaire de pas mal d'argent avant de voir s'éloigner la menace du couteau.

« D'après Catherine, dit Miss West, la pauvre fille a encore une cicatrice. À l'heure qu'il est, elle doit avoir du mal à en expliquer l'origine à ses amis parisiens. » Puis elle ajouta sans transition : « Regardez. La voilà ! Voilà notre Catherine ! »

Elle désignait le fleuve du doigt. Catherine était venue en barque, et non à pied comme elle avait d'abord pensé le faire.

Je la vis payer le batelier. Après le bref marchandage de rigueur, ce dernier repartit, satisfait. Catherine se mit alors à marcher dans notre direction.

Disparaissant momentanément derrière les ombrelles en paille et les tourbillons des saris, elle réapparut à mi-chemin, nettement reconnaissable au milieu de la foule grâce à sa haute taille, ses cheveux bouclés et son pas long et élastique ; elle dépassait les baigneurs qui rentraient maintenant, leurs vêtements mouillés enroulés autour des épaules et des bras. Le blanc de sa *kurta* sans manches dansait dans le jour déclinant.

Elle nous aperçut et nous fit un grand geste de la main. Elle était proche maintenant, elle montait les marches glissantes jonchées de fleurs, passait devant le marchand de cuivres, et enfin je la vis tout entière : la peau blanche de ses bras nus était légèrement ambrée, ses cheveux bouclés ondulaient doucement dans son dos, et sa bouche était entrouverte, semblant déjà prête à répandre excuses et explications. Dans un ultime effort, elle franchit les dernières marches pour se retrouver devant moi, essoufflée, bafouillant et gesticulant, tandis que j'essayais d'écouter et de comprendre, mais en vain, ne réussissant qu'à produire de faibles hochements de tête en réponse à son flot de paroles. J'avais l'impression que quelqu'un avait coupé le son et que le *ghat* grouillant disparaissait dans un épais brouillard.

Tandis que je restais planté là, incapable du

moindre geste, je pris soudain conscience du regard de Miss West sur moi.

Elle me dévisageait sans doute depuis un moment, partagée entre curiosité et incrédulité.

Quand nos regards se croisèrent, elle détourna le sien, et c'est de profil que j'aperçus son petit sourire en coin, ce sourire qui me parut indéchiffrable sur le moment mais qui, avec le recul, trahissait, me semble-t-il, autant d'amertume que de bienveillance.

5

Rajesh réapparut à la bibliothèque un après-midi après une éclipse de dix jours.

Ces absences répétées du campus me semblaient bizarres, mais jamais il ne me disait où il allait. À l'entendre, il s'agissait d'affaires urgentes.

Quel genre d'affaires ? La question ne laissait pas de m'intriguer, mais je n'osais la lui poser.

Cet après-midi-là, Rajesh me dit qu'il s'apprêtait à aller rendre visite à sa mère, qui vivait dans un village à une soixantaine de kilomètres à l'ouest de Bénarès. Il ajouta que, si je voulais, je pouvais l'accompagner.

Ce genre d'invitation n'était pas dans ses habitudes ; et ce n'est pas sans une certaine gêne qu'il me proposa de l'accompagner, évitant de me regarder, et donnant l'impression que je lui enlèverais un grand poids si je déclinais d'emblée son invitation.

Ce que je faillis faire. Je ne connaissais pas grand-chose des antécédents de Rajesh, et, ces derniers mois, je m'étais dit à plusieurs reprises que j'aurais bien aimé en savoir davantage. Mais mon intérêt pour lui, comme pour beaucoup d'autres choses, s'était grandement atténué depuis mon retour de Kalpi. J'avais bien d'autres sujets de préoccupation, et ma première réaction fut donc de refuser.

C'est au moment où je m'apprêtais à trouver une excuse que me traversa soudain la pensée déprimante d'une nouvelle soirée solitaire sur les *ghats*, et je changeai d'avis.

C'est ainsi que, par un matin de mars inhabituellement froid et brumeux, nous quittâmes Bénarès à bord de la navette ordinairement vide qui, tirée sur une voie étroite par une vieille locomotive à vapeur, reliait à cette époque Bénarès à Allahabad. Le journal que j'avais acheté à la gare faisait mention de récentes chutes de neige dans la chaîne de l'Himalaya, et, aussitôt, je pensai à Kalpi, imaginant le village bloqué par les neiges, le *chokidar* s'enivrant à mort dans sa cabane, le *sadhu* du temple poursuivant sereinement sa petite vie tranquille.

Un vent froid, chargé d'escarbilles, entrait par les fenêtres à barreaux, tandis que le train, soufflant et ahanant, traversait une plaine interminable. Le fracas des roues rendait impossible toute conversation au-delà de quelques minutes, et nous nous étendîmes sur les banquettes en bois, enveloppés des pieds à la tête dans les grossières couvertures militaires qu'avait apportées Rajesh, regardant défiler par la fenêtre des champs de chaume qui s'étendaient jusqu'à l'horizon noyé dans les arbres, ou monter des volutes de fumée paresseuse dans le ciel au-dessus de lugubres lotissements de maisons en torchis et de constructions en briques inachevées.

Un vendeur de thé, coiffé d'une casquette dont les rabats lui couvraient les oreilles, n'arrêtait pas d'arpenter les couloirs. Chaque fois qu'il passait devant nous, il nous lançait un regard interrogateur. Rajesh finit par l'appeler, s'adressant à lui dans un dialecte local que je n'avais jamais entendu dans sa bouche auparavant; mais le thé parfumé à la cardamome sembla se refroidir dès qu'il eut retiré la bouilloire de son minuscule brasero pour verser le breuvage dans des verres.

Rajesh se redressa et enfila en toute hâte ses tennis au moment où le train s'arrêtait au milieu de grincements stridents dans une petite gare en tous points semblable à toutes celles que nous venions de traverser. Le quai était désert; la gare elle-même avait un toit rouge, et des volutes de bougainvilliers s'échappaient de paniers en bois accrochés le long de la façade. À l'extérieur, sur une sorte d'esplanade jonchée de crottin de cheval, trois *tongas* attendaient, quelques chiens pouilleux et efflanqués tournant autour des chevaux immobiles.

Rajesh me fit savoir qu'il nous restait encore un trajet d'une demi-heure en *tonga* avant d'arriver.

La vue se dégagea dès que le véhicule quitta l'esplanade, les sabots du cheval résonnant sur le ciment, sa longue queue rêche lui battant la croupe. De chaque côté de la route s'étendaient des champs de moutarde, séparés en carrés compacts par de petites levées de boue séchée, sur lesquelles des paysans, minuscules silhouettes se détachant sur l'immensité de la plaine, avançaient en files bien ordonnées. L'eau giclait en jets épais de tuyaux en caoutchouc et se précipitait dans d'étroits canaux qui la distribuaient dans les champs. L'asphalte de la route s'effritait sur les bords, comme rongé par les termites, et notre *tonga* tanguait dangereusement chaque fois qu'un véhicule plus gros et plus rapide – le plus souvent un *tempo* à l'avant écrasé – l'obligeait à rouler sur le bas-côté poussiéreux et plein d'ornières. Depuis notre siège à l'arrière, sous la capote, nous regardions le véhicule disparaître en gémissant sur la route bordée d'arbres et la poussière monter du sol et tourbillonner lentement avant d'éclater en une myriade de points lumineux dans le soleil.

*

Des plantations de manguiers commencèrent à apparaître. Les feuilles des arbres les plus proches de la route étaient couvertes d'une épaisse couche de poussière. Puis, dans de petites clairières, quelques constructions firent leur apparition : petits cubes de brique crue et maisons de torchis avec de grandes cours sur le devant où des hommes somnolaient dans des hamacs ; entrepôts frigorifiques ; minuscules échoppes aux volets clos. Des femmes au teint bistre, le torse nu, étaient accroupies sur le sol devant des cabanes au toit de chaume, occupées à former des pavés de bouse séchée, dont certains, alignés le long de la route, formaient de petits igloos. Quelques enfants à moitié nus, le ventre distendu, couraient en tous sens, criant à tue-tête.

Au bout d'une de ces rangées de constructions identiques se trouvait la maison de la mère de Rajesh, une unique pièce dont les murs sans badigeon laissaient voir la brique. Les enfants se turent brutalement en voyant s'arrêter la *tonga.* Quand nous descendîmes, ils vinrent s'agglutiner autour de nous, la bouche ouverte, l'œil agrandi par la curiosité.

La sous-nutrition avait donné une couleur rouille à leurs cheveux. La morve blanche qui leur coulait du nez tranchait sur leur peau sombre. Je regardai Rajesh, m'attendant à une réaction de sa part, mais son visage resta inexpressif tandis que nous nous dirigions vers la maison. Les enfants nous suivaient. L'un d'eux tendit la main pour toucher ma *kurta* en *khadi.* Quand je baissai la tête, ce fut pour voir la peur le disputer à la curiosité dans ses yeux écarquillés.

La porte, dont le chambranle était voilé et entaillé par endroits, nous fut ouverte par la mère de Rajesh, une toute petite femme à l'air ratatiné, au teint clair, vêtue d'un sari blanc de veuve, dont elle ramenait un pan sur la tête, comme une sorte de voile. Il y avait quelque chose de fiévreux dans son visage buriné, qui évoquait une vie de luttes et de combats incessants. Sur le moment, je ne remarquai pas de ressemblance entre la mère et le fils ; ce n'est qu'un peu plus tard que je me rendis compte que Rajesh avait hérité de ses yeux, qui d'ordinaire exprimaient l'incertitude mais qui se remplirent d'étonnement quand elle vit que son fils était accompagné.

Mais quand Rajesh m'eut présenté comme un camarade d'université, elle se fit soudain très accueillante et, d'une révérence courtoise, m'invita à entrer dans la pièce.

Après la lumière crue du matin, la pièce, haute de plafond, me parut sombre et humide. Il n'y avait qu'une seule fenêtre, et elle était fermée. Dans un coin, séparée du reste par un mince sari tissé à la main, se trouvait la cuisine. Le mur y était noir de suie, et, à même le sol mouillé, quelques ustensiles en cuivre luisaient d'un faible éclat. Dans un autre angle, il y avait un lit de camp sous lequel était poussée une malle en métal mangée par la rouille. Sur les murs, des calendriers religieux violemment colorés : un Shiva bienveillant, un Rama aux lèvres vermillon aux pieds duquel se tenait Hanuman dans sa posture habituelle, mains jointes et tête baissée.

J'étais troublé, autant par la bande d'enfants à moitié nus piaillant au-dehors que par l'inconfort de la pièce. À voir vivre Rajesh à Bénarès, jamais je n'aurais soupçonné semblable pauvreté. Je me doutais qu'il n'était pas riche, mais on aurait pu en dire autant de presque tous les étudiants de l'université.

Rajesh, qui s'était fait de plus en plus silencieux au fur et à mesure de notre trajet, quitta la pièce tandis que sa mère s'affairait à préparer le petit déjeuner. Mal à l'aise sur une chaise de paille au dossier incroyablement raide, je m'efforçai de faire la conversation. Il nous fallait nous égosiller pour arriver à dominer les sifflements du poêle à pétrole.

Ce n'était guère facile d'exprimer la sympathie sur un mode aussi haut perché, et c'est pourtant bien là ce que cette femme attendait de moi quand elle commença à me raconter son passé.

Quinze ans auparavant, alors que Rajesh était encore enfant, elle avait perdu son mari ; peu de temps après, ses beaux-parents, riches propriétaires terriens, avaient commencé à la harceler. Ils l'avaient expulsée de la maison dans laquelle elle avait toujours vécu avec son époux et avaient refusé de lui rendre la petite dot qu'elle avait apportée. Ses parents étaient morts, ses frères trop pauvres pour lui venir en aide. Il ne lui restait plus que son fils, lequel n'avait pas eu la vie facile : il avait travaillé dès l'âge de treize ans, d'abord dans les champs de maïs, puis dans une fabrique de tapis à Bénarès, où il s'était inscrit à des cours du soir et avait si bien réussi qu'il avait fini par entrer à l'université.

Finalement, les années avaient passé tant bien que mal, et elle n'aurait pas eu trop à se plaindre, maintenant, si elle ne s'était pas fait tant de souci pour Rajesh. Elle le voyait dans une impasse, sans aucune perspective d'avenir : tous les emplois dans l'administration allaient désormais aux gens de basse extraction. Non seulement son fils n'appartenait pas à la bonne caste, mais il n'avait aucune relation et il était bien trop fier pour accepter de travailler pour des boutiquiers ou des hommes d'affaires des castes inférieures.

Sa voix s'était teintée de mépris. Un mépris que je connaissais bien pour l'avoir déjà rencontré, et qui venait du sentiment exacerbé de se croire au-dessus des autres castes et des autres races parce qu'on est brahmane. Rajesh lui-même n'était pas étranger à ce sentiment, lequel, dans son cas, était inséparable de la conviction coupable de n'avoir pas respecté les anciennes valeurs. « Je suis brahmane, l'avais-je entendu dire un jour, mais j'ai fait des choses qu'un vrai brahmane ne ferait jamais. »

Mais ce n'est pas ce qui me vint à l'esprit sur le moment. J'étais bien trop choqué par ce que la mère de Rajesh venait de m'apprendre sur son compte. Je connaissais si peu de choses de son passé ! De son travail dans les champs de maïs et les fabriques de tapis, j'avais toujours tout ignoré. J'avais, certes, entendu parler de ces fabriques quand les journaux avaient rapporté que certaines organisations de défense des droits de l'homme avaient exigé du gouvernement l'interdiction du travail des enfants. La presse avait publié des photos d'enfants aux grands yeux effrayés dans des ateliers mal éclairés, avec, en toile de fond, leurs superbes broderies. J'avais bien lu les articles qui les accompagnaient mais je m'étais empressé d'oublier toute l'histoire.

Imaginer Rajesh sous les traits d'un de ces enfants, c'était réduire la distance que je mettais habituellement entre moi et les cruelles réalités de l'Inde rurale, dont on faisait de temps à autre état dans les journaux avant de les remplacer par d'autres, tout aussi cruelles et tout aussi éphémères. C'était regarder en face, si brièvement que ce fût, la vérité du monde qui m'entourait.

Ce fut un Rajesh différent à mes yeux qui réapparut dans la pièce. Derrière le masque impénétrable de son beau visage, je lisais maintenant les souvenirs torturés d'une enfance malheureuse. L'instabilité que j'avais décelée en lui et qui m'avait effrayé en maintes occasions m'apparaissait désormais comme une conséquence naturelle de son passé.

Mais cette impression se dissipa bientôt. Rajesh disposa de petits sièges en bois sur le sol, et sa mère nous servit des *parathas* fumantes avec des mangues au vinaigre dans de grands *thalis* en cuivre.

Elle ne mangea pas avec nous, prétextant qu'il était trop tôt pour elle. Elle étendit un sac de jute par terre et s'assit dessus, jambes croisées, puis elle resta à nous regarder manger, prompte à nous proposer davantage de *parathas* et à remplir d'eau nos gobelets de métal.

Elle multipliait les excuses pour la pauvreté de son hospitalité. À un moment, elle me questionna sur mes projets d'avenir, me demandant si j'avais l'intention de présenter le concours de l'administration.

Elle ne dit pas grand-chose à son fils, c'est à moi qu'elle adressa l'essentiel de ses remarques. Quand, le petit déjeuner terminé, je dis que je sortais me promener, c'était pour les laisser seuls un moment.

*

Les gamins, dont les cris m'avaient poursuivi jusque dans la maison, s'étaient un peu calmés quand je franchis le seuil pour retrouver la vive lumière du jour. Formant un petit groupe compact, ils guettaient le passage des véhicules sur la route. En m'entendant approcher ils me jetèrent un coup d'œil rapide, mais, dès que je croisai leur regard, ils se détournèrent pour reporter leur attention sur la route.

Je refis le chemin que nous avions emprunté pour venir et arrivai bientôt au bout de la rangée de maisons en forme de petits cubes. Là, des cabanes de boue séchée bordaient la route, et on voyait dans les cours des buffles attachés et des femmes préparant le repas de midi au-dessus de feux où brûlaient des pains de bouse, l'écume jaune et fumante du *dhal* débordant des casseroles frémissantes.

Bientôt, les cabanes disparurent, pour laisser place aux manguiers. J'avais à peine pénétré dans la plantation que me parvinrent des glapissements accusateurs assourdis par la masse des arbres.

M'enfonçant plus avant, je vis, dans une clairière abritée de la route, cinq ou six enfants qui jouaient au cricket. La balle était en caoutchouc et faisait de grands rebonds ; un rectangle soigneusement dessiné dans l'écorce d'un arbre faisait office de guichet ; quant à la batte, tout aussi improvisée, elle ressemblait assez à ces battoirs en bois qu'utilisent les laveurs de linge sur les *ghats* de Bénarès.

Les enfants étaient tellement absorbés par leur jeu que c'est à peine s'ils remarquèrent ma présence. Leurs voix perdirent de leur intensité tandis que je m'enfonçais dans la plantation, sur un sentier semé de cailloux qui zigzaguait entre les arbres pour finir par se confondre en un seul cri indistinct.

Bientôt, ce ne fut plus que silence autour de moi, sans autre bruit que celui de mes pas faisant crisser les graviers du sentier. Les arbres au feuillage dense formaient au-dessus de ma tête une voûte épaisse mais ils étaient dépourvus de fruits, puisque le début de la saison était encore loin. Quelques rayons égarés filtrant au travers des feuilles dessinaient de petites taches de lumière sur le sol tapissé de feuilles mortes et d'herbes folles.

Je marchais depuis déjà un moment quand je m'arrêtai pour réfléchir plus à mon aise. Le cours de mes pensées, un instant diverti par ces révélations inattendues au sujet de Rajesh, était revenu à Catherine. La crainte de n'avoir été pour elle qu'une banale source de réconfort au moment où elle connaissait des difficultés avec Anand m'avait déjà traversé l'esprit à plusieurs reprises les jours précédents. J'avais même commencé à me demander si les heures que nous avions passées ensemble ne lui avaient pas simplement servi à se libérer de ses angoisses.

À force de tourner et de retourner cette idée dans ma tête, face à ces vieux arbres muets dont les racines grossières se tordaient sur le sol, je sentis une pesante léthargie m'étreindre à nouveau.

J'étais là depuis quelques minutes, avec pour seul bruit le rythme régulier de ma respiration, quand j'entendis, d'abord à peine perceptible, puis bientôt plus clair, un tintement de cloches. Je reconnus aussitôt le son pour l'avoir bien souvent entendu dans les ruelles de Bénarès : des vaches passaient non loin de moi. Ces bêtes étaient si nombreuses à errer dans les rues que le tintement retentissait continûment. Avec celui des conques et des cloches des temples, c'était l'un des bruits les plus familiers de la vieille ville.

Loin de la cité, au cœur de cette plantation et des manguiers silencieux, ces cloches prenaient une tout autre résonance. À mesure qu'elles se faisaient plus distinctes, elles me semblaient rendre un son plus profond, mélodieux, presque méditatif, évocateur de temps anciens et oubliés.

Bientôt, je vis apparaître les vaches sur l'étroit chemin, pressées les unes contre les autres et soulevant un nuage de poussière derrière elles. Elles se rapprochèrent et je m'écartai pour les laisser passer.

De longues cornes pointues se dressèrent, menaçantes, l'espace d'un instant, tandis que les bêtes m'examinaient de leurs grands yeux limpides, avant de baisser à nouveau la tête modestement et de poursuivre leur chemin nonchalant.

C'est au moment où la dernière du troupeau passa devant moi que j'aperçus le garçon.

Entièrement masqué par les vaches et leurs croupes ondulantes, il avait été là tout le temps que j'avais passé à les observer. Il habitait sans doute une des cabanes devant lesquelles j'étais passé quelques minutes plus tôt et où se préparait le repas de midi. Il ne semblait pas avoir plus de dix ans, même dans son short trop grand pour lui, qui lui descendait bien en dessous du genou.

Son gilet à manches courtes qu'il portait par-dessus son short exposait ses bras maigres et fragiles. Il tenait un petit bâton dans l'un de ses poings fermés, et, dans ses grands yeux bruns écarquillés sous la mèche rebelle qui lui barrait le front, se lisait la terreur à l'état pur.

Il me dévisagea un bref instant avant de détourner vivement la tête, son bâton pressé contre sa cuisse, les yeux braqués vers le sol, comme ses bêtes, et, en le regardant s'éloigner, en regardant son dos mince soulevé par la peur et le doute, tandis que le bruit des cloches s'évanouissait lentement dans le lointain, je me sentis envahi d'un inexplicable sentiment de désolation.

Je restai quelques minutes encore à l'endroit où je m'étais arrêté pour laisser passer le troupeau.

Le silence retomba bientôt. Mais l'atmosphère n'était plus la même ; le charme était rompu. Et au moment de faire demi-tour pour rentrer, je me rendis compte que le moindre de mes pas me pesait.

Et pourtant, je pressai l'allure. Une fois sur la route, j'aperçus à nouveau le troupeau, qui, en pleine lumière maintenant, avait retrouvé la banalité du quotidien. Je ne vis pas le gamin, mais ne m'attardai guère avant de poursuivre mon chemin, repassant devant les maisons de boue séchée, au milieu des gosses à demi nus, saisis à ma vue d'un regain de curiosité.

*

Dans le train qui nous ramenait à Bénarès – après une course en *tonga* éreintante à travers les champs vides –, Rajesh rompit son silence pour me dire qu'il avait lu *L'Éducation sentimentale*, et que c'était là une histoire qu'il connaissait bien.

« *Yeh meri duniya ki kahani hai. Main in logon ko janta hoon* », me dit-il en hindi, d'une voix plus forte qu'à l'habitude pour arriver à couvrir le fracas du train.

« C'est l'histoire de ma vie. Je connais bien ces gens, poursuivit-il, avant de me lancer un regard dur et d'ajouter en anglais : Et ton héros, Edmund Wilson, lui aussi, les connaît bien. »

Je m'étais habitué à son silence, qui me permettait de penser à autre chose et, par ailleurs, j'avais presque oublié lui avoir prêté *L'Éducation sentimentale* et l'essai d'Edmund Wilson.

Rajesh me regardait toujours. « *Achcha*? Vraiment? » finis-je par répondre, ne sachant trop que dire.

En fait, je trouvais la chose plutôt étonnante. C'était à n'y rien comprendre : qu'est-ce qu'un étudiant d'une université indienne de province de la fin des années 80 pouvait bien avoir en commun avec Frédéric Moreau ou l'un des membres de cette génération perdue du Paris du XIXe siècle ?

Rajesh continuait à me défier du regard, comme s'il s'attendait à ce que je réagisse à sa déclaration et que je lui demande, entre autres, de m'expliquer la teneur de sa remarque sibylline sur le roman de Flaubert. Mais je ne dis rien, troublé que j'étais par les fenêtres qui s'étaient ouvertes de façon si inattendue sur son passé. Je n'avais pas su comment réagir à ces révélations, et l'embarras que j'en éprouvais bloquait l'admiration que j'aurais pu ressentir pour lui et pour le difficile parcours qui l'avait mené des champs de maïs jusqu'à l'université. De toute façon, ce que je pensais de Rajesh n'occupait qu'un petit compartiment à part dans mon esprit et n'avait aucun rapport avec mes préoccupations majeures du moment, autrement dit les doutes que je nourrissais quant à mes relations avec Catherine.

Dans les champs qui s'assombrissaient commençaient à apparaître de petites lueurs jaunes. Des braises rouges volaient devant la fenêtre de notre compartiment. Loin devant nous, masqué de temps à autre par les jets de fumée noire que crachait la locomotive, un scintillement doré sur l'horizon annonçait Bénarès.

6

Le télégramme m'attendait quand je rentrai de la gare. Il était bref : *PÈRE GRAVEMENT MALADE. PRÉSENCE RÉCLAMÉE DE TOUTE URGENCE.* Il avait été expédié deux jours auparavant et il était signé par une femme du nom de Deepa.

C'était un message de Catherine que j'avais espéré trouver. Nous avions projeté de nous voir le lendemain, et cette rencontre avait occupé toutes mes pensées pendant le trajet en *rickshaw* depuis la gare. Mais elle ne s'était pas montrée de la journée. C'est Miss West qui me le fit savoir, le regard toujours aussi inquisiteur, à l'affût d'un changement d'expression radical sur mon visage. La déception me poussa, dans un premier temps, à mettre le télégramme de côté, comme j'avais déjà mis de côté, pour finalement ne pas y donner suite, la première lettre m'informant de la maladie de mon père.

Mais un peu plus tard dans la nuit, je me réveillai en proie à l'angoisse et à la culpabilité. L'irréparable s'était-il produit ? Les mots « gravement malade » relevaient-ils d'un euphémisme délibéré, comme souvent en pareil cas, de la part d'un expéditeur prudent ? Mon père était-il déjà mort ? Je restai éveillé pendant un bon moment, imaginant le pire et repensant à cette autre mort, celle de ma mère, qui m'avait vu arriver trop tard.

La décision ne fut pas facile à prendre. Je ne savais pas au juste combien de temps il me faudrait rester à Pondichéry. Mais il y avait de fortes probabilités que je sois dans l'incapacité de revenir avant fort longtemps à Bénarès pour renouer avec la vie exaltante que j'y avais menée.

Au matin, ma décision était prise. Je ne pouvais différer plus longtemps mon départ de cette ville, qui, de toute façon, allait perdre l'essentiel de son attrait pour moi une fois que Catherine l'aurait quittée. Assailli de remords, je ne pouvais m'empêcher de penser que j'aurais dû faire mes bagages dès réception de la première lettre, le jour où j'étais rentré de Kalpi.

C'est une Miss West compatissante qui demanda à son agence de voyages de s'occuper de mon billet de train pour le lendemain. Il n'y avait plus de places en seconde classe. Il me faudrait donc voyager en première climatisée. Ne disposant pas de la somme nécessaire, je fus dans l'obligation inconfortable de demander à Miss West de m'avancer l'argent.

Elle ne fit aucune difficulté.

« Ne vous faites pas de souci, me dit-elle. Vous me rembourserez quand vous pourrez. »

Je n'avais rien d'urgent à régler. Je descendis les livres de leurs niches, là où, quand j'étais arrivé, se trouvaient les petites figurines en argile de Rama et Krishna barbouillées de vermillon, et en fis un paquet avec du papier journal. Je rentrai les vêtements que j'avais mis à sécher sur la terrasse. Donnai un coup de balai dans ma chambre, réglai tous mes comptes avec la femme de Panditji, et emballai mes possessions dans deux sacs. J'en avais terminé avec mes préparatifs, et il me restait encore pratiquement une journée entière et toute une nuit à tuer.

J'allai jusqu'à la bibliothèque, où je m'assis un moment à mon bureau habituel, regardant par la fenêtre le bout de pelouse et les grands arbres sombres qui la bordaient. Les couloirs résonnaient de l'écho des voix des ouvriers en train de repeindre les murs. Dans la salle de lecture, les étudiants jouaient en silence au rami, les coudes plantés sur la table, les yeux rivés sur les cartes. Les filles, quant à elles, la joue toujours appuyée sur leurs paumes ouvertes, continuaient à tracer, de leurs longs doigts aux ongles vernis, leurs initiales sur les bureaux en bois.

J'allai me promener sur les *ghats*, en proie à des émotions contradictoires. La pensée, obsédante, d'avoir à me séparer de Catherine rouvrait sans cesse la même blessure, mais, d'un autre côté, je me sentais soulagé à l'idée de partir, de pouvoir enfin mettre un terme à des mois de futilité et de souffrances. Je me disais qu'une nouvelle vie s'ouvrait à moi, et ce sentiment, où se mêlaient tristesse et optimisme forcé, me coupait du monde qui m'entourait : bateliers en train de bavarder, enfants jouant à la marelle, joueurs d'échecs, vieillards plongés dans la contemplation du fleuve miroitant, Bénarès enfin, profilant ses palais, ses temples et ses bûchers funéraires sur les lointains brumeux... J'avais l'impression de les avoir déjà quittés.

Plus tard dans l'après-midi, je rentrai à la maison.

« Non, non, me dit Miss West dès qu'elle m'aperçut. Catherine n'est pas venue. »

Saisi d'une sensation de vide et de vertige, je pris un *rickshaw* pour me rendre chez Catherine. En chemin, je m'imaginai en train de tomber sur Anand et m'inquiétai de ce que je pourrais bien trouver à lui dire. Aurais-je le front, en sa présence, de demander à Catherine si je pouvais la voir quelques minutes en privé avant mon départ ?

Mais il n'y avait personne. Un cadenas rouillé pendait à la porte menant à l'escalier. Le *sadhu* aux mèches collées me regarda d'un œil indifférent tandis que je griffonnais un message annonçant mon départ imminent.

En rentrant chez moi par les *ghats*, j'aperçus Rajesh. Je l'avais vu la veille, mais la visite que nous avions faite ensemble à sa mère et les souvenirs que je gardais de cette journée me semblaient déjà appartenir à un passé très lointain. Je n'avais pas pensé à lui une seule seconde depuis que j'avais reçu le télégramme de Pondichéry.

Je l'aperçus depuis le haut des marches descendant vers le fleuve. Il portait un pyjama *kurta* blanc et il avait une pastille vermillon au front. Je me demandais ce qu'il faisait là quand je me rappelai soudain que nous étions mardi, jour qu'il consacrait au jeûne et à la prière dans un temple d'Hanuman, non loin d'ici. Il était avec un jeune étudiant, dont le visage me parut familier. Peut-être un de ceux qui traînaient toujours à sa suite.

D'où j'étais, je pouvais entendre ce qu'il disait. Il était lancé dans un de ces bizarres monologues didactiques dont il était coutumier. Je le vis pointer le doigt en direction des étendues vides de sable et de broussailles de l'autre côté du fleuve.

« Ça, disait-il, accentuant soigneusement toutes les syllabes, c'est *sunyata*, le néant. Et ça, poursuivit-il en montrant l'entassement des temples et des maisons vers le nord de la ville, c'est *maya*, l'illusion. Sais-tu la tâche qui nous incombe ? demanda-t-il à l'étudiant, qui secoua la tête en signe de dénégation. Notre tâche, c'est de vivre quelque part entre les deux. »

L'autre avait l'air tour à tour abasourdi et terrifié. Je songeai un instant à me joindre à eux mais renonçai vite à l'idée. Rajesh n'avait jamais été un compagnon de tout repos, et j'étais dans un état d'esprit où la rencontre la plus banale devient une véritable épreuve.

Quand je rentrai, Panditji finissait tout juste ses leçons du soir. Une fois que les derniers étudiants eurent quitté la pièce pour aller fumer leur opium sur la terrasse, je lui annonçai mon départ. Il fut surpris et submergé par l'émotion quand je m'inclinai pour lui toucher les pieds. Il me bénit en posant sa main sur ma tête et en récitant un hymne en sanskrit, puis je montai à l'étage pour partager mon dernier repas avec Mrs. Pandey et Shyam.

Ce soir-là, ils m'observèrent avec une attention inhabituelle, essayant de déceler sur mon visage des signes d'inquiétude ou de chagrin. C'étaient des gens qui parlaient rarement et n'étaient capables que des émotions les plus frustes. Leur curiosité n'était pas malsaine, c'était leur manière à eux de m'exprimer leur sympathie. Quand je m'en rendis compte, je pris délibérément un air plus grave.

Catherine arriva au moment où je remontais dans ma chambre. Elle était venue sitôt après avoir trouvé mon message. Son visage était coloré par sa course dans l'escalier, elle me dit qu'elle avait passé la journée à courir les administrations avec Anand pour se procurer visas et billets d'avion. Ils s'envolaient dans une semaine : encore un départ précipité.

Elle ne s'excusa pas de ne pas m'avoir proposé un rendez-vous plus tôt dans la journée comme prévu. Elle était désolée d'apprendre que mon père était malade. Ses yeux et son attitude disaient assez qu'elle aurait voulu pouvoir m'en dire plus, mais nous n'étions pas seuls : Miss West était sortie de sa chambre pour lui dire bonjour. Catherine ne resta pas longtemps : elle devait rentrer le plus vite possible, car elle avait rendez-vous chez elle avec un employé de l'agence de voyages. Elle m'assura qu'elle viendrait me dire au revoir à la gare le lendemain.

Je passai une autre nuit blanche, retournant dans ma tête les pensées qui m'obsédaient depuis l'arrivée du télégramme et qui ne répondaient à aucun schéma précis, ne généraient aucune décision, se contentant de bouillonner en moi.

Le matin venu, je fis mes adieux à Miss West. Il était très tôt pour elle, mais elle avait insisté pour se lever et me voir partir. Elle était encore en robe de chambre, les cheveux emmêlés, et elle ne descendit pas jusqu'au *rickshaw* où Shyam avait déjà déposé mes sacs.

« Vous nous manquerez », me dit-elle, tout en me serrant dans ses bras. J'étais au bord des larmes.

Elle me glissa quelque chose dans la main au moment où je m'apprêtais à descendre l'escalier : c'était un CD emballé dans un papier cadeau, sans grand intérêt pour moi, puisque je n'avais pas de lecteur.

Mrs. Pandey et Shyam levèrent les yeux le temps de me saluer d'un signe de tête quand je passai devant eux. Quand j'entrai dans sa chambre, Panditji était allongé sur son lit, les yeux clos, le visage empreint de la plus grande béatitude. Je partis sans le réveiller.

Il ne me restait plus qu'un adieu à faire.

*

À la gare, comme d'habitude, le train avait du retard, et le plus grand désordre régnait : bagages en tas informes éparpillés sur le sol poussiéreux du quai, haut-parleurs mal réglés déversant des annonces incompréhensibles, kiosques à sandwichs avec leurs piles de *pakoras* huileux assaillis par des nuées de mouches, excréments nauséabonds en train de sécher sur les voies, et partout des visages épuisés et couverts de sueur sous des ventilateurs tournant à toute vitesse.

C'est de ce chaos qu'émergea tout à coup Catherine. Je la cherchais depuis un moment au milieu de la marée qui descendait une certaine passerelle, mais elle en avait choisi une autre, si bien que l'instant que j'attendais avec impatience depuis mon départ de la maison, l'instant de son arrivée sur le quai, manqua singulièrement de relief.

Elle était habillée avec un peu trop de recherche pour l'occasion : jupe cloche noire qui lui descendait jusqu'aux chevilles, chemisier de batiste d'un blanc éclatant et longues boucles d'oreilles en argent. Elle avait rejeté ses cheveux en arrière pour dégager son front et les avait ramenés au-dessus de sa tête en un gros chignon, qui dégageait la peau blanche et délicate de sa nuque. Les hommes se retournaient sur son passage ; du coin de l'œil, les femmes la regardaient avec une hostilité à peine voilée.

Le train devait arriver sur le même quai que celui où Anand nous avait fait des adieux maussades quand nous étions partis pour Mussoorie. Catherine dut s'en souvenir, car ses premiers mots furent :

« Anand est jaloux de toi, de mon amitié pour toi. Il m'a dit avoir eu peur que je tombe amoureuse pendant notre séjour à Mussoorie. Il a beaucoup souffert pendant notre absence... Il ne faisait rien de toute la journée. Il en était incapable. Il n'arrivait même pas à jouer du sitar, et restait couché des journées entières à fumer cigarette sur cigarette. »

La surprise me laissa sans voix. Je me rappelais très bien le piteux état dans lequel nous avions retrouvé Anand à notre retour de Kalpi. Mais je ne m'attendais guère à entendre parler de lui maintenant; cela ne cadrait pas avec mon humeur, avec l'émotion qui était montée en moi pendant le trajet jusqu'à la gare, avec le chagrin qui m'avait submergé et presque fait oublier l'angoisse dans laquelle me tenait l'état de mon père.

J'avais déjà perdu un peu de mon optimisme face à l'avenir, qui ne m'apparaissait plus que comme un pieux mensonge, et la tristesse qui m'envahissait tenait autant à l'obligation où j'étais de quitter Bénarès et, du même coup, Catherine, qu'à la réalité incontournable de notre séparation, de sa durée indéterminée, des destinées aléatoires vers lesquelles nous nous dirigions l'un et l'autre par des chemins différents.

Je savais que, quoi qu'il advînt d'Anand, j'allais pour ma part retrouver les incertitudes de mon ancienne vie. C'était lui qui avait toutes les chances, qui allait connaître une vie nouvelle, faite d'assurance, de sécurité et même de luxe. Comment, dans de telles conditions, aurais-je pu voir en lui une victime ?

Nous restâmes là un moment, laissant s'installer entre nous un silence qui ne faisait que nous éloigner davantage l'un de l'autre.

Ce fut Catherine qui le brisa la première.

« Je suis désolée de te voir partir, commença-t-elle lentement. Tout s'est passé si vite entre nous. Nous n'avons pas eu le temps de réfléchir. Mais il faut me promettre... »

Les crachotements d'une nouvelle annonce du haut-parleur noyèrent ses derniers mots, que je lui demandai de répéter. Ce qu'elle fit, prise d'un brusque accès de timidité. Elle semblait avoir préparé son discours pour la circonstance et ne s'était pas attendue à être interrompue.

Elle avait les yeux fixés au sol quand elle reprit la parole :

« Promets-moi de ne jamais rien regretter. Si pénible que ce soit pour toi... »

Elle releva brusquement la tête pour me regarder ; je vis ses yeux mouillés de larmes et ses lèvres tremblantes. Elle répéta :

« Promis ?

– Promis, dis-je d'une voix rauque.

– Tu promets quoi, au juste ? Répète. » Elle esquissa un sourire forcé qui éclaira faiblement son visage.

Au moment de répondre, je me ravisai, me contentant d'un hochement de tête. Je n'avais pas le cœur à entrer dans ce jeu.

Une vague d'excitation parcourut la foule : le train approchait et, quand il arriva, la locomotive soufflant délicatement la poussière amassée sur le quai, les visages aux fenêtres avaient l'air las mais impatient.

Nous frayant avec difficulté un chemin au milieu de groupes bruyants et gesticulants, nous nous dirigeâmes vers les voitures climatisées. Dans mon compartiment vide régnait une forte odeur de désinfectant. Nous avions à peine fini de ranger mes bagages sous les sièges que Catherine se jeta dans mes bras, sanglotant doucement comme elle l'avait fait si souvent tout au long du voyage qui nous avait ramenés à Bénarès.

Mais, cette fois-ci, le moment ne dura guère. Nous ne restâmes ainsi que quelques secondes, la tête de Catherine reposant sur ma poitrine, avant que le monde extérieur nous impose à nouveau sa présence.

La porte coulissante du compartiment fut tirée une fois, deux fois ; des regards curieux s'attardèrent sur nous avant de disparaître.

La troisième fois, un colonel en uniforme entra, son ordonnance titubant sous le poids d'une lourde malle en fer. La famille suivait : son épouse d'abord, une petite femme bien en chair, le nez chaussé de lunettes, puis leur fille, une adolescente assez jolie mais renfrognée, qui tenait entre les mains une liasse de bandes dessinées.

Ils investirent le compartiment : de nouvelles odeurs, parfum et déodorant, remplacèrent celle du désinfectant. Un silence embarrassé s'installa entre Catherine et moi. Nous attendions qu'ils redescendent du train.

Mais ils n'en firent rien : une fois leurs bagages rangés à grands renforts d'exhortations pressantes à l'adresse de l'ordonnance, ils s'assirent tous trois en rang d'oignons sur la banquette en face de la nôtre et se mirent à nous dévisager tour à tour.

« Il faut absolument que tu m'écrives, dit enfin Catherine, d'une voix étranglée, en essuyant ses larmes. J'attendrai tes lettres. »

Avant même d'avoir pu finir sa phrase, elle était à nouveau en larmes.

Le colonel et sa famille redoublèrent d'attention, fixant sur nous trois paires d'yeux fascinés.

« Sortons, finit par suggérer Catherine dans un murmure. C'est vraiment affreux, la manière dont ils nous regardent. »

Nous étions à peine dans le couloir que retentissait le sifflet du départ. Catherine fouilla dans la poche de sa jupe et en sortit une enveloppe de couleur crème.

« Tiens, c'est pour toi », dit-elle en se penchant vers moi et en m'embrassant sur la joue.

Elle semblait avoir recouvré une partie de son calme.

« Tu es un trésor », me dit-elle. C'était ce qu'elle m'avait déjà dit à Kalpi. « Nous nous écrirons, et puis, un jour, nous nous retrouverons. Bientôt. Très bientôt », ajouta-t-elle, accentuant fortement le « très ».

Je sentis mes yeux se gonfler de larmes. Le train eut un soubresaut, et Catherine courut vers la porte du wagon dans un grand bruissement de jupe avant de descendre avec agilité sur le quai.

L'espace d'un instant, je restai pétrifié, serrant l'enveloppe dans ma main, puis je me précipitai le long du couloir, manquant au passage de renverser un employé, qui arrivait les bras chargés de serviettes et de draps.

Tandis que je me penchais par la portière ouverte, je la vis debout derrière un kiosque à journaux, la main levée, immobile, en signe d'adieu. J'agitai la mienne en retour, m'accrochant de l'autre à la barre de la portière.

Après quelques secousses, le train se mit à glisser rapidement le long du quai. Quand il arriva au bout, de gros sacs de jute me masquèrent Catherine. Au bout de quelques secondes qui me parurent une éternité, la vue se dégagea à nouveau, et je la vis s'éloigner de sa démarche vive et régulière et s'abîmer dans ce décor chaotique fait de ventilateurs, de ballots, d'hommes agités, de kiosques à journaux et à sandwichs. J'imaginai alors, comme je l'avais déjà fait maintes fois, le trajet qui allait l'éloigner de moi – la passerelle à franchir pour retrouver la sortie, le *rickshaw* qui l'attendait devant la gare, les rues et les ruelles que je venais d'emprunter, le *sadhu* aux cheveux emmêlés, l'escalier décoré de sa fresque – ce voyage si court qui l'emportait vers sa vraie vie.

7

Il pleuvait quand j'arrivai à Pondichéry, et il continua de pleuvoir presque sans interruption tout au long des quelques semaines que j'y passai.

Il se trouva finalement que mon père, dont la santé m'avait tellement inquiété, n'avait fait qu'une petite attaque sans conséquence. Et depuis le moment où l'on m'avait expédié le télégramme, son état s'était amélioré de manière spectaculaire. Il était sorti de l'hôpital et se trouvait à nouveau chez lui, assisté par une infirmière à domicile et Deepa, la femme qui m'avait envoyé le télégramme et dont je découvrais maintenant qu'elle était devenue pour mon père une compagne de tous les instants.

Ce fut Deepa elle-même qui me mit au courant dès mon arrivée, tard dans la soirée, au bout de vingt-quatre heures de voyage. C'était une femme d'âge mûr aux cheveux gris coupés court et au visage empreint d'une expression sévère. Elle souriait pourtant volontiers, manifestant alors une timidité qui ne manquait pas de charme.

« Votre père dort, me dit-elle en guise d'accueil. Vous le verrez demain. Il va bien. Il n'y a plus aucune raison de s'inquiéter. On ne s'était pas bien occupé de lui, voilà tout. »

Je me demandai si elle faisait allusion à ma mère et à sa décision de quitter mon père pour aller vivre à Bénarès. Mais je m'abstins de la questionner à ce sujet. J'étais trop épuisé et j'avais hâte de me retrouver à l'hôtel où mon père s'était arrangé pour me réserver une chambre.

Deepa me dit que l'hôtel dépendait de l'ashram Aurobindo, et, quand après avoir pataugé dans la pluie, j'arrivai à un grand bâtiment blanchi à la chaux au bout du front de mer, j'étais trop fatigué pour remarquer autre chose que les préposés à la réception, des résidents de l'ashram entre deux âges vêtus de shorts kaki et de saris de coton blanc, puis, accrochées aux murs de ma chambre austère, les photos ornées de guirlandes de Sri Aurobindo[1] et de sa compagne française, la « Mère ».

Je me mis au lit aussitôt, et quand je m'éveillai, bien des heures plus tard, ce fut pour ouvrir les yeux sur un monde qui m'apparut vide. Depuis ma fenêtre, contrastant avec l'obscurité de ma chambre, la mer avait l'éclat aveuglant d'un large ruban de papier d'argent, qui, plus tard dans l'après-midi, quand des nuages noirs commencèrent à s'amonceler, prit divers tons de gris. La pluie, quand elle arriva, cribla d'abord la surface de l'eau de petites gouttes, avant de tout noyer dans une brume blanchâtre. La longue promenade en asphalte était déserte ; mais les jours suivants, lors de certains après-midi humides mais sans pluie, il m'arriva d'y voir quelques vendeurs de jouets, leurs ballons rouge et jaune s'élevant mollement dans l'air sur un fond de houle silencieuse.

*

Je vis mon père le lendemain soir de mon arrivée. Il avait l'air plus frêle que la dernière fois, quand j'avais remarqué combien il avait vieilli, lors de ma visite à l'ashram de Bénarès où ma mère était morte et où

1. Sri Aurobindo (1872-1950), mystique et philosophe indien, qui fonda un ashram à Pondichéry en 1914, en compagnie de sa disciple française, Mira Alfassa, devenue pour les fidèles la « Mère ». (*N.d.T.*)

il m'avait fait part de son intention de se retirer à Pondichéry.

Mais une étrange paix habitait désormais son visage creusé de rides profondes sous les cheveux gris et épais. La vie de l'ashram le satisfaisait pleinement ; c'est ce que lui-même me confia, de manière tout à fait surprenante puisqu'il n'avait jamais parlé avec moi que de questions d'ordre pratique.

Je le voyais tous les jours au dîner dans la salle à manger communautaire. Invariablement escorté par Deepa, il arrivait appuyé sur son épaule dans un geste d'une intimité que je trouvais quelque peu embarrassante. Nous ne revînmes pas sur sa maladie, une fois que je lui eus demandé des nouvelles juste après mon arrivée. Son état s'était nettement amélioré, mais il me dit avoir été très mal en point pendant un temps. Et quand il me déclara que c'était un signe de vieillesse, je compris au ton de sa voix qu'il n'avait pas envie de parler davantage de ses infirmités.

En revanche, il se montra curieux de la vie que je menais à Bénarès. Je ne pouvais pas lui dire grand-chose, mais je lui parlai de la maison dans laquelle j'avais habité, de mes visites à la bibliothèque. Évoquer avec lui Miss West ou Catherine aurait supposé une aisance et une franchise qui avaient toujours été absentes de nos rapports. À mon grand soulagement, ce sujet de conversation fut bientôt abandonné, remplacé ponctuellement, chaque soir, par des questions sur mes activités de la journée.

Je répondais de mon mieux. Il n'y avait, pour tout dire, pas grand-chose à raconter. La pluie et la chaleur me confinaient dans ma chambre une bonne partie de la journée, le plus souvent allongé sur mon lit, peu désireux de m'éloigner du ventilateur. Sortir pour aller marcher, si brièvement que ce fût, suffisait à me couvrir de transpiration. En dehors de quelques Allemands vieillissants que j'apercevais, le soir, contorsionnés dans diverses postures de yoga sur la pelouse verte et lisse du jardin paysager qui s'étendait sous ma fenêtre, l'hôtel était vide, et le restaurant fermé. À midi, il me fallait aller goûter à la cuisine du Sud dans un café voisin, où les mouches bourdonnaient contre les vitres et où les serveurs somnolaient, vautrés sur des chaises, sous les ventilateurs.

Et puis, tous les après-midi, vers trois heures, je m'aventurais hors de ma chambre après avoir vainement tenté de faire la sieste. Je traversais la fournaise de la cour jusqu'à la réception où une jeune femme au visage sévère, assise derrière un long bureau recouvert d'une plaque de verre, m'annonçait, jour après jour, du même ton mesuré et de la même voix râpeuse, qu'il n'y avait aucune lettre pour moi.

Ce n'est pas possible ! ne cessais-je de me dire tout en retournant dans ma chambre, en retraversant la cour et en remontant les trois étages. Après quoi, je me jetais sur mon lit et reprenais sur la table de nuit la carte que Catherine avait glissée dans mes mains à la gare de Bénarès.

Elle était tout entière couverte de ses minuscules pattes de mouche dont je connaissais maintenant la moindre courbe.

Cher Samar,

Il se peut que cette carte te rende encore plus malheureux, mais je n'ai pas pu résister à la tentation de prolonger d'une certaine manière notre rencontre de quelques minutes. Je ne cesse de me répéter que « le détachement est la clé de toute chose », et pourtant quelques minutes de ton attention signifient tant pour moi ! J'ai éprouvé tant de joie à voir notre intimité grandir et nous ouvrir des perspectives insoupçonnées de compréhension et affection mutuelles, sur ce que nous sommes, dans notre vérité. Je ne m'exprime pas avec assez de précision – l'anglais n'est, comme tu le sais, que ma seconde langue –, mais il s'agit de toute façon d'un sentiment tellement impalpable, cette complicité qui existe entre nous. C'est un grand réconfort pour moi de savoir que tu m'as vue nue, déprimée, plongée dans un profond désespoir, parce que maintenant je sens que je peux tout te dire, qu'il n'est plus besoin de dissimuler quoi que ce soit. Quel merveilleux cadeau tu m'as fait en me donnant une telle liberté ! Je te promets que mes pro-

chaines lettres seront plus terre à terre et plus détaillées, mais je voulais simplement te dire que tu représentes beaucoup pour moi. Une telle amitié est une véritable bénédiction, une de ces choses qui font que la vie est digne d'être vécue. Et quand je pense à la manière dont je suis venue bouleverser ta vie auparavant si tranquille... quel mystère que l'amour! Comme je suis impatiente de voir ce qu'il nous réserve. Tu as déjà eu sur moi un effet comparable à celui d'un tremblement de terre, m'obligeant à repenser ma relation avec Anand. Comment te remercierai-je jamais assez pour cela? Promettons-nous que cette amitié continuera à apporter à chacun aide et réconfort, de manière à ce que je puisse t'enrichir et à ce que, toi, tu puisses élargir et protéger notre jardin secret.

Je t'écrirai bientôt et te donnerai une adresse dès que nous en aurons une.

Un long baiser.

Catherine

*

J'avais lu cette lettre pour la première fois dans le train de Madras, tandis que Bénarès défilait devant la fenêtre. Je l'avais parcourue à la hâte, de manière décousue, sautant du milieu à la fin pour revenir au début, et j'avais levé mes yeux mouillés de larmes pour croiser le regard toujours aussi insistant du colonel et de sa famille. Je l'avais relue plusieurs fois depuis, à la gare routière de Madras en attendant le car pour Pondichéry, dans le car lui-même en dépit des cahots, puis dans le taxi qui me conduisait à l'hôtel, et l'exaltation que j'éprouvais à chaque lecture avait tout transformé pendant mon voyage : la veilleuse du compartiment emprisonnée dans sa petite cage grinçante, la fille du colonel plongée dans ses bandes dessinées, les minuscules points de lumière jaune de l'autre côté de la fenêtre, les rizières miroitantes et les montagnes côtières dans la lumière du matin, l'agitation de la gare routière à Madras, la route de campagne boueuse qui menait à Pondichéry à travers des plantations denses de cocotiers, les écoliers vêtus de leurs uniformes impeccables qui attendaient aux arrêts de bus dans les villages. Tout était sanctifié par une joie intérieure débordante, capable de transfigurer jusqu'au décor sordide et aux serveurs revêches du café où je prenais d'ordinaire mon déjeuner.

Ces derniers jours, j'en étais venu à lire la lettre avec plus de soin, m'arrêtant sur chaque phrase, chaque mot, les retournant dans ma tête, les passant au crible, à la recherche de sentiments plus profonds, de sous-entendus qui m'auraient échappé. C'est la dernière phrase qui retenait surtout mon attention : *Je t'écrirai bientôt et te donnerai une adresse dès que nous en aurons une.*

Quelle promesse dans ces mots ! Et quelle amère déception chaque après-midi, quand je descendais à la réception ! Je m'étais même rendu au bureau de poste pour savoir combien il fallait de temps à une lettre expédiée de France pour arriver à Pondichéry. D'après mes calculs, Catherine aurait déjà dû écrire à l'heure qu'il était, mais les jours passaient, et j'attendais toujours. Elle était censée s'être envolée pour la France six jours après mon départ de Bénarès. Je me l'étais imaginée plus d'une fois – seule, car Anand était toujours absent de ces représentations qui s'apparentaient davantage à la fiction ou au cinéma qu'à une quelconque réalité – à l'aéroport de Delhi, où j'étais allé un jour, dans mon enfance : le chaos brillamment illuminé du grand hall l'écrasant de toutes parts, les guichets surmontés de pancartes FERMÉ, les cabines téléphoniques vides, les touristes aux vêtements fatigués accroupis sur les chariots à bagages, les ballots de marchandises abandonnés ici et là, les Sikhs à l'air anxieux en partance pour l'Occident et une vie meilleure. J'imaginais le décollage dans le ciel nocturne, l'empressement professionnel des hôtesses impavides, les longues attentes lors des escales, les déambulations dans les boutiques duty-free, puis, le lendemain matin, l'arrivée dans un autre monde. Je me demandais si ses parents étaient venus l'attendre à l'aéroport. À quoi elle pensait exactement au moment de l'arrivée. Dans quel genre de maison elle avait passé sa première nuit. Et surtout, pour quelle raison elle ne m'avait pas écrit.

Dans mon idée, sa lettre, imminente, allait répondre à toutes ces questions. Elle serait pleine des souvenirs des moments que nous avions passés ensemble, pleine de ces messages réconfortants que j'avais trouvés dans celle qu'elle m'avait donnée à Bénarès, pleine de ces quelques mots écrits à la main qui avaient réussi à dissiper mes doutes et ma mélancolie à mon retour de Kalpi. Ces jours-là, je les avais oubliés, et ma séparation d'avec Catherine était moins douloureuse quand je pensais aux espoirs que je pouvais désormais nourrir pour l'avenir : des retrouvailles rapides et durables n'étaient-elles pas de l'ordre du possible ?

Je ne doutais pas une seconde qu'il m'était arrivé quelque chose de particulièrement important, et je ne pouvais m'empêcher de m'émerveiller devant la manière dont les espoirs et les attentes vagues de l'enfance et de l'adolescence s'étaient cristallisés en un sentiment d'une extraordinaire acuité pour quelqu'un dont, d'une certaine manière, j'ignorais tout, une étrangère que je n'aurais jamais rencontrée si d'aventure je n'étais pas allé à Bénarès. J'étais de plus en plus convaincu d'avoir été élu, par quelque mystérieux décret. J'avais le sentiment qu'après toutes ces années de dérive sans but, ces longues années menant à l'âge d'homme, pendant lesquelles je m'étais senti perdu, vulnérable et orphelin, j'avais été prédestiné pour ce moment-là : celui de ma rencontre avec Catherine, qui m'avait révélé un peu de la richesse du monde et de la vie.

Je me sentais béni des dieux, et il me venait parfois l'envie de partager cette certitude. Mais avec qui aurais-je bien pu le faire ? Je ne connaissais personne qui eût pu me suivre dans cette nouvelle voie. Ce fut pourtant le désir de donner forme et consistance à ce sentiment qui me poussa à commencer une lettre. J'avais déjà écrit à Miss West, lui décrivant mes journées à Pondichéry et lui remboursant l'argent que je lui avais emprunté pour mon billet de train. Voilà pourquoi j'entamai une lettre à Catherine.

J'écrivais avec une certaine maladresse ; ce langage intime si particulier que Catherine possédait naturellement et qu'elle maniait avec une telle facilité me venait mal. Je fis plusieurs brouillons que je déchirai tous, les uns après les autres. Finalement, je décidai d'attendre sa lettre à elle avant de me lancer dans un registre de la même veine, et me contentai de décrire de façon relativement détaillée le passé colonial français de Pondichéry.

J'en profitai pour lui donner des nouvelles de mon père. Elle avait fait preuve d'intérêt à son sujet, et ma propre curiosité à son égard – jamais éveillée pendant les longues années où tout ce que je connaissais, c'était le monde dans lequel il m'avait introduit et où lui-même était un père distant et renfermé – se trouvait aiguisée par la présence quasi constante de Deepa à ses côtés. Il se tournait souvent vers elle, en quête de conseils ou d'approbation ; écoutait avec beaucoup d'attention tout ce qu'elle avait à dire, ses paupières légèrement tombantes se relevant alors pour révéler des yeux vifs et pleins d'appréhension. Lui qui m'avait laissé le souvenir d'un père et d'un mari distant et réservé témoignait maintenant d'une douceur et d'une prévenance déconcertantes quand Deepa était dans les parages.

Il avait énormément changé cette dernière année. Je n'avais pas oublié ce qu'il m'avait dit un soir, après la mort de ma mère, sur les *ghats* de Bénarès. Se libérer de tous les liens, voilà ce à quoi il aspirait ; et c'était cette résolution ascétique qui l'avait amené à Pondichéry. L'intimité qu'il partageait avec Deepa m'amenait à m'interroger sur la vie qu'il avait pu avoir avec ma mère, les manques dont il avait pu souffrir en sa compagnie, les besoins que semblait maintenant combler Deepa.

Celle-ci en était parfaitement consciente. Elle laissait en effet souvent entendre qu'elle n'approuvait guère la manière dont mon père avait conduit sa vie jusque-là. Pareilles remarques et les airs de propriétaire qu'elle se donnait avec lui me mettaient mal à l'aise. Je ne savais trop quelle attitude adopter. Mais d'ordinaire, il me suffisait de penser à Catherine pour voir aussitôt se dissiper mes inquiétudes à propos de mon père.

*

Les jours s'écoulaient lentement, et je commençais à m'ennuyer et à m'impatienter. Certes, l'hôtel n'était pas cher, et l'on pouvait se nourrir pour rien à Pondichéry. Mais je n'avais guère de raisons désormais de m'attarder. La chaleur, pour commencer, m'était extrêmement pénible. Et l'attrait de la nouveauté s'était considérablement émoussé ; le scintillement de la mer, la blancheur aveuglante de la lumière, les boulevards rectilignes et déserts qui se perdaient dans une brume tremblante, les grands murs gris qui protégeaient les villas et les ombres aiguës qu'ils projetaient sur le sol, tout cela me laissait maintenant indifférent; et tous les matins, quand j'étais réveillé par la lumière dure qui décolorait mes rideaux, je me répétais : une lettre de Catherine aujourd'hui, et je fais mes valises.

Il m'était impossible de me projeter en pensée audelà du lendemain. L'avenir m'apparaissait comme un grand vide, que dis-je, comme un vide immense quand il prenait l'envie à mon père, dans sa nouvelle sollicitude, de s'enquérir de mes projets pour l'année à venir.

Sa santé s'était considérablement améliorée, et il avait repris sa vie normale. Il ne s'appuyait plus désormais sur le bras de Deepa quand il apparaissait dans la salle à manger, et il me faisait souvent le genre de sermons dont il était coutumier par le passé, parlant de la nécessité pour l'homme d'avoir un but dans la vie, d'obligations ancestrales, de *samskara.* « Nous avons tous en nous quelque chose de nos ancêtres; il nous faut être fidèles à cet héritage. » Phrase que je lui avais souvent entendu dire dans mon enfance, et que je ne comprenais pas davantage aujourd'hui.

Peu m'importaient les sermons; en revanche, j'étais bien plus gêné quand il me posait des questions précises, quand il voulait savoir, notamment, si je m'étais préparé pour l'examen de la fonction publique pendant que j'étais à Bénarès.

Sa curiosité me sortait de mes rêveries et me ramenait un peu sur terre, même si je ne trouvais pas grand-chose à dire et ne lui donnais que des réponses vagues. Mais, un jour, je fis montre de suffisamment de lucidité et de franchise pour lui dire qu'une carrière universitaire m'intéressait davantage qu'un poste dans l'administration et que j'aurais aimé préparer une thèse dans une des universités de Delhi. À ma grande surprise, il se montra favorable à l'idée.

Il ajouta qu'il serait bon pour moi d'acquérir un peu d'expérience de l'enseignement durant les quelques mois dont je disposais avant de pouvoir présenter un dossier d'admission dans l'une de ces universités. Il me suggéra d'en parler à Deepa : elle avait des amis à Dharamsala qui dirigeaient une école primaire fréquentée par des enfants tibétains.

Deepa, en fait, assistait à cette discussion. Elle portait son uniforme habituel, un sari de coton blanc, et marchait à sa manière gracieuse aux côtés de mon père. Nous nous promenions sur le front de mer. La pluie venait tout juste de cesser, et la mer avait un air repu et paresseux. Une forte brise salée gonflait et agitait dans le lointain désert la chemise blanche du vendeur de glaces; des nuages de vapeur montaient de l'asphalte en train de sécher pour s'évanouir aussitôt.

« Si tu veux, j'appellerai mes amis pour leur demander s'ils ont un poste vacant, me dit Deepa de sa voix inquiète, légèrement haut perchée. Ils sont souvent à la recherche de sang neuf. Le salaire n'est pas mirobolant, mais je suis sûre que Dharamsala te plairait. »

L'idée m'attirait, non point pour les raisons invoquées par mon père, mais pour la possibilité qu'elle offrait d'un séjour dans le voisinage des montagnes de l'Himalaya. En écoutant Deepa, je me sentis pris d'un grand désir de me retrouver dans ces montagnes, de goûter à nouveau à la vie exaltante que, depuis les événements de Kalpi, j'associais à leur cadre.

Des images de mes précédents voyages dans cette

région peuplaient souvent mes rêveries. Je me souvenais en particulier des jours passés à Darjeeling, de la pluie qui martelait le toit de tôle tandis que je restais assis devant un feu de bois et que je regardais par les grandes portes-fenêtres le train à vapeur miniature, qui sortait en crachotant d'un épais nuage de fumée, lancer un coup de sifflet triomphant et jouer frénétiquement des bielles. Je me souvenais aussi des jours clairs où je voyais, très loin à l'horizon, les nuages bas former d'élégantes voûtes au-dessus de la soie verte et froissée des grandes plantations de thé. Bien d'autres images encore me venaient, évocatrices de lieux nouveaux qui me distrayaient de l'impatience anxieuse qui était devenue mon lot quotidien à Pondichéry.

*

Deepa appela ses amis. Il se trouva qu'effectivement ils étaient à la recherche d'un professeur d'anglais pour le semestre qui commençait dans trois mois et qu'ils seraient heureux de m'accueillir, nullement rebutés apparemment par mon manque de qualification. Deux autres coups de téléphone suffirent à Deepa, remarquablement efficace, pour organiser mon séjour là-bas.

On me demanda d'être à Dharamsala quinze jours avant le début des classes, à la mi-juillet. En attendant, j'avais de nombreuses semaines en perspective devant moi, sans rien à faire. Certains après-midi, je rêvassais sur mon lit dans ma chambre plongée dans l'obscurité, songeant à voyager, comme je l'avais fait l'été précédent. Quand je passais devant l'Alliance française, l'envie me prenait d'apprendre le français : j'imaginais déjà la surprise de Catherine, ravie de découvrir que je parlais sa langue. Bientôt, rêveries et fantasmes du même acabit en vinrent à occuper toutes mes journées. Je ne lisais plus beaucoup. J'étais incapable d'une attention soutenue, même quand il ne s'agissait que des journaux et des magazines que je prenais à la réception. Je n'avais pas touché au sac plein de livres que j'avais apporté de Bénarès et déposé dans un coin de ma chambre.

Je restais au lit jusque tard dans la matinée, ne quittant jamais très longtemps des yeux la pendule murale qui se trouvait au-dessous des portraits de Sri Aurobindo et de sa compagne. Ponctuellement, à trois heures tous les après-midi, je descendais à la réception, où la femme au visage austère ne prenait même plus la peine de m'adresser la parole mais se contentait de secouer la tête en réponse à mon regard interrogateur, puis je retournais dans ma chambre d'un pas lourd, en proie à un désespoir qui s'atténuait pendant le reste de la journée, pour faire à nouveau place à l'attente le lendemain matin.

C'est alors que Deepa me dit un jour :

« Il faut que tu fasses la connaissance de ma nièce, Priya. Elle séjourne dans ton hôtel et elle aussi s'ennuie à Pondichéry. Vous pourriez peut-être passer un moment ensemble de temps à autre. »

Je sus aussitôt de qui elle voulait parler. J'apercevais cette fille presque tous les soirs au moment où je sortais sur le balcon de ma chambre. Elle était assise face à la mer, à l'extrémité d'un banc en bois, les mains sur les genoux, tournant le dos aux Allemands et à leurs postures impossibles. Elle ne pouvait guère avoir plus de dix-sept ans ; avec sa poitrine plate et ses épaules étroites, sur lesquelles étaient ramassés ses cheveux épais et frisés, elle était d'une maigreur touchante dans sa *kurta* mal coupée. Je la voyais souvent à la buanderie de l'hôtel : de près, son visage allongé était plutôt joli, avec des traits délicats et de grands yeux noirs mélancoliques.

« Elle est toute fraîche émoulue de son école, me dit Deepa. Elle a fait ses études dans un pensionnat catholique très huppé et en est sortie complètement occidentalisée. Ses parents, qui sont tout dévoués à l'ashram, ont maintenant l'impression d'avoir affaire à une étrangère. Ils l'ont envoyée ici pour tenter de l'indianiser un peu. Mais les résultats ne sont guère convaincants, et puis, je n'ai pas beaucoup de temps à lui consacrer. »

De mon côté, ce n'était pas le temps qui posait problème, mais plutôt le fait de me retrouver seul à seul avec une jeune fille qui n'avait que trois ans de moins que moi. Pourtant, quand je regardai mon père, dont je pensais qu'il allait élever quelque objection, il était en train de hocher la tête en signe d'assentiment. Quant à Deepa, elle était de toute évidence séduite par l'idée et elle arrangea aussitôt une rencontre pour le lendemain.

Je n'avais aucune expérience des jeunes filles telles que Priya et j'appréhendais cette entrevue. Peu habitué à la simplicité qui semblait être la sienne, je répondis avec réserve à ses manières franches et ouvertes. Il me fallut un certain temps avant de comprendre que chez elle apparence et réalité ne faisaient qu'un : elle était ce qu'elle paraissait être, et, au bout de quelques jours, j'en vins à apprécier sa compagnie.

L'univers qu'elle évoquait avec un enthousiasme enfantin, son école, les sœurs et les amies qu'elle idolâtrait, les livres qu'elle lisait étaient si éloignés de mes propres préoccupations que je ne pouvais que me féliciter des idées et des pensées que tout cela faisait naître dans mon esprit.

Nous allions marcher sur le front de mer, et il nous arrivait de tomber sur mon père et Deepa qui accomplissaient leur promenade du soir. Pareilles rencontres avaient pour effet de rendre Priya quasiment muette. Elle n'avait pas grand-chose à dire à mon père, lequel, de son côté, n'avait jamais été très à l'aise avec les jeunes gens. Et elle vouait à Deepa une admiration terrifiée qui, en présence de celle-ci, la privait de tous ses moyens, la raison en étant que, comme on le racontait volontiers dans la famille, et comme me le rapporta Priya, Deepa, seule propriétaire d'une très grosse affaire, avait un jour renoncé à tous ses biens afin de venir à l'ashram occuper un poste mineur dans l'administration de l'établissement.

Les choses prirent un tour plus heureux quand Deepa me prêta un vélomoteur, certes délabré mais malgré tout en état de marche ; je pris bientôt un certain plaisir à découvrir Pondichéry et ses environs. Je me rendais régulièrement à Auroville[1], le village international situé à quelques kilomètres de Pondichéry. La plus grande partie de cette zone était boisée et parsemée d'élégantes villas dans de petites clairières. Les résidents étaient pour la plupart des Européens et des Indiens d'un certain âge qui vivaient là depuis dix ans ou plus. Derrière leurs manières réservées et leur démarche lente, on devinait sérénité et contentement. Ils s'intégraient parfaitement à l'atmosphère bucolique et apaisante de l'endroit : charrettes brinquebalantes le long des routes somnolentes, dont les passagers, des paysannes vêtues de robes aux couleurs vives, vous dévisageaient d'un œil solennel au moment où vous tentiez de les doubler; chemins de terre serpentant à travers les plantations de banians; stridulations des grillons dans les longs crépuscules enveloppés de brume.

Priya m'accompagnait souvent à Auroville, assise sur le porte-bagages, un bras passé autour de ma taille, ses cheveux venant me balayer le visage quand elle tournait la tête. Nous avions déniché un café dans une clairière ombreuse au milieu des bambous, où nous nous attardions des heures, buvant du thé ou grignotant le gâteau aux noix qui était la spécialité de l'endroit. J'écoutais Priya me résumer l'intrigue du *Bouc émissaire* ou de *Rebecca* (c'était une inconditionnelle de Daphné du Maurier) de sa voix chantante pleine de vivacité, inclinant la tête de côté à la manière d'un enfant, regardant de ses grands yeux curieux les nouveaux arrivants tout en lissant de la main ses cheveux rebelles.

Elle avait souvent avec elle un cahier, dans lequel elle écrivait des petits poèmes genre haiku, mâchonnant le bout de son crayon pour stimuler sa réflexion. Mais elle ne me montrait jamais le fruit de ses travaux.

---

1. Conçue par l'architecte français Roger Auger comme un modèle universel, la « cité de l'aurore » répond à la ville utopique dont rêvait Sri Aurobindo et dont la première pierre fut posée en 1968 par Mira Alfassa. (*N.d.T.*)

« Tu te moquerais de moi. Les adultes sont si cruels », disait-elle.

De temps à autre, je m'interrogeais sur sa vie quand elle en parlait : amitiés de collège, amours platoniques pour certains professeurs ou certains chanteurs pop, projets d'avenir chimériques. Tout cela me paraissait si éloigné de ma propre vie et si plein d'innocence...

Il pleuvait beaucoup à Auroville, surtout l'après-midi ; ces averses caractéristiques de la mousson, si drues et si violentes, n'étaient pas sans m'apporter un certain réconfort apaisant tandis que nous étions assis bien à l'abri et au sec dans le café. Une brise légère chargée de l'arôme frais de la terre mouillée était le premier signe annonciateur de la pluie. Puis les nuages noirs éparpillés se rassemblaient bientôt pour se fondre en une voûte immense et lisse. Quelques gouttes énormes tombaient d'abord au hasard pour être aussitôt absorbées par la terre rouge et craquelée. Au bout de quelques minutes, la pluie se mettait à tambouriner régulièrement sur la toile goudronnée qui couvrait la véranda du café ; le sol devant nous s'amollissait avant de se strier d'un réseau de petits canaux. Sur le fond sombre du feuillage des manguiers et du toit en tôle marron des toilettes, la pluie faisait l'effet de grosses cordes qui, peu à peu, en s'affinant, prenaient l'allure de fibres délicates.

Longtemps après que la pluie s'était arrêtée, on entendait encore le bruit de cascade des chéneaux qui débordaient, le gargouillis de minuscules rigoles traçant leurs sillons dans la terre meuble et, pour finir, le goutte-à-goutte régulier de l'eau qui glissait le long du toit de la véranda pour tomber dans une boîte de conserve rouillée.

Le soleil ne tardait pas à réapparaître et à tout sécher. La poussière rouge tourbillonnait dans la lumière sous les banians géants, et des enfants nus aux corps bronzés pataugeaient à grand bruit dans les mares ombragées tandis que nous reprenions la route de Pondichéry au soleil couchant.

Quand nous approchions de la ville, au milieu d'une

circulation de plus en plus dense, les nuages roses à l'horizon tournant au cramoisi, une inquiétude familière s'insinuait à nouveau en moi.

Une fois, voyant la femme de la réception secouer vivement la tête à mon intention, Priya me demanda :

« Pourquoi cette femme s'obstine-t-elle à secouer la tête quand elle t'aperçoit, et pourquoi est-ce que toi, tu te réfugies aussitôt dans un silence maussade ? »

Elle me connaissait bien maintenant et se montrait particulièrement réceptive à mes sautes d'humeur ; elle avait commencé à m'interroger sur ma vie. Ses questions, hardies et parfois indiscrètes, étaient capables de m'exaspérer, mais, d'un autre côté, je ne pouvais me défendre d'un certain attendrissement devant la franche curiosité qui les motivait.

Je mentis ce jour-là, lui disant que je n'avais jamais remarqué les mouvements de tête de cette femme ; et je niai sombrer dans un « silence maussade ».

Je restai allongé sans dormir jusque tard dans la nuit, me faisant soudain de violents reproches et essayant de prendre de nouvelles résolutions.

8

Priya était assise derrière moi sur le vélomoteur – c'était notre dernière excursion ensemble, et nous nous rendions à Mahabalipuram –, quand je lui dis que je partais le lendemain. J'ajoutai que j'avais l'intention de passer quelques semaines à voyager un peu avant de gagner Dharamsala pour y prendre mon poste.

Elle ne dit rien, mais je sentis son bras autour de ma taille relâcher sa pression. Quand je garai le vélomoteur pour descendre avec elle sur la plage voir les temples, elle était complètement échevelée par le long trajet venté, et son visage était boudeur et renfrogné.

Toute la matinée, j'avais senti peser sur mon cœur ce malaise très particulier qui précède les départs et qui, en l'occurrence, était décuplé par l'angoisse d'être resté sans nouvelles de Catherine, ainsi que par le sentiment que je m'apprêtais à voyager sans avoir résolu aucun de mes problèmes.

J'avais escompté une journée de distractions paisibles consacrée à la visite des temples. Mais mon attente fut déçue : des haut-parleurs hurlant de la musique de film tamoule nous poursuivaient de temple en temple; des guides locaux, détenteurs de certificats sous plastique dûment estampillés et parlant un très mauvais hindi, rôdaient derrière la moindre colonne; des groupes d'écoliers en excursion encombraient les cours, et des touristes européens coiffés de chapeaux de paille et plissant les yeux dans la lumière se déversaient de leur car pour être aussitôt assaillis par l'armée des mendiants à moitié nus à l'affût devant l'entrée des temples.

Au bout d'une heure, Priya dit qu'elle s'ennuyait. Elle me demanda si elle pouvait aller se baigner, et, quand j'acquiesçai, sa voix sembla retrouver le ton enthousiaste qui lui était coutumier. Tandis que nous nous enfoncions dans le sable brûlant d'une plage interminable, elle me montra du doigt en riant les gros touristes russes, avachis sous des parasols délavés, les plis gras de leurs bedaines luisant de crème solaire ; elle plaisanta avec les vendeurs de noix de coco, les petits dealers et les masseurs qui nous poursuivirent longtemps de leurs assiduités avant de renoncer.

Elle finit par dénicher un endroit protégé par un bouquet de cocotiers et réapparut bientôt dans un maillot de bain blanc qui rehaussait la peau sombre de ses bras et de ses jambes minces. Elle laissa tomber sa *kurta* et son jean à côté de moi, puis, dans un brusque accès d'énergie, se mit à courir de toutes ses forces vers la mer, jetant ses membres graciles en tout sens. Elle esquiva d'abord une petite vague timide, avant de plonger tête la première, avec un cri de joie enfantine, dans un brisant qui se formait, pour émerger quelques secondes plus tard en secouant la tête et en balayant de son visage ses cheveux collés par l'eau.

Elle nagea trop loin pour que mes yeux mi-clos puissent continuer à la voir dans l'éclat aveuglant d'un bleu argenté. Deux ou trois vendeurs de noix de coco se présentèrent, stationnèrent un instant à distance respectueuse dans l'espoir que je me laisserais tenter. Ils furent suivis par une longue procession de gamins en *dhoti*, avec les signes de leur caste sur le front, conduite par un petit homme trapu vêtu d'un *lungi* en soie. Leurs pas précautionneux laissèrent une colonie d'empreintes dans le sable mouillé. Je les avais vus descendre un à un de leur car devant les temples et je leur avais trouvé un air un peu déplacé dans cet environnement.

Une fois les enfants partis, la plage resta déserte. Je voyais de temps à autre la tête de Priya qui flottait comme un bouchon sur l'horizon. Une petite brise intermittente arrivait de la mer et venait agiter l'ombre desséchée d'une feuille de cocotier au-dessus de la page du livre que je tenais ouvert sans le lire. Le soleil monta plus haut dans le ciel d'un blanc incandescent.

À un moment, je remarquai Priya qui revenait, dégoulinante, des grains de sable collés à la plante des pieds. Elle esquissa un petit sourire timide tout en se laissant tomber sur le ventre à côté de moi.

Nous restâmes un moment sans rien dire ; derrière nous, le bruissement sec des arbres dans la brise, devant, le chuintement des vagues montant doucement à l'assaut de la plage, puis le bruit de succion du ressac quand elles se retiraient, découvrant le miroir étincelant du sable mouillé.

Je m'étais tellement habitué au silence que Priya me fit sursauter quand elle me demanda :

« À quoi pensais-tu ? »

Je me retournai pour regarder son visage piqueté de gouttes d'eau, et elle répéta sa question, rejetant les mèches bouclées qui lui collaient aux joues.

« À quoi pensais-tu pendant que j'étais dans l'eau ?

– À rien, m'empressai-je de mentir, rien d'important. »

À quoi pensais-tu ? C'était une question qu'elle me posait souvent maintenant, et la manière désinvolte dont elle tentait de démêler l'écheveau complexe de mes pensées m'irritait.

Je ne pouvais rien lui dire : elle aurait été choquée d'avoir ne fût-ce qu'un aperçu de mes pensées et de mes souvenirs, totalement étrangers à ce paysage marin plat et coloré : les sommets blancs et scintillants défiant le firmament semé d'étoiles, le froid humide du bungalow de Kalpi, les ombres dansantes, le bruit des cascades au-dehors, les propos sans suite chuchotés dans l'obscurité, les longs silences mélancoliques pendant lesquels je m'étais soudain rendu compte que Catherine m'observait, ses yeux doux et changeants et son sourire énigmatique empreints d'une tendre sollicitude.

Depuis quelque temps, je revivais ces moments-là d'une manière un peu différente. J'espérais, comme à mon habitude, en extraire un sens plus profond. Mais en même temps, je ne pouvais me défendre d'une sensation progressive d'épuisement. Ces souvenirs, auxquels je sacrifiais comme à un rite, en étaient venus à acquérir un peu de la monotonie et de l'ennui d'une routine trop fréquemment observée, et j'étais souvent pris, au beau milieu de ces réminiscences, de l'envie de m'en libérer, de lire, de voyager, de me plonger dans le vaste monde, avec une passion si entière que j'en oublierais tout le reste, et pour commencer mon petit bien-être et mon petit bonheur.

Je n'aurais rien su expliquer de tout cela à Priya ; et, comme toujours, je gardai le silence.

*

Le crépuscule était proche quand nous rentrâmes à Pondichéry. Sur le front de mer, quelques familles s'attardaient encore, poursuivies par les vendeurs de glaces. Dans le kiosque à musique, des gendarmes d'un certain âge coiffés de képis rouges à la française jouaient la « Valse des jours heureux » devant un petit auditoire indifférent de pèlerins hindous. Invisible derrière les lampadaires, la mer venait se briser sur les rochers.

À l'hôtel, Priya me quitta pour aller acheter quelques bâtons d'encens dans un magasin tout proche. Je montai directement dans ma chambre ; je ne prenais plus la peine de m'arrêter à la réception.

Plus tard, ce même soir, j'étais en train de faire mes bagages, quand Priya, tout juste sortie de son bain et encore enveloppée d'une odeur parfumée de talc, entra par la porte que j'avais laissée ouverte.

Je crus qu'elle était venue me chercher pour une dernière promenade et ne levai même pas les yeux de la valise pleine à craquer sur laquelle j'étais en train de peser de tout mon poids pour tenter de la fermer.

Je m'escrimai un certain temps, m'attendant presque à ce qu'elle me vienne en aide. Je finis par relever les yeux au moment où j'arrivais enfin à rabattre les deux taquets en même temps. Priya était assise sur la seule chaise de la chambre, face à la mer, le visage enfoui dans les mains, ses maigres épaules secouées par de longs sanglots spasmodiques.

Ses pleurs redoublèrent quand je m'approchai et m'accroupis à côté de la chaise. Je lui demandai ce qu'elle avait, mais elle refusa de me répondre.

Je la regardai, impuissant, attendant qu'elle se décide à parler. Mais quand elle le fit, son élocution était si embrouillée que je dus tendre l'oreille pour arriver à distinguer chacun de ses mots.

« Tu... t'en... vas, tu... t'en... vas, disait-elle. Et moi, je... moi, je... »

Avant qu'elle ait pu terminer sa phrase, une nouvelle vague de sanglots déferlait sur elle.

Elle offrait un spectacle émouvant qui déclencha en moi une vive émotion et libéra ce pauvre cœur qui souffrait en secret. Je sentis les larmes me monter aux yeux et, tandis que j'essayais de me maîtriser, elle retira ses petites mains de son visage.

Ses yeux étaient rouges et gonflés, ses joues trempées. Mais quand elle me regarda, elle vit que mes yeux étaient eux-mêmes mouillés de larmes que je tentais vainement de cacher, et une sorte d'étrange béatitude lui illumina le visage.

Une fois encore j'avais l'esprit ailleurs, mais une fois encore elle n'en saurait rien. Ses sanglots s'apaisaient maintenant, et elle recommença à parler, s'étranglant et reniflant entre les mots, d'une voix suppliante et angoissée :

« Est-ce que... est-ce que je vais... te manquer ? Est-ce que... je vais... ? »

Comme dans un mauvais mélodrame, j'entendis quelqu'un se racler la gorge derrière moi.

C'était Deepa, qui se découpait dans l'embrasure de la porte, le visage dans l'ombre. Son arrivée était prévisible, car nous devions dîner pour la dernière fois ensemble ce soir-là, et elle devait passer nous prendre pour nous accompagner à la salle à manger.

Elle entra dans la pièce, et son visage, maintenant en pleine lumière, me parut aussi sévère et impassible que d'habitude.

« Que se passe-t-il ? demanda-t-elle. Qu'est-ce qui t'arrive, Priya ? Pourquoi pleures-tu ? »

Priya ne dit rien, se contentant de renifler, tête basse.

« Tu vas retourner dans ta chambre et te laver le visage, reprit Deepa. Nous descendons à la salle à manger dans cinq minutes », ajouta-t-elle d'un ton autoritaire qui n'admettait aucune réplique.

Priya se leva, non sans réticence, se cognant contre la chaise, les yeux toujours baissés, des traces de larmes sur ses joues. Lentement, presque imperceptiblement, elle sortit de la pièce à pas comptés, la crainte et la honte comme inscrites en lettres capitales sur son dos voûté.

Deepa se tourna vers moi. J'avais réussi à m'essuyer subrepticement les yeux sur la manche de ma chemise.

« Je craignais un peu ce genre de choses, me dit-elle d'un ton soudain radouci. Tu aurais dû faire plus attention. C'est une gamine très impressionnable. Dieu sait quelles idioties à l'eau de rose on lui a fait lire dans cette satanée école. »

Ce fut son seul commentaire. Priya n'apparut pas dans la salle à manger à l'heure convenue. Au bout de dix minutes, Deepa alla la voir dans sa chambre et revint en disant :

« Elle préfère se reposer, la pauvre enfant. Comment lui en vouloir ? »

Elle ne fit aucune allusion à Priya pendant le reste du repas. Elle se joignit à mon père quand celui-ci m'interrogea sur les voyages que je me proposais de faire, et me fournit quelques détails sur ses amis de Dharamsala.

*

Les repas dans la salle à manger commune avaient toujours été brefs, et il était encore tôt quand je rentrai à l'hôtel, après des adieux assez tièdes et cérémonieux à mon père et à Deepa.

Pendant tout le dîner, je n'avais cessé de penser à Priya. Je n'avais pas la moindre idée de ce que j'allais lui dire, mais je sentais qu'il était de mon devoir d'aller la voir dans sa chambre.

Je passais devant la réception à grandes enjambées

quand j'entendis la femme au visage sévère appeler mon nom.

« Il y avait une lettre pour vous cet après-midi, me dit-elle de sa voix rauque. Le *chokidar* l'a glissée sous votre porte.

– Quoi... où ? balbutiai-je bêtement.

– Une lettre... Dans votre chambre », répéta-t-elle, d'une voix où perçait l'irritation.

Me retenant de courir, je traversai à longues enjambées la cour mal éclairée, encombrée de bicyclettes et de scooters luisant dans la pénombre ; puis, une fois hors de vue de la réception, je montai les marches quatre à quatre, bousculant au passage un vieil Allemand à l'épaisse chevelure blanche qui descendait l'escalier, un ballot de linge sale dans les bras.

Le cœur battant à tout rompre, je sortis non sans mal la clé de ma poche, l'introduisis fébrilement dans la serrure, la tournai et entrai – comme toujours, le rideau de la fenêtre au bout de la chambre, celle qui donnait sur la mer, se gonfla sous l'effet du courant d'air, avant d'être aspiré vers l'extérieur et de se plaquer contre les barreaux au moment où je refermai la porte.

L'interrupteur était à quelques mètres de la porte, mais je ne pris pas la peine d'allumer. Je baissai les yeux vers le sol : c'était là que devait se trouver la lettre si elle avait été glissée sous la porte.

M'habituant à l'obscurité, j'aperçus par terre un reflet pâle et me rendis compte que j'avais un pied sur l'enveloppe.

Je la ramassai. C'était une enveloppe blanche, maintenant couverte d'une empreinte de chaussure poussiéreuse et, à mon grand regret, bizarrement légère.

Toujours dans l'obscurité, je l'ouvris en la déchirant de mes doigts tremblants, pour me rendre compte aussitôt que j'avais peut-être ainsi rendu illisible l'adresse de l'expéditeur au dos de l'enveloppe.

Je me décidai alors à appuyer sur l'interrupteur. Mais j'oubliai dans le même temps de mettre en route le ventilateur du plafond, et ce n'est que plusieurs heures plus tard que, dans cette pièce humide et sans air, je pris conscience de ma gorge complètement desséchée et de mon corps trempé de sueur de la tête aux pieds.

Les pattes de mouche de Catherine couvraient la totalité d'une petite feuille de papier avion :

> *Samar,*
>
> *Il y a quinze jours, Anand a trouvé une lettre que j'étais en train de t'écrire, et tout ce qui n'allait pas entre nous est soudain remonté à la surface. Nous ne nous en sommes pas encore remis, peut-être ne nous en remettrons-nous jamais, ce qui te donnera une idée du tort que j'ai fait à Anand en ayant une aventure avec toi. La question que je me pose aujourd'hui, c'est pourquoi ai-je fait cela ? Et pourquoi l'as-tu fait, toi ? Quel pouvait être le sens de cette aventure dans l'économie générale de nos vies ? Que nous a-t-elle apporté, sinon, à moi, le plaisir de jouer avec le feu et, à nous deux, la satisfaction immédiate de nos désirs ? Nous n'avons fait qu'abjurer notre humanité, manifestant une perversion dont j'ai honte aujourd'hui. J'ai honte aussi du rôle que tu as joué. Tu n'as fait que me mettre de mauvaises idées en tête. Tu m'as dit qu'il fallait que je me détache d'Anand. Quel but poursuivais-tu ? Tout ceci n'a servi qu'à détruire la confiance qu'Anand avait en moi – la confiance de la personne que j'aime le plus au monde. Je ne sais pas ce que tu pourrais faire pour sauver la situation. Il n'y a peut-être rien à faire. Par pitié, ne m'écris pas et n'essaie pas d'entrer en contact avec moi par quelque moyen que ce soit. Accepte cette rupture, s'il te plaît, avec toute la dignité possible.*
>
> *Catherine*

TROISIÈME PARTIE

1

Le monde est *maya*, illusion : c'est là une des premières choses que mon père m'ait jamais dites. Si, pour un enfant, cette idée est dénuée de sens, les épreuves de l'âge adulte ne font rien pour lui en donner. Déceptions et désirs ne cessent de vous assaillir, vous découvrez constamment de nouvelles manières de vivre bonheurs et chagrins, cependant que l'idée d'illusion, jamais tout à fait comprise, finit par se dissiper.

Le monde dans lequel vous vivez devient alors la réalité suprême, ce monde dans lequel il vous faut continuer à vivre, que vous surmontiez ou non vos chagrins personnels.

Je quittai Pondichéry le lendemain et voyageai à travers le pays pendant plusieurs semaines. J'avais peu d'argent et je prenais le plus souvent le car. L'itinéraire que j'espérais concocter pendant mon séjour à Pondichéry et dont j'avais constamment repoussé l'élaboration, attendant une humeur plus favorable, n'avait jamais vu le jour. Le hasard et la fantaisie se chargèrent de guider mes déplacements. Si je devais en dresser la carte aujourd'hui, ils ressembleraient aux errances d'un de ces *sadhus* que l'on voit encore hanter les compartiments de seconde classe, le visage hâve et vide, les yeux d'une profondeur abyssale fixés sur le paysage qui défile derrière la vitre.

D'une certaine façon, j'allai partout et nulle part. Les kilomètres s'ajoutaient aux kilomètres, mais il vint un moment où mes yeux fatigués n'arrivaient plus à distinguer un rassemblement humain d'un autre ; les bidonvilles surpeuplés, leurs constructions branlantes, leurs ruelles fétides et leurs égouts à ciel ouvert, leurs frustrations rentrées et leur violence larvée, je les retrouvais partout. Les petites et les grandes villes, où je passais souvent une nuit sans sommeil dans une chambre d'hôtel miteuse et minuscule, commencèrent bientôt à se confondre dans ma tête. Ce qui m'empêchait de dormir, c'étaient les bruits divers provenant des chambres voisines, où des jeunes gens qui avaient tout de délinquants passaient leur temps à boire du rhum et à regarder des comédies musicales légères en hindi.

Quelque chose en moi aspirait à l'inconnu. Mais l'inconnu avait forcément la vie brève sur les chemins que j'empruntais. Dans les semaines qui suivirent mon départ de Pondichéry, j'en vins à trop bien connaître le cri retentissant d'un train lancé dans la nuit ou le gémissement de la porte pneumatique fatiguée d'une salle d'attente où des corps endormis reposaient enveloppés de draps blancs à même le sol. Quelques trajets suffirent pour que tout devînt parfaitement prévisible : la chaleur, la poussière, le bruit, l'angoisse, la fatigue et, pour finir, la toilette à grands coups de seaux d'eau froide dans une pension lugubre. Au milieu du chaos d'un quai de gare, j'imaginais sans peine le silence quasi surnaturel qui s'installerait une fois le train parti. Une extraordinaire impression de gâchis, voilà ce que donnaient les interminables attentes aux arrêts de car infestés de souris en rase campagne, ou les soupers tardifs et graisseux sous les néons colorés et les haut-parleurs vibrant des *dhabas* ouverts toute la nuit.

Et il se trouva que cet inconnu que j'appelais de tous mes vœux me déconcertait parfois davantage que je ne l'aurais souhaité. Notamment dans les villes que je traversais et qui venaient d'être secouées par les affrontements entre hindous et musulmans à propos de la mosquée Babri Masjid, qui était encore debout à cette époque. Dans ces endroits, je ne pouvais m'éloigner de plus de quelques mètres du refuge que j'avais élu pour la nuit sans rencontrer les traces évidentes de violences récentes : bâtiments réduits en cendres ou en partie détruits par le feu, voitures, bus et scooters carbonisés, charrettes dont les pneus en caoutchouc, d'après ce que je devais lire plus tard dans les journaux, avaient été retirés pour servir de « guirlandes de feu », magasins pillés dont on voyait la brique mise à nu derrière les panneaux arrachés, débris de verre cassé dans les rues désertes et, ici et là sur le sol, taches de sang grisâtres qu'on ne s'était pas donné la peine de nettoyer.

Je fus témoin de tout cela, de cette brutalité aveugle, de cette fureur, de cette désolation, de ces dégâts dont jusqu'ici je n'avais eu connaissance que par les journaux, et le chagrin que j'en éprouvais fit bientôt place à une peur muette. Je ne cessais de me dire en guise de consolation : ce n'est pas là mon monde, j'en serai bientôt sorti.

Et pourtant, il m'eût été difficile de nier que mon propre état d'esprit était en accord, au moins en partie, avec ce monde. Il ne suffirait pas de prendre le prochain train en partance pour m'en défaire.

*

Tout au long de ces jours difficiles et des années frileuses qui suivirent, me revint plus d'une fois le souvenir de cet enfant que j'avais vu près de la maison de la mère de Rajesh, ce gamin avec ses vaches dont j'avais entendu les cloches mélodieuses et mélancoliques cet après-midi-là, dans la plantation de manguiers, au milieu des arbres silencieux et de la poussière dorée.

L'image me revenait comme dans un rêve familier, toujours aussi inattendue au cours de ces voyages, et produisant le même effet qu'une de ces trouées dans une paroi rocheuse qui vous révèlent, l'espace d'une seconde, à travers la vitre d'un train lancé à pleine vitesse, des moutons paissant paisiblement dans une prairie herbeuse, autour d'une mare dont la surface tranquille reflète le bleu pur du ciel.

Cette image, qui rassemblait, en une synthèse parfaite, solitude, contentement et beauté, me fut comme un baume apaisant tout au long de mon épuisant périple ; elle me revivifiait en me plongeant dans un monde pastoral mythique, où des enfants menaient une vie simple, gardaient des vaches toute la matinée et rentraient chez eux tard dans l'après-midi pour trouver un repas préparé sur un feu de bouses séchées.

Pur fantasme de ma part, que je reconnais comme tel aujourd'hui. Mais nous vivons de fantasmes, et celui-ci accomplit alors ce qui m'apparaît rétrospectivement comme une sorte de miracle : il m'insuffla de nouveaux espoirs capables de compenser la perte de mes anciennes illusions. Il atténua, si brièvement que ce fût, le sentiment que j'avais, après mon séjour à Pondichéry, d'avoir été profondément et durablement marqué. Il m'aida dans mes voyages erratiques en me laissant espérer une seconde chance.

Et quand celle-ci se présenta – heureusement bien plus tôt que je n'aurais pu l'espérer –, la vision non seulement survécut mais en vint à remplir ce qui m'apparaissait comme le vide immense et effrayant de l'avenir.

À Dharamsala, où j'arrivai à la fin de mes pérégrinations pour prendre le poste dont Deepa s'était occupée, je découvris de nouvelles façons de vivre qui n'étaient pas si éloignées de mes rêves de pastorale.

*

Dharamsala était alors, comme elle l'est encore dans une large mesure, une petite ville sans grande envergure. Sa population peu nombreuse était constituée pour l'essentiel de Tibétains qui, obligés de quitter leur pays natal, étaient venus s'y réfugier dans les années 60, et quelque chose de l'ineffable mélancolie de l'exil permanent hantait encore ses maisons serrées les unes contre les autres et ses rues étriquées. La brume qui noyait l'endroit quand j'y arrivai par un soir de mousson ne fit rien pour démentir cette impression.

Des moines trapus au crâne tonsuré, aux robes tourbillonnantes et aux chaussettes étrangement voyantes allaient et venaient dans le brouillard grisâtre qui enveloppait la ville perchée au sommet de sa montagne. Les voix caverneuses des postes de télévision et les sifflements des Cocotte-minute s'échappaient à travers les rideaux qui masquaient les portes des maisons minuscules, lovées les unes contre les autres. Les fenêtres, ouvertes derrière leurs barreaux, laissaient voir des pièces exiguës éclairées au néon, où des Tibétaines faisaient de la couture, et, dans les boutiques faiblement éclairées, des vieillards au large visage buriné étaient assis, pensifs, derrière des bocaux de bonbons rutilants. Ils avaient l'air lointains et absents, même quand ils vous adressaient la parole, et derrière la tristesse déchirante de leurs visages stoïques on les devinait hantés par les terribles souvenirs de leur patrie perdue.

Ma première chance fut de tomber sur une maison qui me convenait, et ce dès le premier soir, quand je vis à la réception de l'hôtel où j'étais descendu un écriteau rédigé à la main où l'on pouvait lire : « À louer, jolie maison, deux chambres. Locataires avec bail à long terme souhaités. Contacter Uma Devi au Harry's Restaurant. »

Je me souviens de m'être rendu dès le lendemain matin au restaurant en question et d'avoir aperçu pour la première fois la maison que j'allais occuper. J'étais relativement calme ce jour-là, un des bienfaits mineurs que je devais à la façon dont je voyageais, à peu de frais et sans but précis. Arriver dans une ville inconnue après un trajet en car épuisant, s'accroupir sous un robinet doté d'un jet vigoureux, se changer pour enfiler une chemise et un pantalon propres avant d'aller faire un tour, rafraîchi et revigoré, dans un bazar coloré et plein d'animation, autant de moments qui m'apportaient un bien-être certes éphémère mais précieux.

La petite salle qui faisait office de restaurant chez Harry était chargée de l'arôme du café fraîchement moulu et de l'odeur des cigarettes qui ponctuaient les conversations. Dans un coin, un jeune moine tibétain en robe safran faisait retentir de véritables hurlements de plaisir en réponse à ce que ses interlocuteurs, un couple d'Américains entre deux âges, lui racontaient.

Je demandai à voir Uma Devi, m'attendant à me

trouver face à une boutiquière du coin, somnolant sous des photos du dalaï-lama. Je découvris une femme au crâne rasé, proche de la quarantaine et assez bavarde, qui me dit être née en Bavière et avoir adopté ce nom après s'être convertie au bouddhisme.

« Ça fait dix ans, ajouta-t-elle. Maintenant, j'ai l'impression d'être née avec... C'est magnifique comme nom, vous trouvez pas ? Bref, vous aimeriez voir la maison, c'est ça ? »

D'un pas alerte, elle me précéda d'abord dans un dédale de ruelles où des enfants aux joues vermeilles jouaient à la marelle, leurs cris exubérants montant dans l'air humide et s'attardant au-dessus de la ville, puis le long d'un sentier pentu jonché de cailloux qui allait se perdre dans une petite forêt de pins. Elle se plaignit tout au long du chemin de ses derniers locataires, des fumeurs d'herbe qui avaient détruit la paix de sa maison. J'écoutais de façon intermittente, peinant à suivre son allure soutenue.

Nous traversâmes une clairière ensoleillée jonchée des restes d'un grand pique-nique : sacs en plastique verts, assiettes en carton tachées de ketchup, débris de coquilles d'œuf, pelures de pomme, paquets de chips et de bonbons, écrasés et froissés.

« Ces putains de yuppies de Chandigarh, dit-elle avec un geste en direction des immondices. Y se croient vraiment tout permis ! Au fait, et vous, vous faites quoi dans la vie ? »

« Génial », dit-elle quand je lui eus fait savoir que j'allais enseigner à l'école primaire.

Nous continuâmes à grimper. Des taches de soleil tremblaient sur le sol moussu jonché d'aiguilles de pin. Un mur de pierre couvert de lichen apparut soudain sur notre gauche avant de disparaître, puis de réapparaître. On aurait dit que le sentier allait s'arrêter de grimper, mais il n'en fut rien. Au bout d'un moment, tout de même, Uma quitta le chemin pour pousser une petite porte en bois dans le muret. Elle entra et s'arrêta pour m'attendre, tenant la porte entrouverte.

À bout de souffle, je gravis les derniers mètres de

chemin caillouteux, franchis la porte, et, levant les yeux au moment où elle se refermait en grinçant sur ses gonds rouillés, j'eus la première vision, ô combien réconfortante, de ce qui allait être ma demeure pendant les sept années à venir.

Je vis, au milieu d'une clairière verdoyante au-dessus de laquelle les pins avoisinants entrelaçaient leurs ombres élancées, une petite maison basse au toit rouge, qui se cachait timidement derrière des paniers suspendus regorgeant de bougainvilliers. À l'intérieur, il y avait deux grandes pièces parquetées, dont le mobilier en teck luisait dans la lumière austère que filtraient des rideaux en mousseline, et un salon avec une cheminée qui ne servait plus mais s'ornait d'un grand portrait du dalaï-lama, d'un tapis aux fleurs passées et de deux fauteuils en osier. Une mouche bourdonnait dans les profondeurs humides de la salle de bains. La kitchenette étroite disposait d'une fenêtre encrassée qui donnait sur une arrière-cour minuscule, où un oiseau aux couleurs exotiques picorait dans une flaque boueuse laissée là par les pluies de la veille.

*

J'eus vite fait de régler les questions matérielles avec Uma Devi : une femme de ménage viendrait nettoyer la maison une fois par semaine ; un gamin m'apporterait mon repas du soir depuis le restaurant. La propriétaire me prodigua également nombre de conseils fort utiles, ne demandant en retour qu'une faveur : ne pas enlever le portrait encadré et orné de guirlandes du dalaï-lama qui trônait sur la tablette de la cheminée.

Il ne me fallut pas longtemps pour m'habituer à mon nouveau cadre. Je m'installai avec mes maigres possessions et gardai à la maison son côté spartiate, ne l'équipant que du strict nécessaire. J'aimais déambuler à travers les grandes pièces vides et écouter résonner mes pas sur le parquet.

Après tant de matins passés à m'éveiller dans des pièces inconnues et anonymes, le cœur lourd du mal du pays, j'ouvrais maintenant les yeux sur la lumière blanche qui filtrait à travers les rideaux, derrière lesquels je savais trouver la pelouse trempée de rosée étincelant dans le soleil du matin.

Mes journées se remplirent à partir du moment où l'école reprit. Je n'étais pas surchargé de travail, tant s'en faut : trois cours par jour, avec de temps à autre une leçon particulière. J'aurais aimé davantage de responsabilités, mais l'école avait un mode de fonctionnement bien particulier.

Elle avait été inaugurée quelques années plus tôt : la plaque de marbre qui commémorait l'événement faisait allusion au dalaï-lama et à quelques dignitaires locaux. Mais en l'absence d'une direction énergique, les choses s'étaient rapidement dégradées. La directrice, Mrs. Sharma, l'amie de Deepa, une femme d'environ trente-cinq ans à l'air toujours tendu, n'était pratiquement jamais là ; ses collègues expliquaient, goguenards, qu'elle voyageait « aux frais de la princesse » à travers le monde, courant les colloques sur les problèmes de l'enseignement et la question des réfugiés. Sa sœur cadette, Gita, jolie jeune femme bien en chair, mais psychologiquement fragile et instable, expédiait les affaires courantes. Elle n'était pas d'une grande efficacité, et l'on en voyait partout les manifestations. Le bâtiment principal au toit de tôle, où étaient regroupés les cinq niveaux, était encombré de meubles de rangement en métal et de projecteurs dernier cri. Du mobilier neuf avait été commandé, mais attendait toujours, des mois après la livraison, d'être déballé ; ailleurs, des équipements sportifs dormaient sous des couches de poussière. L'installation électrique était insuffisante pour permettre ne fût-ce qu'à des radiateurs ordinaires de fonctionner, et les professeurs se voyaient obligés, en dépit des interdictions, de recourir à des feux de bois dans les cheminées quand le froid devenait insupportable.

Personnellement, je me sentais plein de sympathie pour Gita. Les autres professeurs l'acceptaient mal, peut-être parce que beaucoup étaient plus âgés qu'elle.

Sa propre sœur, quand par hasard elle était présente, la traitait en public avec une rare impolitesse.

Mais je gardais mes distances et la laissais se débrouiller avec ses problèmes. Je m'acquittais ponctuellement de ma tâche – faire réciter l'alphabet anglais trois fois par jour, faire faire des dictées, donner des devoirs à la maison –, puis je rentrais chez moi. Je n'échangeais jamais que des banalités avec mes collègues, parmi lesquels certains étaient dans ma situation : encore étudiants à l'université, ils cherchaient à acquérir quelque expérience professionnelle. Ils étaient toujours ensemble et trouvaient bizarre que je reste seul dans mon coin ; il m'arrivait de surprendre quelques commentaires à ce sujet, et je discernais à la fois curiosité et moquerie dans la cordialité ostentatoire dont ils témoignaient à mon égard.

Avec les enfants, je n'avais que des relations de travail. Ils venaient pour la plupart de familles tibétaines où, avant eux, personne n'était jamais allé à l'école ; ils étaient intelligents et motivés, surtout pour ma matière, l'anglais, qui leur servirait de passeport pour entrer dans le monde. Leurs parents, qui dirigeaient les petites entreprises et les commerces de la ville, s'inquiétaient en général beaucoup des progrès de leurs petits. Ils m'attendaient à la sortie, serrant fébrilement dans la leur la main de leur rejeton passablement embarrassé, m'accostaient pour me poser des questions simples, parfois même naïves, et m'offraient, attention touchante de leur part, des remises spéciales dans leurs magasins.

Mon travail me laissait beaucoup de temps libre, que j'occupai, pendant le premier semestre, à des lectures et à de longues promenades dans les forêts avoisinantes. Au bazar, je découvris un bouquiniste tibétain. Des ouvrages d'un tout autre genre apparurent sur la cheminée, à côté de la photo du dalaï-lama, là où se trouvaient surtout des livres de poche des éditions Penguin et Picador. Mes lectures prirent un tour nouveau. Je perdis ma passion pour la littérature, pour finir même par me méfier des romans et des vies informes et envahissantes qui les peuplaient. Je me mis à lire des ouvrages sur la nature et l'environnement, appris à reconnaître les arbres, les oiseaux et les fleurs de la région, m'intéressai aux découvertes récentes de la science et de l'astronomie. J'achetai également une chaîne stéréo et, dans une minuscule boutique au fin fond d'une ruelle, me procurai des cassettes des compositeurs que Miss West m'avait fait connaître : Schubert, Brahms, Mendelssohn, Beethoven, Sibelius. Je fis d'autres découvertes intéressantes dans la ville : restaurants bon marché, bonnes adresses pour le pain et le fromage.

Peu à peu, je me mis à apprécier les groupes hétéroclites qui passaient par Dharamsala, l'animation artificielle qu'ils créaient dans les ruelles étroites et tortueuses. La ville recevait un nombre de visiteurs sans commune mesure avec sa taille. Certains étaient indiens : jeunes gens fortunés qui arrivaient entassés dans des Maruti, les fameux « yuppies » que détestait Uma Devi, ou jeunes mariés en voyage de noces, qui se faisaient prendre en photo, perchés en équilibre instable sur un cheval et affublés de costumes et de bijoux locaux. Mais la plupart étaient des « tibétophiles » occidentaux : hippies vieillissants, arborant queues de cheval et estomacs rebondis ; douairières européennes et américaines en longues robes écarlates et colliers à grosses boules brunes ; touristes allemands agrippés à leur exemplaire de *Siddhartha*. Un soir, au crépuscule, le Tibétain chez qui je faisais mes courses me montra un célèbre acteur d'Hollywood, accompagné de sa femme, top model non moins célèbre. Les visiteurs les plus nombreux étaient toutefois les touristes sans prétention spirituelle d'aucune sorte : adolescents américains et jeunes militaires israéliens en permission qui, tard le soir, se pressaient dans les boutiques vidéo miteuses tenues par de jeunes Tibétains prétendument branchés, portant anoraks fluos et boucles d'oreilles.

L'animation du bazar me changeait agréablement de la paix et de la solitude de ma maison, qui me procurait en retour un plaisir chaque fois renouvelé quand je poussais la petite porte en bois grinçante et rentrais chez moi après une journée harassante à l'école. La sérénité naturelle du décor – la pelouse devant la maison, les sentiers ombragés qui serpentaient dans la forêt, les chênes et les pins derrière lesquels sommeillait la vallée de Kangra – me rapprochait chaque jour davantage de cette paix intérieure à laquelle j'aspirais à cette époque. Jusqu'alors je n'avais jamais eu de chez-moi, et, au fur et à mesure que le temps passait, mon attachement grandit pour cette maison qui m'avait donné une seconde chance et que j'en vins à considérer d'un œil de propriétaire.

*

Au bout de trois mois, mon contrat avec l'école arriva à échéance. Mais j'avais envie de rester et, comme je m'y attendais, l'école ne fut que trop heureuse de me garder. J'écrivis à mon père pour lui faire part de ma décision. Il me répondit brièvement : j'étais bien évidemment libre de choisir la vie que je voulais mener pour l'instant, mais il me conseillait malgré tout de ne pas perdre de vue « le grand projet ». Et il évoqua une nouvelle fois la notion de *samskara*.

Après la mousson vint l'automne. Davantage de visiteurs arrivèrent des plaines. Les feuilles mortes tapissaient le sentier qui montait chez moi. Et puis, une nuit, la neige tomba sur la chaîne de Dhanla Dar ; le vent se fit glacial ; les braseros au charbon de bois et les hommes en casquettes de fourrure firent leur apparition dans les rues, tandis que le nombre des visiteurs chutait brutalement.

L'hiver s'installa, et, une nuit, il neigea sur Dharamsala. La lumière qui inondait ma chambre au matin était étincelante ; je repoussai les rideaux pour découvrir un monde d'une blancheur aveuglante. Un vent glacial balayait la pelouse et, sur la véranda, un chat errant était roulé en boule sur mon rocking-chair en rotin.

L'école ferma deux mois, mais je restai à Dharamsala et, tous les matins, je pataugeais dans la gadoue pour aller donner des leçons à un petit Tibétain. Le soir, les mélodies nostalgiques des symphonies de Sibelius emplissaient les pièces vides, tandis que les rectangles de lumière jaune pâle des fenêtres se découpaient sur la pelouse recouverte de neige.

Puis ce fut le printemps, l'école rouvrit et je repris ma routine.

Quand l'école ferma à nouveau pour les vacances d'été, je fermai aussi ma maison et partis en car pour la vallée du Lahaul, où je passai les deux mois suivants à faire des randonnées dans des paysages de rochers éclaboussés de neige, de lacs d'un bleu laiteux et de torrents clairs et peu profonds.

Le soleil était chaud, et c'est à peine si un nuage flottait dans le ciel. Ma peau fonça très vite, mes lèvres se gercèrent ; de petites taches noires dansaient devant mes yeux sans protection, et il me fallait me rafraîchir toutes les heures à l'eau des torrents où les truites ondulaient sur les galets polis. À la fin de la journée, je me dirigeais vers le village le plus proche, annoncé par ses volutes de fumée, où je trouvais gîte et nourriture chez un cultivateur.

Le lendemain matin, je repartais, toute trace de fatigue effacée. Je me sentais régénéré et, lorsque j'atteignais un petit sommet après une journée d'escalade de pentes rocheuses abruptes, j'étais envahi d'un sentiment de bien-être que je n'avais jamais connu auparavant. Ces longues marches dans la vallée sans fin m'apportèrent la grande révélation de cette période de ma vie : je découvris que la vraie santé ne dépendait pas seulement d'un esprit sain mais exigeait aussi un corps robuste.

Quand l'école reprit pendant la mousson, je fis une demande pour que mon contrat soit prorogé. J'écrivis à mon père pour lui dire que je souhaitais continuer à travailler à l'école et m'établir de façon durable à Dharamsala. Je n'eus pas de réponse pendant des semaines, et, quand sa lettre me parvint, elle était pleine de reproches. Il me disait qu'un emploi d'enseignant dans une école primaire d'une petite ville de province ne constituait au mieux qu'une étape vers des fonctions plus élevées. Qu'il aurait souhaité me voir occuper un poste plus prestigieux. Que nous avions des obligations envers nos ancêtres. Mais c'était dans sa dernière remarque que transparaissait le plus nettement son irritation : « Après tout, c'est ta vie, écrivait-il, et tu en fais ce que tu veux. »

Je ne répondis pas tout de suite et, quand je m'y décidai, je parlai d'autre chose : de la signification symbolique d'un temple des environs, de mon souhait, qui n'était pas sincère, de me rendre à Pondichéry le plus tôt possible.

Dans l'intervalle, ma demande avait été agréée par Mrs. Sharma, de retour de l'un de ses nombreux voyages à l'étranger. Elle me gratifia, par la même occasion, d'une promotion inattendue. Elle avait réussi à arranger un mariage entre Gita et un homme d'affaires de Delhi et me proposa, sans se départir de sa nervosité habituelle, le poste de directeur adjoint. Je continuerais à enseigner, tout en ayant des tâches administratives.

Bien entendu, j'acceptai ; en conséquence de quoi, je dus passer davantage de temps à l'école. Le nombre des parents qui m'attendaient devant la grille augmenta sensiblement. On se mit à me saluer avec respect dans les rues, et des boîtes de bonbons enveloppées de papier cellophane jaune et brillant firent leur apparition devant ma porte le matin de la fête de Diwali.

Cet été-là, je me rendis dans la vallée du Spiti. Je traversai d'immenses plaines grises de neige et de rochers et pénétrai dans des vallées verdoyantes. Je séjournai quelque temps dans un monastère aux murs ocre, où l'on m'accepta sur les recommandations d'un commerçant du bazar. La construction était perchée au sommet d'une colline, et, de ma cellule, je regardais les crépuscules argentés tomber sur la vallée enfouie sous la neige, les chênes aux branches décharnées découper leurs silhouettes sur la blancheur du sol, les premières lumières apparaître timidement dans la brume lointaine, l'air immobile trembler au tintement des cloches.

L'été suivant, j'allai jusqu'au Kinnaur, et, pendant sept ans, tous les étés, je partis explorer un endroit ou un autre de l'Himalaya.

Je n'entrepris pas d'autres voyages. À la seule idée du vaste monde qui s'étendait derrière les montagnes, j'étais rempli d'appréhension. Mon père m'écrivait régulièrement pour me renouveler son invitation à venir le voir à Pondichéry, et, chaque fois, il me fallait inventer une nouvelle excuse.

2

Quand on a vingt ans, sept ans peuvent paraître longs, surtout si l'on mène une vie retirée et si l'on ne connaît ni l'ambition, ni l'amour, ni aucune des préoccupations de cet âge.

Et pourtant, je ne trouvais pas le temps long à Dharamsala, en dépit de ma routine quotidienne et de ma solitude ; les jours passaient, sans plus d'agitation que de torpeur. J'accomplissais mon travail – qu'il s'agisse de faire réciter l'alphabet ou de m'occuper de petits travaux de comptabilité – sans me sentir autrement engagé vis-à-vis de l'école ou des enfants. Je continuais à lire beaucoup, par pur réflexe. J'écoutais de la musique ou me promenais pendant des heures. Et c'est ainsi que les jours devinrent des mois, puis les mois des années.

Quand, vers la fin de mon long séjour, j'observais les gens dans le bazar – les couples en voyage de noces, les jeunes gens pleins d'énergie, les Européens, plus pondérés, en quête de spiritualité –, c'était avec un sentiment de peur et d'étrangeté. Leurs joies et leurs tourments, leurs désirs et leurs angoisses, leurs craintes, leurs rôles dans le vaste monde d'où ils venaient, je ne voulais rien en savoir.

Je sentais encore en moi quelque chose d'inachevé qui ne parvenait pas à mûrir, et je restais sujet à de vagues fantasmes de nobles et grandes entreprises qui auraient donné forme et sens à ma vie. Mais, à mon grand soulagement, de tels accès ne duraient pas, même si, dans les moments qui suivaient, je me laissais aller à m'apitoyer sur mon sort. J'étais plus conscient que jamais du romanesque absurde et incongru de ces fantasmes.

*

Au cours de mes premières années à Dharamsala, je restai vulnérable aux souvenirs du temps passé à Bénarès et à Pondichéry, et je dus faire des efforts considérables pour me persuader que ce passé était mort. Par une sorte de discipline mentale, je m'exerçais à ne plus y penser ni à tenter d'y trouver un sens. Il me fallut beaucoup de temps et de volonté avant que ce passé se décante dans mon esprit, pour ne plus apparaître que comme une époque de trouble et de deuil sur laquelle il était inutile que je revienne.

Et puis, tout à coup, les uns après les autres, des gens qui appartenaient à ce passé resurgirent dans ma vie, m'obligeant à y revenir.

*

La première à réapparaître fut Priya, que je trouvai un beau jour à l'école, à la fin d'une journée éprouvante. Le domestique vint me prévenir qu'une jeune fille de Chandigarh demandait à me voir. Je sortis dans la nuit tombante pour apercevoir une minuscule silhouette qui se profilait sous l'enseigne rouillée en forme de croissant sur laquelle s'inscrivait le nom de l'école.

Elle était aussi maigre que dans mon souvenir, mais avait les cheveux plus courts et les sourcils soigneusement épilés. Elle était accompagnée d'un jeune homme, grand, rasé de près, doté d'un nez à l'arête saillante couvert de points noirs et de cheveux longs et raides qu'il ne cessait de rejeter en arrière d'un petit geste saccadé.

Je n'avais pas perdu tout contact avec elle après mon départ de Pondichéry. Je lui avais envoyé une courte lettre pour m'excuser du malentendu dont j'étais responsable. Elle m'avait répondu avec un texte dont la maturité m'avait surpris et dont le ton et le vocabulaire étaient manifestement empruntés à une personne plus âgée, sans doute Deepa. Elle s'en voulait de s'être montrée « aussi puérile et fougueuse » et, à son tour, me présentait ses excuses.

Une carte postale, un peu plus tard, m'avait appris qu'elle vivait à Chandigarh, non loin d'ici, où elle suivait des cours à l'université. Et voilà qu'elle était à Dharamsala, s'apprêtant à aller passer quelques jours dans une station de montagne en compagnie d'un garçon en qui je ne tardai pas à reconnaître son premier « petit ami ».

C'était pour elle une grande aventure. Je les emmenai chez Harry, où nous partageâmes un repas au cours duquel elle ne parvint pas à cacher sa gêne et où nous ne fûmes guère bavards. La fragilité qu'elle avait manifestée à Pondichéry était encore plus flagrante aujourd'hui, et ses ambitions encore plus contradictoires. Elle me fit part de son intention de devenir assistante sociale, mais elle voulait d'abord faire un MBA, aux États-Unis. Puis, changeant aussitôt d'avis, elle me dit qu'elle voulait écrire de la poésie et devenir écrivain.

Assise derrière le comptoir, Uma Devi, intriguée, ne nous quittait pas des yeux, se demandant visiblement quels liens je pouvais bien entretenir avec le jeune couple.

Plus tard, en déambulant dans le marché, je les revis, riant et plaisantant avec le jeune Tibétain qui tenait la boutique de vidéo. Détendus, ils semblaient avoir retrouvé leur vraie nature.

*

Et puis, un jour d'août, alors que le premier semestre n'était pas encore commencé et que je me trouvais à la librairie en train de feuilleter les derniers arrivages, tout en parlant du taux de change de la roupie par rapport à la livre avec le propriétaire du magasin, un vieux Tibétain à lunettes d'une grande gentillesse, répondant au nom de Tenzing et affligé d'une grosse bosse noire sur le front, j'entendis une voix dire derrière moi :

« Alors, on ne reconnaît plus ses vieux amis ? »

Je me retrouvai face à face avec Mark, toujours aussi grand, affichant un large sourire, les épaules couvertes d'une abondante chevelure. Il m'avait vu entrer alors que lui-même s'apprêtait à sortir et m'avait écouté parler avec le libraire pour s'assurer qu'il ne se trompait pas.

La large ceinture éraflée de son pantalon kaki lui dessinait un début d'embonpoint, mais il n'avait rien perdu de ses manières affables ni de son physique agréable. Il avait à la main un nouvel ouvrage sur la médecine ayurvédique. Mais il me dit qu'il avait renoncé à ses recherches. Une fondation lui avait bien accordé une nouvelle bourse, mais il avait refusé l'offre. Il était allé passer quelques semaines aux États-Unis cet été-là, puis était revenu directement à Dharamsala, où il avait l'intention de rester quelque temps avant de rentrer à Bénarès. Apparemment, il séjournait ici presque tous les ans durant l'été et les mois de mousson. Il ne pouvait plus se passer de l'Inde, qui était devenue pour lui une véritable drogue.

Quand je lui dis que j'étais à Dharamsala depuis sept ans, il eut un petit sifflement d'incrédulité.

« C'est bizarre quand même, me dit-il. On aurait dû se croiser depuis longtemps. »

À l'entendre, il était pressé, ce qui ne l'empêcha pas de s'attarder pour me parler de la vallée de Kangra, où il venait de randonner.

« Tu as su pour Panditji et sa femme ? me dit-il à brûle-pourpoint. Ils sont morts tous les deux brutalement, à quelques jours d'intervalle. D'après les gens, l'affaire n'était pas claire ; apparemment, ils n'étaient pas en très bons termes avec leur fils, Arjun... »

Il continuait de parler tout en se dirigeant vers la porte.

« Il faudrait aussi que je te parle de Miss West, dit-il sur le seuil du magasin, mais je n'ai pas le temps aujourd'hui. Ce sera pour une autre fois. De toute façon, maintenant que nous nous sommes retrouvés, il faut qu'on se revoie. Tu n'as qu'à venir à la maison un de ces jours. Je vais t'expliquer où c'est. En sortant d'ici, tu fais une cinquantaine de mètres sur ta gauche, après tu... »

C'est ainsi que, quelques jours plus tard, je me retrouvai dans la ruelle tranquille et pavée que Mark m'avait décrite. Des paniers de bougainvilliers encadraient les portes d'entrée des petites maisons qui la bordaient, et des fanions de prière blancs claquaient au vent sur les cordes à linge tendues entre les toits.

Il m'avait fallu quelque temps pour me décider à aller voir Mark, et je n'étais toujours pas certain que l'idée était bonne. J'avais d'abord été surpris par l'indifférence avec laquelle j'avais accueilli la nouvelle de la mort de Panditji et de sa femme : l'événement m'avait paru si éloigné de tout ce qui touchait à ma vie actuelle qu'il m'avait fait aussi peu d'effet que les nouvelles qu'il m'arrivait de lire dans les journaux parcourus à la librairie. Plus tard, cependant, il avait commencé à me tarauder dans ma solitude, libérant d'autres souvenirs de Bénarès et des jours sereins que j'y avais passés : les après-midi à la bibliothèque, les soirées sur les *ghats*, les crépuscules voilés de brume bleutée, les journées monotones pleines d'un vide reposant. Je ne pouvais empêcher ces images de s'imposer à moi et j'étais tenté de les retenir. C'était ce qui m'avait finalement poussé à me rendre chez Mark cet après-midi-là.

*

Ce fut une jeune Indienne vêtue d'une *kurta* brodée de fils d'argent qui m'ouvrit la porte, et, l'espace d'un instant, je crus m'être trompé de maison. Mais je fus rassuré dès qu'elle m'eut dit, avec un accent indubitablement américain, ses lunettes étincelant dans le soleil, que Mark était sorti un instant pour aller au bazar.

« Si vous voulez l'attendre ici, ne vous gênez pas », dit-elle.

À l'intérieur, je trouvai le même assortiment d'artisanat local que j'avais vu autrefois dans la maison de Mark à Bénarès : tapis d'Azamgarth, tentures de l'Himachal Pradesh, abat-jour du Gujarat, *tangka* tibétains et ustensiles de cuisine variés.

La jeune femme me tendit une petite main tiède et, après s'être présentée, s'assit devant moi sur le tapis. Elle s'appelait Rekha, et préparait une licence à Berkeley. Elle devait donc avoir une vingtaine d'années, mais elle paraissait plus âgée : ses lunettes lui donnaient un air sévère et studieux, et elle parlait vite, avec une sorte d'emphase et d'accent marqué qui juraient avec son visage d'Indienne.

Elle me raconta qu'elle aidait le mouvement pour les droits des mères célibataires des minorités ethniques à San Francisco. Une fois sa licence obtenue, elle avait l'intention de continuer en faculté de droit afin de pouvoir travailler de façon permanente comme avocate du mouvement.

De mon côté, je n'alimentais guère la conversation. Elle ne me posa pas de questions, et je ne savais trop comment réagir à ses révélations, faites, semblait-il, avec une totale franchise. Quand elle se leva pour aller faire du thé, j'hésitai à lui proposer mon aide.

Tandis qu'elle s'affairait dans la cuisine, cherchant à l'aveuglette bocaux et tasses sur les rayons, je me souvins brutalement de Debbie. Où pouvait-elle bien être maintenant ? Dans cette petite pièce faiblement éclairée, au milieu du bric-à-brac amassé par Mark à Bénarès, je pris soudain conscience avec nostalgie, grâce à cette seule question, de l'immense réserve de souvenirs non encore ranimés que je portais en moi.

Mark arriva alors que nous finissions notre thé. Il sembla ravi de me voir et se mit à déballer pêle-mêle ses nouvelles.

Il venait enfin de prendre une décision capitale, après des années d'hésitations douloureuses : cette fois-ci, il rentrait en Amérique. L'an prochain, il s'installerait avec Rekha en Californie. Le moment était venu. Il aimait profondément l'Inde, surtout Bénarès, et la seule idée de ne plus la revoir le déchirait. Mais il le fallait absolument. C'était maintenant ou jamais.

J'attendais patiemment qu'il veuille bien me parler de Miss West, comme il m'avait dit vouloir le faire. Je n'osais pas aborder moi-même le sujet, de peur d'avoir à faire face à des révélations dérangeantes. C'était d'ailleurs la raison pour laquelle je n'avais pas de nouvelles d'elle depuis si longtemps. Je lui avais écrit de Pondichéry et j'avais reçu, en retour, une carte postale dont une phrase, apparemment inoffensive, m'avait donné à réfléchir : elle allait passer l'été à Paris pour voir quelques amis, dont ceux que nous avions en commun. J'avais reçu la carte peu de temps après mon arrivée à Dharamsala, et un brusque accès de terreur me l'avait fait déchirer. Je ne lui avais jamais réécrit.

À entendre Mark, elle aussi venait de prendre une décision « capitale ». Elle était toujours à Bénarès, mais elle avait l'intention d'en partir bientôt.

« Elle a rompu avec cet Anglais qu'elle fréquentait depuis longtemps, dit-il. De toute façon, ça n'aurait jamais marché. Il lui a fallu vingt-sept ans pour s'en convaincre, et je crois que ça l'a complètement démolie, mais elle a un côté tellement british, pas question de se laisser aller aux confidences. Tout ce que je sais, c'est qu'elle a acheté une maison dans l'East Anglia, quelque part à la campagne, et qu'elle a l'intention d'y finir ses jours. Je suis allé dans la région une fois : c'est désespérément plat et humide. Je n'arrive pas à comprendre pourquoi elle tient à aller s'installer là-bas... elle aurait pu vivre en Californie ou ailleurs, dans un endroit un peu moins déprimant. En tout cas, je crois qu'elle a renoncé à attendre ce type. Il faut bien qu'elle aille quelque part, et si elle quitte l'Inde et Bénarès, c'est parce qu'elle sait que ça n'aurait pas marché. Trop de souvenirs, j'imagine. Elle a probablement envie de se retrouver dans un endroit où elle puisse se sentir vraiment chez elle. »

Puis Mark s'embarqua dans un long discours.

« Je me demande si elle sera jamais heureuse. L'autre jour, je parlais avec mon professeur d'hindi qui me servait son refrain habituel sur les Occidentaux, incapables de penser à autre chose qu'au plaisir et au bonheur. J'essayais de lui faire comprendre que notre vie a sa propre douleur. Ça vient avec l'âge adulte, en même temps que les poils sur la poitrine ; c'est une douleur qui nous tord les entrailles, qui ne diffère en rien de celle qu'ont sans doute connue nos parents avant nous et qui ne nous quittera plus. Les drogues, l'alcool, l'art, ça soulage un moment, mais la douleur revient toujours. On peut bien dégotter le gros lot, devenir titulaire d'un poste mirobolant, il n'y a rien qui puisse la faire passer pour de bon. Ce que j'essayais de dire à mon prof, en fait, c'est que si elle prend une forme différente chez nous, cette douleur est tout à fait comparable à celle qu'on trouve ici. Les hommes sont les mêmes partout, que ce soit en Amérique ou ailleurs, et ils recherchent tous une seule et même chose : l'amour, qui est bien ce qui fait le plus cruellement défaut dans la vie que nous menons tous aujourd'hui. »

Ce monologue, dont je me rendis compte à mi-parcours qu'il n'avait rien d'inédit pour son auteur, se révéla servir de prologue à l'exposé des projets de Mark, parmi lesquels figurait son intention « d'éprouver l'amour et de le transmettre », d'« exprimer notre vraie humanité ». Il avait déjà renoncé à ses recherches sur la médecine ayurvédique ; il s'apprêtait maintenant à renoncer à l'intérêt qu'il portait à la musique classique indienne. S'il rentrait, c'était pour travailler à Berkeley, dans un centre de réhabilitation pour les victimes du sida. Et il consacrerait le peu de temps libre qui lui resterait à une association pour la défense de l'environnement.

Tout cela avait été organisé par Rekha, me dit-il en se tournant vers l'endroit où elle était assise. Mais, sans qu'il s'en rendît compte, elle avait quitté la pièce en silence depuis déjà un moment. Il se tourna à nouveau vers moi et bafouilla quelque chose à propos d'un mariage, plus tard dans l'année.

« J'ai parfois du mal à croire, poursuivit-il, que j'aie pu être un jour un chercheur borné uniquement préoccupé par son travail. C'est Rekha qui m'a insufflé le courage de me regarder en face et de me débarrasser de toutes ces conneries. Qui m'a révélé à moi-même. C'était tellement simple, finalement. Comme tout le monde, je ne veux qu'une chose : aimer et être aimé. C'est tout. »

Puis, levant sur moi des yeux clairs et pleins d'assurance, il s'anima considérablement.

« Il y a autre chose. J'ai compris que nous étions faits de chair et de sang, et que la chair est ce que nous avons de plus précieux. Au bout d'un certain temps, on finit par comprendre que toutes ces religions et ces philosophies, poursuivit-il, ne sont qu'un ramassis de conneries, qu'il ne faut surtout pas écouter ces types qui vous disent qu'il n'y a pas de maturité spirituelle et artistique sans solitude ni réclusion. (Il leva le bras pour me montrer l'étagère que j'avais examinée pendant que Rekha était à la cuisine et qui était remplie de livres publiés par des éditeurs comme Shambhala, Tricycle et Wisdom.) C'est comme ça qu'on finit par se priver de tout, ajouta-t-il, dans l'attente de ce fantastique jackpot spirituel qui, forcément, ne vient jamais, et qu'un beau jour on se retrouve tout seul comme un con sur Manikarnika Ghat, en train de brûler, sans personne sur cette putain de planète pour vous accorder une pensée... »

*

Je quittai la maison de Mark un peu désorienté. Dehors, il faisait sombre ; j'avais oublié ma torche et, après avoir trébuché une ou deux fois sur les pavés de la ruelle, je me mis à marcher très lentement.

Je ne pouvais empêcher les paroles de Mark de résonner à mes oreilles, même si je ne me sentais plus à même de les comprendre. Personne ne m'avait plus parlé en ces termes depuis des années : le vocabulaire, les préoccupations, les sujets abordés, le ton passionné, tout me paraissait venir d'un autre monde.

Tout en l'écoutant, je m'étais remémoré ce que

Miss West m'avait dit un jour de Mark : « Il n'a qu'une envie, rentrer chez lui... c'est un instable... » Puis d'autres souvenirs m'étaient revenus, dont la conversation que j'avais entendue sans le vouloir à la soirée de Miss West, et j'avais eu l'impression que les paroles de Mark s'adressaient autant à lui-même qu'à moi. Il avait besoin pour se convaincre de l'approbation d'autrui, besoin du regard des autres pour s'évaluer.

C'est du moins ainsi que j'inclinais à situer Mark. Mais ses mots, surtout la seconde partie de son monologue, ne cessaient de me revenir, et je ne pouvais rester insensible à leurs étranges résonances. Difficile aussi d'ignorer la menace latente dont ils étaient porteurs, dans la mesure où ils m'obligeaient à me remettre en question.

Depuis des années maintenant, je vivais sans m'engager, comme à la surface des choses. J'avais appris à me défaire du sentiment qui avait dominé mon enfance et ma jeunesse et m'avait aidé à surmonter les terreurs de ces années-là : la certitude tranquille que quelque chose de grand et de précieux se développait en moi. Maintenant que ce sentiment de maturation intérieure s'était dissipé, je n'étais plus amené à douter de moi-même, à m'inquiéter de mon avenir. J'étais satisfait d'avoir abandonné cette quête aveugle et illusoire qui était la mienne à l'époque où j'étais arrivé à Bénarès et dont je sentais souvent qu'elle ne menait nulle part. Cette vie intense, faite de peurs et d'espoirs contradictoires, ne me manquait pas. Mieux, je pensais que c'était une bonne chose qu'elle eût pris fin : ne fallait-il pas y voir la fin d'une longue période d'égarement?

La vie au ralenti que je menais à Dharamsala était sévèrement critiquée par certains, parmi lesquels mon père ou mes collègues de travail dont les propos parfois malveillants me revenaient aux oreilles. Mais c'était tout ce que j'avais. J'avais rassemblé mes forces pour la construire, usant de tous les moyens dont je disposais, et, dans mes bons jours, j'arrivais à me persuader que cette vie détachée, si peu fertile en événements, n'était pas loin de ressembler à ce vieil idéal brahmane de la retraite spirituelle. Que je n'étais moi-même pas loin de remplir ces fameuses obligations envers les ancêtres dont mon père ne cessait de me parler dans ses lettres.

Mark m'avait demandé de revenir les voir, mais je m'en gardai bien. La première fois, j'y étais allé par curiosité ; maintenant, la perspective d'une seconde visite me faisait peur, tellement peur que, l'ayant aperçu un jour penché sur un rayon dans la librairie, je me détournai et me précipitai en bas des marches, au grand étonnement du garçon qui tenait la caisse.

Je m'étonne aujourd'hui de réactions aussi extrêmes. Mais l'instabilité de Mark, son besoin de se magnifier et de se rassurer sur son propre compte n'étaient certainement pas ce dont j'avais besoin, après toutes ces années de luttes, et à un moment où ma tranquillité d'esprit et l'équilibre auquel j'étais arrivé à Dharamsala étaient encore si fragiles. Je refusais de les voir menacés, surtout par une chose qui me rappelait un peu trop l'époque de Bénarès.

3

Mais quand, par un froid matin d'automne, arriva un paquet de Miss West, je repensai à Bénarès, sans pouvoir me défendre d'un sentiment d'inachevé.

Dans le paquet, il y en avait un autre, plus petit, dans du papier d'emballage, qui ressemblait fort à un livre ; il y avait aussi une carte postale représentant Bénarès, une mauvaise photo d'ensemble des *ghats*, avec quelques lignes griffonnées au dos.

En dépit de sa brièveté, le mot n'était pas dénué de ce ton badin qu'elle adoptait si souvent et fit l'effet d'une bombe dans ma petite vie tranquille.

Je lus et relus ces lignes des dizaines de fois, jusqu'à ce qu'elles finissent par prendre l'allure d'un refrain dépourvu de sens.

Cher ami,

Je viens tout juste d'apprendre par Mark le lieu de votre retraite pendant toutes ces années. Sans vous, Bénarès n'est plus ce qu'elle était. Venez donc me rendre visite un de ces jours. J'aimerais bien vous revoir et avoir de vos nouvelles.

Amitiés,
Diana

PS : J'ai beaucoup de nouveaux CD.

PPS : Ci-joint, un paquet que quelqu'un a laissé à votre intention il y a des lustres de cela.

Avant l'arrivée du paquet, j'avais repensé à ce que Mark m'avait dit de Miss West. À une époque, je lui avais envié sa chance, la vie qu'elle menait, pensais-je, dans des décors de rêve sans cesse renouvelés. Mais ce que j'avais cru être de la chance s'était accompagné pour elle d'un lot de déceptions et de frustrations et s'était doublé d'un fardeau qu'elle allait devoir porter désormais jusqu'à la fin de ses jours.

Je n'en avais rien deviné et, une fois de plus, je m'étonnai d'être passé à côté de tant de choses dans la vie des autres, faute d'avoir su les discerner et les comprendre. À Bénarès, j'étais resté à l'écoute exclusive de mes propres pensées et de mes propres sentiments, uniquement préoccupé de leurs manifestations ; puis, une fois cette phase terminée, je m'étais absorbé dans la suivante, réduisant les autres à de simples figurants dans cette grande tragédie du Moi. Ils avaient cessé d'exister par eux-mêmes. La vision que j'en avais était de plus en plus floue, et certains d'entre eux, comme Rajesh, m'étaient purement et simplement sortis de l'esprit.

La dernière fois que j'avais aperçu Rajesh, c'était sur les *ghats*, la veille de mon départ, alors qu'il parlait de l'illusion et du néant à ce jeune étudiant visiblement terrorisé. J'avais tant d'autres soucis en tête que je ne m'étais pas manifesté.

J'ouvris alors le paquet contenu dans l'envoi de Miss West, pour découvrir l'exemplaire de *L'Éducation sentimentale* et la photocopie de l'essai de Wilson sur Flaubert que j'avais jadis prêtés à Rajesh.

Le personnage me revint brutalement en mémoire. Je supposai qu'il m'avait attendu à la bibliothèque, puis que, ne me voyant pas réapparaître, il était allé chez Panditji déposer le livre et l'essai. Je me demandai s'il avait croisé Miss West, et, dans ce cas, si elle l'avait intrigué autant que moi-même, bien des années plus tôt, quand je l'avais vue assise sur la terrasse, un soir, en train d'écouter de la musique classique.

Je rangeai le livre sur la tablette de la cheminée, où il rejoignit tous ces romans que je ne lisais plus. Je faillis jeter l'essai après l'avoir longtemps laissé traîner sur une table d'angle; il finit par échouer dans une chemise pleine de photocopies que je n'ouvrais pratiquement jamais.

Et puis, un soir où j'étais allé dans une agence de voyages pour régler les détails d'une excursion avec l'école, je tombai sur Pratap. Originaire d'un village des environs, il avait fait partie de la suite de Rajesh et du cercle d'étudiants qui se formait sous le grand banian devant l'université pour écouter l'oracle et discourir de dots incroyables et de fonctionnaires corrompus. N'ayant jamais réussi l'examen de la fonction publique, il était devenu guide pour touristes indiens. Il accompagnait les circuits en car sur des distances incroyablement longues; le métier était à la fois dur et mal payé, et sans commune mesure avec les rêves de pouvoir et d'argent qu'il avait pu, comme tant d'autres, nourrir quand il était à Bénarès.

Il portait une casquette de cricket blanche mal ajustée et un coupe-vent rouge; son simili-Levis flottait sur son corps maigre et ses grosses baskets fluos semblaient trop grandes pour lui. Il se montra embarrassé quand je le reconnus, et, ne sachant trop que dire, il se mit aussitôt à parler de Rajesh. Il ne l'avait pas vu depuis des mois, mais en avait des nouvelles par d'autres. À l'entendre, Rajesh était plus célèbre que jamais.

Je me demandai quelle pouvait bien être la nature de cette célébrité. Je savais qu'il connaissait Vijay, l'étudiant prolongé qui faisait de la politique à Allahabad et qui m'avait envoyé le voir. J'avais vu les pistolets dans sa chambre et m'étais interrogé sur ses liens avec les agitateurs ainsi que sur les gens bizarres qui étaient venus lui rendre visite dans l'Ambassador aux vitres teintées. Mais jamais je n'avais vu en lui quelqu'un de célèbre.

Pratap me regarda, abasourdi, persuadé que je savais tout de Rajesh. Je le détrompai. Le malentendu ne tarda pas à se dissiper.

Pratap m'avait pris pour un ami intime de Rajesh et, à mesure qu'il parlait, il se montra de plus en plus surpris de voir que je ne savais à peu près rien de sa vie. Il fut encore plus étonné d'apprendre que, lors de mon séjour à Bénarès, j'étais resté ignorant du fait que Rajesh faisait partie d'un gang qui se spécialisait dans le recouvrement de dettes pour le compte d'un groupe d'usuriers et d'hommes d'affaires du coin.

Voilà qui expliquait ses disparitions mystérieuses de Bénarès et la présence des pistolets dans sa chambre. J'avais naïvement attribué les premières à une liaison qu'il tenait à garder secrète ; quant aux seconds, ils m'avaient complètement dérouté. Je me souvenais également de l'Ambassador aux allures de corbillard, et de ce soudain afflux de souvenirs émergea l'image d'Arjun, le fils maudit de Panditji, que j'avais aperçu une fois dans un piteux état. Rajesh m'avait dit à cette occasion qu'Arjun essayait d'hypothéquer une maison qui ne lui appartenait pas et m'avait posé toutes sortes de questions à son sujet. Comment pouvait-il être au courant ? Était-il impliqué dans les violences dont Arjun avait été victime ?

Je posai la question à Pratap, qui, sur le coup, ne se souvint de rien. Au bout d'un moment, pourtant, la mémoire lui revint, et il fut sidéré que je n'aie jamais été mis au courant. Il me dit que Rajesh s'était lui-même chargé de ce « contrat », essentiellement pour qu'Arjun me laisse en paix.

Ces contrats, à entendre Pratap, étaient des affaires juteuses. Une fois confrontés à des menaces de représailles, les gens s'exécutaient, en règle générale, et s'empressaient de payer, sans faire appel à la police.

Par la suite, Rajesh était monté en grade et s'était vu chargé d'affaires encore plus risquées. Tout abasourdi que je fusse par ces premières révélations, il s'avéra bientôt que je n'avais encore rien entendu.

Pratap vit mon effarement, qui, semblait-il, commençait à l'amuser. Sa voix, quand il reprit son récit, avait des accents dramatiques. À un moment, Rajesh était devenu tueur à gages, occupation remarquablement bien rémunérée, grâce à laquelle, par ailleurs, on pouvait se faire des relations. On travaillait pour des intermédiaires, qui eux-mêmes étaient à la solde de riches industriels. Ces hommes d'affaires rendaient également quelques services à la mafia politique locale, qui ne tenait pas forcément à faire appel à ses propres sbires.

Pratap poursuivit, le visage empreint maintenant d'une étrange excitation. Au bout de quelques années dans ce business, on finissait par connaître tout le monde. Mais le métier n'était pas sans risques. On avait beau travailler pour tous ces gros bonnets, on était toujours tout seul. Et, au bout du compte, on n'avait guère de chances de s'en tirer. Tôt ou tard, la police finissait par remonter la filière. Et le système des castes et des clans faisait que la plupart des meurtres restaient rarement impunis.

C'était ce qui arriverait à Rajesh un jour ou l'autre. Pratap évoqua le genre de guet-apens qui faisait souvent la une des journaux locaux : Rajesh serait sur sa moto, bloqué à un carrefour particulièrement fréquenté de la vieille ville, quand quatre hommes surgiraient de nulle part pour l'encercler et l'abattre froidement.

Je regrettais maintenant d'avoir laissé Pratap donner ce tour à la conversation, et j'étais horrifié par le plaisir malsain qu'il prenait à imaginer le destin de Rajesh.

Mon interlocuteur n'aurait pas demandé mieux que de continuer dans la même veine, et il se dirigeait déjà vers un kiosque à thé : je me rendis compte alors que j'avais absolument besoin de me retrouver seul. Il n'avait plus grand-chose à m'apprendre, et, étant donné qu'il était déjà passablement excité, je n'avais pas l'intention de l'encourager davantage.

Je prétextai un travail urgent à l'école et m'esquivai si vite que Pratap n'eut pas même le temps, comme il en avait sans doute envie, de suggérer une autre rencontre. Mon brusque départ sembla l'affecter, et je me fis la réflexion plus tard que je m'étais peut-être montré injuste. Il n'y avait rien de délibéré dans sa malveillance envers Rajesh. Elle était probablement à mettre au compte de ses propres frustrations, de la conscience qu'il avait de se retrouver dans une impasse.

Il me vint aussi à l'esprit par la suite que j'aurais dû lui demander s'il avait l'adresse de Rajesh, mais, en même temps, je me dis qu'une telle requête eût été futile, puisque j'avais tiré un trait sur cette période de ma vie et que je n'avais nullement l'intention de retourner à Bénarès.

Écrire à Rajesh aurait été parfaitement incongru, je le sentais bien. Qu'aurais-je pu lui dire ? Il m'était difficile de recentrer mon attention sur lui, même s'il avait joué un rôle majeur dans cette autre vie que j'avais connue à l'université. Il m'était également difficile de l'exhumer de l'amas de tous ces souvenirs enterrés.

Mais je ne pouvais m'empêcher de penser à ce que Pratap m'avait raconté. J'avais l'esprit rempli de ces images banales sorties des journaux de Bénarès, qui constituaient le tout-venant du crime organisé de la ville. Je revoyais sans cesse Rajesh à ce carrefour fréquenté, coincé au milieu des scooters, des *rickshaws,* des charrettes, des bus, des voitures, des camions et des vélos, et ces quatre hommes, pistolet au poing, qui convergeaient vers lui.

*

Quelques semaines passèrent sans que je parvienne à chasser ces images de mon esprit, jusqu'au jour où j'écrivis à Pratap pour lui demander l'adresse de Rajesh. Il répondit presque aussitôt : quelques mots griffonnés à la hâte pour me dire qu'il venait juste de rencontrer Rajesh, alors qu'il ne l'avait pas revu depuis des années. Il en avait profité pour lui raconter notre rencontre à Dharamsala, lui donner mon adresse et lui dire que j'aimerais avoir de ses nouvelles.

Et c'est ainsi qu'un jour je reçus une lettre de Rajesh. Elle avait été postée à Mirzapur, et aucune adresse ne figurait au dos de l'enveloppe. À l'intérieur, je trouvai quelques paragraphes sur une feuille de papier réglé.

Cher frère,

Que j'entende à nouveau parler de toi après toutes ces années fait partie de ces grands mystères de la vie. Pratap m'a donné de tes nouvelles, m'a fait part de tes choix, qui semblent t'avoir apporté satisfaction. J'ai su dès notre première ren-

contre que tu finirais par t'évader de ce monde qui était le nôtre, que tu étais appelé à une autre destinée. Je suis heureux que tu aies réussi dans cette entreprise.

Pratap m'a dit que tu lui avais demandé des nouvelles de ma mère. Je n'en ai malheureusement que de bien tristes de ce côté-là : elle est morte il y a trois ans. Je l'ai assistée dans ses derniers moments. Les rites funéraires ont eu lieu à Bénarès. Elle m'a souvent demandé de tes nouvelles après ta visite. Elle n'avait pas tant de visiteurs, la pauvre, et quand quelqu'un venait, elle en parlait pendant des années. Après sa mort, j'ai quitté Bénarès pour venir m'installer à Mirzapur, encore que je n'y sois que rarement. Je voyage beaucoup et je ne séjourne jamais très longtemps au même endroit. Pratap m'a dit que tu aimerais me revoir. Il m'est difficile de t'expliquer la situation, et je ne voudrais pas que tu te méprennes, mais toute rencontre entre nous, même si elle reste possible d'un point de vue pratique, te mettrait dans une position extrêmement délicate. J'aurais aimé qu'il en soit autrement, mais la vie que j'ai choisie m'a coupé de nombre de choses qui comptaient beaucoup pour moi dans le passé. Toi qui aimais tant lire, tu serais sans doute horrifié de savoir que je ne lis plus rien en dehors des journaux. Et je n'ai gardé aucun ami du temps de Bénarès.

La ville m'est désormais étrangère. Et je préfère ne pas trop y penser. Au bout de tant d'années, la vie est devenue une simple habitude, elle n'est pas pour moi un sujet de réflexion. Je continue à exister, c'est tout, sans examiner de trop près ni ce que je fais ni ce que je suis devenu. Certains jours, pourtant, je me souviens des vers de Faiz : « Ce n'est pas ce lever tant attendu/Pas cette aurore claire en quête de laquelle sont partis/Les camarades... » Mais combien sont ceux parmi nous qui peuvent affirmer avoir connu cette aurore ? Je ne suis pas le seul à avoir renoncé, nous sommes des millions dans ce cas, et, d'une certaine manière, c'est une consolation. J'espère que tu comprendras et que tu sauras me pardonner.

Ton frère aîné,
Rajesh

Je n'avais jamais eu l'occasion de voir son écriture. C'était une belle devanagari, et sa prose n'était pas dénuée d'une certaine élégance formelle, qui venait sans doute de la poésie ourdou qu'il lisait. Ce n'était pas là le seul trait inattendu de sa lettre. Je l'avais imaginé totalement coupé de son ancienne vie de lectures solitaires, miné par une existence difficile et le monde brutal qui était le sien maintenant, et je m'étais attendu à une déclaration beaucoup plus directe quant à l'impossibilité d'une rencontre entre nous. Une réponse aussi mesurée m'amenait à me demander si je l'avais vraiment connu.

Mais la véritable révélation était encore à venir.

La lettre ne faisait que confirmer ce que je soupçonnais déjà : l'impossibilité de renouer avec Rajesh. Et j'oubliais presque toute l'affaire quand quelques semaines plus tard...

C'est en cherchant dans de vieilles chemises un reçu de l'école que j'avais égaré que je tombai par hasard sur la photocopie de l'essai de Wilson sur Flaubert. Je feuilletais distraitement les pages quand je vis que certains passages étaient soulignés à l'encre rouge. Je n'avais pour ma part jamais pu me résoudre à annoter une page imprimée, sans doute en raison du respect que j'avais toujours eu pour les livres. Ce ne pouvait donc être que l'œuvre de Rajesh.

Je lus les phrases soulignées :

Frédéric représente à la fois le côté le plus raffiné et le plus incompétent de cette médiocrité bourgeoise tandis que le spéculateur véreux en figure le côté actif et ostentatoire. C'est ainsi qu'il finit par trouver chez les personnages qu'il côtoie – journalistes, artistes, aristocrates – la même mesquinerie et la même absence de principes que celles dont lui-même, peu à peu, fait preuve...

J'étais frappé moins par le contenu du passage que par le fait que Rajesh ait jugé bon de le souligner. Qu'est-ce que ces mots avaient bien pu signifier pour lui ?

Je vis encore un passage souligné sur une autre page :

À lire le roman de Flaubert, un pressentiment nous vient, dont on ne peut bientôt plus se débarrasser : l'idée selon laquelle notre société bourgeoise d'industriels, d'hommes d'affaires et de banquiers, de gens qui vivent d'une manière ou d'une autre d'investissements, loin d'être rachetée par sa culture, a fini au contraire par déprécier et vicier tous les secteurs de la culture, de la politique, de la science, des arts et de la religion, tout en corrompant et en minant les relations humaines les plus nobles : l'amour, l'amitié, la loyauté à une cause... et c'est toute la civilisation qui vacille sur ses bases.

La dénonciation du capitalisme par Wilson avait dans ces lignes des résonances marxistes un peu démodées. C'était néanmoins un passage intéressant en ce qu'il offrait un aperçu de la manière dont Wilson arrivait à lier vie réelle et littérature. Mais pourquoi Rajesh l'avait-il souligné ? Encore une fois, comment l'avait-il interprété ?

Je repensai au jour où je l'avais accompagné dans son village ; je ne m'étais souvenu jusqu'ici que du gamin que j'avais aperçu dans la plantation de manguiers et qui en était venu à symboliser mon désir d'une vie paisible et quasi pastorale. D'autres souvenirs refaisaient surface maintenant : le train à vapeur s'époumonant à travers les champs de chaume, les volutes de fumée qui s'étiraient paresseusement au-dessus des cabanes ; la pièce minuscule où vivait sa mère, avec les calendriers de Shiva et de Krishna ; ses confidences sur l'enfance de son fils ; ce que m'avait dit Rajesh à propos de *L'Éducation sentimentale* pendant le voyage de retour, tandis que les escarbilles volaient dans l'obscurité, les mots qu'il avait prononcés d'une voix dure et déterminée et qui m'avaient semblé alors très exagérés : « C'est l'histoire de ma vie. Je connais bien ces gens. Et ton héros, Edmund Wilson, lui aussi les connaît bien. »

*

Qu'avait-il voulu dire par là ?

Il me fallut du temps pour arriver à décoder ces remarques. Je ne cessais de les retourner dans ma tête pendant mes moments de loisir ; mais ce n'est que quand je me décidai à relire *L'Éducation sentimentale* – surmontant la crainte que m'inspirait désormais la seule vue d'un roman – que je commençai à me faire une idée de leur signification.

Je finis par comprendre qu'en m'invitant dans son village Rajesh avait eu une idée bien précise en tête ; qu'il avait décidé de ne rien me cacher de sa vie. Ses remarques sur Wilson et le roman de Flaubert n'étaient pas innocentes ; il voulait me faire savoir qu'il avait non seulement lu l'ouvrage mais qu'avec l'aide de Wilson il en avait tiré ses propres conclusions.

Dans le monde dur et cruel qu'il avait connu, d'abord en travaillant dès son plus jeune âge, puis en devenant tueur à gages à la solde d'hommes politiques et d'industriels sans scrupules, Rajesh avait forcément eu l'occasion de voir la face cachée de la société bourgeoise. Ce qui m'apparaissait aujourd'hui beaucoup plus clairement, c'était la rapidité avec laquelle il en était venu à reconnaître que la société dont parlaient Flaubert et, à sa suite, Wilson n'était guère différente de celle qu'il côtoyait à Bénarès.

« C'est l'histoire de ma vie », m'avait-il dit. Sur le moment, je n'avais pas compris, mais, à Bénarès, je me trouvais bel et bien au milieu de gens qui, comme Frédéric et ses amis, soit avaient renié leurs origines provinciales, soit encore, dans bon nombre de cas, s'en étaient éloignés pour tenter de réaliser leurs rêves de succès dans le monde de la bourgeoisie. Rajesh en était un exemple, Pratap également, et, quoique d'une manière différente, j'en faisais moi aussi partie, avec toutes mes aspirations confuses à un véritable éveil au monde, toutes mes attentes vis-à-vis d'un monde qui finalement me resterait toujours interdit.

Seule une poignée d'étudiants voyaient leurs rêves se concrétiser en rejoignant les rangs de l'administration. La plupart d'entre eux assistaient, impuissants, à la mort lente de leurs ambitions, après avoir essuyé déception sur déception. Ils connaissaient non seulement l'échec mais la dégradation d'avoir à vivre dans un monde gouverné par l'aveuglement sur soi-même, le mensonge, la flagornerie et la corruption.

Les petits drames ordinaires des espoirs et des idéaux déçus que décrivait Flaubert dans *L'Éducation sentimentale*, c'étaient ceux-là mêmes que nous connaissions et que nous vivions. Et c'était cette conscience des choses qui, pour Rajesh, avait été la clé du livre et qui, étant donné la pauvreté de mes moyens et de mes perspectives d'avenir, était aussi la mienne, même si, à Bénarès, j'en avais refusé l'évidence. Parce que je l'avais lu pendant les jours tourmentés qui avaient suivi mon retour de Kalpi, je n'y avais vu que le reflet de ma propre névrose ; le personnage de Frédéric semblait symboliser à la perfection mon sentiment d'inadéquation et me renvoyer l'image dévalorisée que j'avais de moi-même.

En lisant le même livre, mais avec une autre expérience de la vie, Rajesh, lui, y avait découvert autre chose : un environnement social et psychologique comparable au sien. Il partageait avec Flaubert et Wilson – pourtant si loin de nous par ailleurs – une vraie conscience, si amère fût-elle, des épreuves et de la futilité qui caractérisaient cette existence.

« Pour apprécier pleinement ce roman, avait écrit Wilson, il faut avoir vécu. » Rajesh était une vivante illustration de ce précepte, même s'il habitait un monde où l'on ne pouvait le suivre.

*

Il m'avait fallu beaucoup de temps pour comprendre que Rajesh avait tout bonnement essayé de donner un sens à sa vie, d'en relier les éléments disparates : son identité brahmane, ses discours sur le néant et l'illusion, les pistolets dans sa chambre.

Et maintenant, quand je me revoyais à Bénarès, je me rendais compte que c'était là une tâche à laquelle je m'étais moi-même soustrait, et qu'à l'époque j'avais finalement compris très peu de choses, que je m'étais mépris sur l'essentiel. J'étais hanté par une impression d'inachevé, qui s'accompagna bientôt de l'envie de retourner là-bas pour redécouvrir d'un œil neuf ce qui s'était plus ou moins perdu dans mon souvenir.

Je résistai un temps à cette envie, qui ne cessait de grandir. Et puis, un soir, je rentrai chez moi, ma décision prise comme par miracle, et sans même prendre le temps de faire jaillir le geyser de ma salle de bains, je m'assis à la table de la salle à manger, dont je ne me servais jamais, pour écrire à Miss West.

Sa lettre, qui tarda beaucoup et qui ne faisait aucune allusion à ses projets, arriva au moment où l'école était sur le point de fermer pour l'hiver. Des nuages noirs menaçants nous promettaient chaque jour neige et grésil. Le matin, la lumière qui passait sous le rideau de ma chambre était grise et sans éclat, et le jour, dès son lever, paraissait terne et fatigué. La ville était déserte maintenant qu'avaient disparu les hordes de touristes automnales; la nuit tombait de bonne heure sur des crépuscules incolores.

Je fus dans l'impossibilité de partir tout de suite. Certains événements me retinrent à l'école. Nous reçûmes la visite d'un haut personnage, le ministre de l'Éducation de l'Himachal Pradesh. Nous avions besoin de son accord pour que l'école soit officiellement reconnue par le gouvernement, et la directrice, Mrs. Sharma, rentra d'un de ses innombrables séjours à l'étranger pour l'accueillir personnellement. Sa sœur, Gita, revint de Delhi pour l'occasion, couverte de bijoux et plus dodue que jamais; censément venue nous apporter son aide, elle passa son temps à se disputer avec sa sœur et ne fit que multiplier les problèmes.

Les vacances d'hiver étaient presque finies, et nous n'étions qu'à quelques jours de la rentrée quand je partis enfin pour Bénarès.

4

Taxi jusqu'à Pathankot, ex-tête de ligne du Raj, et de là, train jusqu'à Bénarès, ce même vieux train qu'empruntaient autrefois les vacanciers qui de la vallée du Cachemire rentraient à Calcutta. Le taxi était un luxe, et c'est dans le même esprit d'inconséquente prodigalité que j'avais annulé ma précédente réservation pour prendre un billet en seconde climatisée.

Nous partîmes dans la soirée, et, pendant longtemps, je fus incapable de m'endormir. Des silhouettes fantomatiques glissaient en silence dans la pénombre des quais ; on entendait de temps à autre la plainte étouffée d'un chariot à bagages, et quand celle-ci s'éteignait me parvenaient à nouveau, dans le silence qui tombait sur le compartiment, les ronflements cadencés du gros homme qui occupait la couchette à côté de la mienne.

Les idées et les souvenirs qui se bousculaient dans ma tête y entretenaient une sorte de bourdonnement confus qui me tenait en éveil. Je finis par renoncer à essayer de dormir et me contentai de rester allongé sans bouger, à écouter le fracas des roues sur les rails et à attendre une aube qui me semblait pleine de promesses.

C'est dans cette position que je sombrai finalement dans le sommeil.

Je me réveillai très tôt. Une promesse de lumière filtrait effectivement derrière les minces rideaux de la fenêtre, mais quand je les ouvris, le monde, au-dehors, entrevu à travers les vitres sales du compartiment, ce monde que j'avais tant redouté et que je revoyais pour la première fois depuis sept ans – champs immenses et plats, cahutes délabrées aux passages à niveau, camions cabossés remplis de bottes de foin, charrettes se traînant sur des chemins de terre pleins d'ornières, buffles couverts de boue, enfants jouant devant des cabanes au toit de chaume –, ce monde aux ciels immenses et aux larges horizons où des millions d'hommes se disputaient le droit de vivre m'apparut vide et sans relief.

Le train tanguait et cliquetait en franchissant les enchevêtrements de rails luisants. Bénarès apparut enfin après une succession de petites gares désertes, et l'horizon se rétrécit : façades de briques crues, entrelacs de fils électriques, mares couvertes d'algues, autour desquelles étaient accroupis les adeptes de la défécation matinale.

L'arrivée en gare mit un terme brutal au silence monotone du compartiment. Le chaos s'installa dès que le train se fut arrêté le long du quai bondé : des porteurs émaciés vêtus de pulls élimés envahirent les compartiments; des parents hystériques criaient après leurs enfants tout en déchargeant leurs bagages; des gamins en loques hurlaient « *chai chai* » de leur voix de fausset, et des haut-parleurs impavides tombaient les annonces caverneuses des retards et des annulations.

Sur l'esplanade devant la gare, des panneaux publicitaires gigantesques, peuplés d'hommes au rictus menaçant pointant d'énormes pistolets sur leurs adversaires, annonçaient les derniers films de Bombay; les kiosques à sandwichs déversaient leur musique assourdissante; de gros camions multicolores emballaient leur moteur et soufflaient d'énormes nuages de fumée; des gamins, penchés à la portière de *tempos*, tambourinaient sur les flancs cabossés des véhicules dans l'espoir de racoler le client, et des conducteurs de *rickshaw*, le visage maigre, mal rasé et revêche, parcouraient la foule en petits groupes compacts.

*

J'abandonnai mon sac au premier d'entre eux qui m'accosta : un jeune homme plutôt petit, au teint sombre et à l'épaisse moustache frisée.

Je n'avais aucun endroit où dormir ; j'espérais trouver un hôtel bon marché quelque part le long des *ghats*. Mais quand mon conducteur me suggéra un nouvel hôtel « ultramoderne », pas très loin de la gare, je me laissai convaincre.

C'était un bâtiment blanc et propre derrière des murs en briques couverts d'affiches cinématographiques. Le hall désert et brillamment illuminé sentait la cire ; les banquettes en cuir marron luisaient sous l'éclairage ; l'hôtel semblait vide, et aucune clé ne manquait sur le panneau derrière la réception. Le réceptionniste, un jeune homme dégingandé à lunettes, s'affairait sur son registre, inscrivant des noms, puis les barrant l'un après l'autre. Derrière lui, dans une cabine vitrée ornée d'une pendule avec un dessin de Mickey et des gravures encadrées de Shiva sorties tout droit d'un calendrier de reproductions d'art, était assis le patron de l'hôtel, un homme trapu, vêtu d'une tenue de safari grise et occupé à compter soigneusement une liasse de billets de cent roupies.

En fait de liasse, j'eus droit pour ma part à celle des formulaires en double exemplaire que je dus remplir sous l'œil attentif du réceptionniste, lequel me donnait du « monsieur » avec une politesse exagérée. J'attendis ensuite qu'il les ait examinés.

Soudain, au fond du hall, les portes de l'ascenseur s'ouvrirent sur deux jeunes hommes bedonnants, vêtus de *khadi*, que j'identifiai immédiatement comme des politiciens de second plan. Le pas vif et l'air assuré, ils se dirigèrent vers une Ambassador blanche, qui patientait, portières ouvertes, sous le portique de l'entrée. Ils montèrent dans la voiture, dont les portes aux vitres teintées restèrent ouvertes, comme pour attendre quelque retardataire. L'homme qui occupait le siège du conducteur regardait droit devant lui.

J'entendis bientôt les portes de l'ascenseur s'ouvrir à nouveau. En sortirent cette fois-ci deux jeunes femmes, minces, la peau sombre, vêtues de *salwar-kurtas* en tissu synthétique moiré presque identiques et parées de *chunnis* pailletés drapés autour de lourds colliers en or.

Un rouge à lèvres écarlate oblitérait presque complètement leurs petites bouches, et des bracelets en or brillaient à leurs poignets. Les chaînettes en argent qui entouraient leurs chevilles tintèrent doucement quand elles passèrent devant moi, juchées sur d'immenses talons aiguilles.

Elles rejoignirent les autres dans la voiture ; le claquement des portières résonna sous la voûte du portique ; le véhicule démarra sans un bruit.

En me retournant, je vis que le réceptionniste me regardait d'un œil inquiet.

Il esquissa un sourire.

« Invités de marque, monsieur », me dit-il en anglais.

Mais ce n'était pas ce qu'il avait voulu dire ; son anglais rudimentaire l'avait trahi, et il s'en rendit compte presque aussitôt.

Il tourna la tête de côté pour jeter un coup d'œil à l'homme dans la cabine vitrée, lequel comptait toujours imperturbablement ses billets. Quand il me fit à nouveau face, je lus la peur sur son visage.

*

Ce retour à Bénarès me faisait un effet étrange et ne correspondait guère à mon attente. J'avais imaginé un moment calme, peuplé de souvenirs agréables. Mais j'avais dû déchanter dès la gare, devant l'agressivité des porteurs et des conducteurs de *rickshaw.*

Rien qui ne me fût étranger dans cette scène, mais au fil des années paisibles passées à Dharamsala j'avais perdu les vieux réflexes exigés par la situation. Je n'étais plus capable du sang-froid et de la décontraction que réclamaient les conducteurs de *rickshaw* et leurs tarifs exorbitants. Je manquais du détachement, du regard vide et lointain du voyageur endurci.

L'hôtel ne répondait pas davantage à mon attente, pas plus le lieu lui-même, qui ne servait qu'aux rendez-vous galants des politiciens du coin, que le réceptionniste nerveux ou l'homme derrière sa vitre occupé à compter ses billets.

J'étais sur le qui-vive en arrivant, tous mes sens étaient en éveil, mais jusqu'ici je n'avais rencontré que l'inconnu : les fast-food et leurs grandes vitres teintées, les hôtels blancs et leurs frontons où flottaient des drapeaux multicolores, les banderoles tendues en travers des rues faisant de la publicité pour des cours d'informatique, et maintenant cette chambre d'hôtel toute rose, décrite par le réceptionniste comme une « suite nuptiale », et décorée à profusion d'affiches encadrées où des enfants blancs aux tendres visages se découpaient sur fond de paysages suisses aux couleurs criardes, le tout assorti de maximes chrétiennes.

Ce n'était pas là la ville que je connaissais; la ville de mes souvenirs se trouvait plus bas sur la route, plus près du fleuve et des *ghats*, des palais en ruines, des temples à demi submergés. Je commençai à me dire que j'avais eu tort de laisser le conducteur de *rickshaw* m'amener ici.

Le moment de calme vint plus tard, quand je me réveillai d'une courte sieste. La lumière se déversait à flots dans la petite pièce, dont tous les roses, depuis les murs jusqu'aux dessus-de-lit en passant par le canapé, luisaient d'un éclat chaud; des bribes de musique et de conversation entraient par les fenêtres ouvertes.

Le matin et l'angoisse de mon arrivée semblaient loin désormais, tandis que j'allais me poster à la fenêtre donnant sur la cour d'entrée. Vue de cette hauteur, la rue m'apparut sous un angle différent. Des *rickshaws* aux couleurs vives étaient sagement alignés devant les grilles de l'hôtel; un gamin poussait devant lui une carriole de légumes, faisant l'article pour ses marchandises d'une voix étonnamment profonde; un bruit déchira l'air tandis qu'un homme vêtu d'un pyjama blanc qui lui battait les jambes escamotait le logo Coca-Cola qui ornait le rideau métallique de son épicerie, en le relevant d'un seul coup.

Tandis que j'observais la scène, un *rickshaw* déboucha du coin de la rue et fit une embardée sur un nid-de-poule. L'homme agita ses clochettes comme pour protester contre le choc, et le tintement réveilla soudain en moi un vieux souvenir : celui des matins froids et brumeux que je passais dans mon lit, pendant mes premiers jours à Bénarès, recroquevillé sous les minces couvertures de Mrs. Pandey, tout en essayant de lire *Le Monde comme volonté et comme représentation*, tandis que les *rickshaws* croulant sous le poids des écoliers zigzaguaient le long des ruelles pleines d'ornières, que de vieilles mélodies hindi s'échappaient de postes de radio invisibles, que l'eau des robinets publics tambourinait dans les seaux en plastique et qu'une femme que je n'arrivais jamais à voir se séchait les cheveux en les frappant avec sa serviette éponge.

*

Je pris une douche, enfilai des vêtements propres et descendis au restaurant de l'hôtel, où je déjeunai tardivement de *parathas* accompagnés de diverses sauces. Miss West ne m'attendait que plus tard dans l'après-midi, et je n'avais rien à faire d'ici là. Si bien qu'après le déjeuner je retournai dans ma chambre et m'amusai avec la télévision, passant mon temps à zapper de MTV à CNN et vice versa.

C'était la première fois depuis sept ans que je m'asseyais devant un poste de télévision, et me retrouver devant les visages inconnus et le discours étrange des présentateurs de MTV, zombies aux allures d'anorexiques, avec leur estomac à l'air, leurs anneaux à l'arcade sourcilière et leur débit précipité, me donna l'impression d'avoir débarqué chez les Martiens.

J'éteignis la télé et regagnai mon poste d'observation devant la fenêtre. Puis je revins allumer l'appareil, pour l'éteindre aussitôt en l'entendant émettre un long sifflement plaintif. Je m'allongeai sur le lit un moment. J'avais besoin de changer d'air, envie de sortir, de m'éloigner de cet hôtel.

Quand je finis par sortir dans la tiédeur du soleil d'hiver, les choses me semblèrent se dérouler d'elles-mêmes, comme si j'étais dans un état second.

Je n'eus pas besoin de réfléchir pour donner à mon conducteur le nom du quartier où se trouvait la maison de Panditji : les mots me vinrent spontanément à la bouche. Dans le *rickshaw*, tandis qu'un vent frais me balayait le visage et que nous parcourions des rues et des ruelles qui m'étaient toutes familières – les cerfs-volants déchirés pris au piège des câbles électriques, la maison avec sa porte minuscule qui ouvrait sur une espèce de grande loggia ensoleillée où, les après-midi d'hiver, des femmes assises sur des *charpoys* s'occupaient à huiler leurs tresses noires et épaisses, les hommes rassemblés autour des kiosques à thé, le regard dans le vide –, j'eus l'impression d'entrer à nouveau dans un rêve familier.

*

Les ruelles qui menaient chez Panditji étaient toujours aussi humides. Mais une surprise m'attendait devant la maison.

Dans mon souvenir, la porte d'entrée avait toujours été ouverte, laissant voir une petite cour intérieure sombre sur laquelle donnaient la pièce où Panditji restait allongé des jours durant sous des monceaux de couvertures et une salle de bains dont les murs étaient couverts, sur leur moitié inférieure, de mousse verte. La porte était maintenant fermée de l'intérieur.

Je frappai ; j'entendis des voix : celle d'un homme d'abord, puis d'une femme.

Tout en attendant qu'on veuille bien m'ouvrir, je regardai la bande de ciel bleu au-dessus de ma tête et remarquai une femme qui m'observait depuis le toit en terrasse de la maison voisine. Son visage, sous le voile de son sari, était gras et inexpressif : avec un pincement au cœur, je me demandai si c'était là la femme que pendant des années j'avais entendu se sécher les cheveux sans jamais la voir.

À l'intérieur, les voix se firent plus fortes, puis la porte s'ouvrit brusquement.

Un homme blanc, grand et maigre, en *lungi* et gilet kaki, se tenait devant moi, la tête rentrée dans les épaules en raison de l'embrasure trop basse. Il avait les cheveux longs et raides, la peau du visage tirée sur les pommettes, et sur ses bras nus et pâles s'étalaient deux tatouages identiques de Kali, masses sombres où seule la langue écarlate de la déesse mettait une tache de couleur.

Son corps occupait tout l'encadrement de la porte, comme s'il cherchait à cacher quelqu'un derrière lui. Il me dévisagea, la bouche entrouverte, avant de me dire :

« Qu'est-ce que vous voulez ? »

Sa voix était peu aimable, et il avait un accent israélien que je connaissais bien pour l'avoir souvent entendu dans les rues et les boutiques de Dharamsala.

Ses manières s'adoucirent quand je mentionnai le nom de Miss West.

« Ah, je vois. Vous voulez parler à la dame anglaise ? »

J'acquiesçai d'un signe de tête.

« Elle est en haut, sur la terrasse », dit-il en s'écartant pour me laisser passer.

J'entrai. J'entendis un bruit de pas étouffés, et la porte de la pièce de Panditji se referma aussitôt en claquant. J'avais eu le temps d'entr'apercevoir une paire de jambes brunes et nues – des jambes de femme – et des volutes de fumée de cigarette.

L'Israélien me regarda et me sourit d'un air penaud.

Je gravis laborieusement l'escalier, toujours aussi raide, me rappelant comment cette courte mais difficile ascension me donnait le temps de me préparer à affronter les regards vides de Mrs. Pandey et de Shyam, assis devant la cuisine.

Mais il n'y avait personne dans la cour, qui avait subi force transformations. On avait repeint les murs en jaune vif; la porte de la chambre de Mrs. Pandey arborait de nouvelles décorations florales; l'endroit juste à côté de la cuisine où elle et Shyam avaient pour habitude de s'asseoir était désormais occupé par un lavabo d'un blanc étincelant avec un fouillis de tuyaux de caoutchouc rouges en dessous.

En revanche, la pièce dont la porte était pourvue de barreaux de fer était toujours aussi sombre et, tandis que mes yeux s'accoutumaient à l'obscurité, il me sembla voir quelqu'un bouger à l'intérieur.

Je m'approchai. C'était un homme, assis sur le sol, les genoux ramenés sur la poitrine. Il était appuyé contre le mur qui faisait face à l'escalier et avait dû me voir monter.

J'aperçus d'abord ses yeux, puis le reste de son visage basané et couvert de barbe, et enfin le short kaki et sale d'où émergeaient ses jambes maigres et poilues ; c'est alors que je compris qu'il s'agissait de Shyam.

Le choc fut si grand que j'en restai bouche bée, incapable d'articuler un mot. Je le regardai un moment, puis, après avoir réussi à lui dire mon nom, je lui demandai s'il me reconnaissait. J'essayai de parler le dialecte local hindi que j'utilisais dans le temps avec lui et Mrs. Pandey.

Je distinguais nettement ses yeux maintenant, et il me sembla voir une lueur s'y allumer. Mais aucun son ne sortit de sa bouche.

Je m'approchai encore, m'agrippant des deux mains aux barreaux lisses de la porte. Une faible odeur d'urine flottait dans l'air.

Je lui redis mon nom, un peu plus fort cette fois-ci, ajoutant que j'habitais autrefois dans la pièce qui se trouvait sur le toit.

« Il n'entend rien », dit une voix derrière moi.

Je me retournai pour voir une grande femme en sari, qui était sortie sans bruit de la chambre de Mrs. Pandey.

C'était Sitadevi, la femme d'Arjun. Elle me fit un signe de tête, et je lus *Namaste* sur ses lèvres, elle me souhaitait la bienvenue. Ma présence ne sembla pas la surprendre le moins du monde. Je l'aurais reconnue aussitôt si elle avait eu la tête recouverte d'un pan de son sari, comme dans le temps, quand par hasard je la croisais dans l'escalier.

Elle n'avait pas beaucoup changé : elle était aussi maigre que dans mon souvenir ; ses dents du haut avançaient toujours un peu ; ses yeux ronds et noirs brillaient de curiosité, et sa voix douce était pleine de sollicitude.

« Il n'entend rien, répéta-t-elle.

– Que lui est-il arrivé ?

– Il a fallu que nous l'emmenions à l'asile après la mort de Mataji, dit-elle en hindi, utilisant le mot *Pagalkhana.* Il s'est battu, et il a reçu un coup de marteau sur l'oreille. »

Je regardai à nouveau Shyam. Il n'avait pas bougé, et quand ses yeux croisèrent les miens, ils étaient sans vie.

« Voulez-vous une tasse de thé ? » me demanda Sitadevi, esquissant un geste en direction de la cuisine quand je me retournai vers elle.

J'étais sur le point de refuser poliment quand j'entendis un bruit derrière moi. Un balbutiement étouffé et confus, d'où émergèrent cependant quelques mots. Je n'eus pas besoin d'écouter jusqu'au bout pour savoir ce que disait Shyam.

« La cupidité est le pire des maux. Elle divise les familles, sépare l'époux de sa femme, le fils de ses parents... »

Je vis Sitadevi lui jeter un coup d'œil irrité avant de dire :

« Venez donc prendre une tasse de thé. J'en ai pour une minute. Nous avons une cuisinière à gaz maintenant. »

Elle n'avait pas fini de parler qu'une porte s'ouvrait derrière elle pour livrer passage à Arjun, le cheveu rare, les lèvres épaisses, mais le visage étrangement glabre. Il me dévisagea un instant d'un air sombre, puis me gratifia d'un large sourire.

« Salut, chef, me dit-il. Comment va ? On est venu voir Miss West ? »

Je reconnus le ton faussement enjoué à l'honneur chez les étudiants.

« Oui, oui », bégayai-je, me souvenant soudain de ce que m'avait dit Pratap, fasciné par le visage d'Arjun, par ces lèvres plus épaisses maintenant que la barbe n'était plus là pour les cacher.

« Tu prendras bien une tasse de thé, dit-il. Tu dois être fatigué. Tu as fait un long voyage. »

J'entendais toujours derrière moi le bougonnement

monotone de Shyam : « ... divise les familles, sépare l'époux de sa femme, le fils de ses parents... »

« Venez voir la cuisine au moins, disait Sitadevi. Vous n'allez pas la reconnaître. Elle est moderne maintenant.

– Ça ne prendra pas plus de quelques minutes, dit Arjun en anglais. Et puis, Miss West ne va pas s'envoler », ajouta-t-il en riant.

Dans la cuisine, Sitadevi alluma l'ampoule nue qui pendait au plafond. Les murs noirs de suie et le foyer de la cheminée en bouse séchée avaient disparu. Il y avait maintenant du carrelage blanc, et sur une petite plate-forme en ciment surélevée trônait une cuisinière à gaz d'un vert criard. Un coin de la pièce était occupé par un petit réfrigérateur, décoré d'un gros autocollant de Denis la Malice.

5

En débouchant sur le toit, au sortir de la cour intérieure, je redécouvris le ciel, immense, mais plus sombre maintenant, car d'épais nuages noirs masquaient le soleil à l'ouest. Le fleuve était gris et tranquille; quelques barques attendaient le long du *ghat* désert.

Les quais n'avaient pas changé, contrairement à la vue que l'on avait de l'autre côté de la maison. Dans la cour du temple, il y avait un nouvel abri en tôle ondulée. La terrasse de la maison juste en face avait des balustrades plus hautes, et l'on voyait les extrémités des poutrelles en acier sortir de la brique nue. Un cadenas que je ne connaissais pas, muni d'une combinaison, pendait à la porte de ma chambre. Deux *lungis* imprimés à la main avec des motifs de batik séchaient sur la corde à linge. Je dus les écarter pour pouvoir accéder à la chambre de Miss West.

La porte était ouverte. Miss West était debout devant la table où s'empilaient les CD, dans l'attitude que je lui avais souvent vue par le passé, les yeux fixés sur les disques, son abondante chevelure lui couvrant le visage d'un voile blond, et, l'espace d'un instant, je m'attendis presque à l'entendre dire : « Alors, qu'est-ce qu'on écoute maintenant? »

Elle se retourna et, d'un geste également familier, releva vivement la tête, faisant passer quelques mèches folles derrière ses oreilles.

« Ah, bonjour, dit-elle en souriant. Entrez, entrez. Je vous attendais plus tôt. Il est un peu tard pour le thé j'en ai peur. »

Son sourire était affectueux, mais ses yeux, sur le qui-vive, étaient inquisiteurs.

« Vous avez changé, vous savez, me dit-elle. Plus grand, plus étoffé aussi, ou est-ce que c'est moi qui vois mal ? »

Elle aussi avait changé. Il faisait sombre dans la pièce, et la lumière qui entrait par la porte contrastait avec son pull noir à col roulé, soulignant les rides de son visage et les plis de son cou ; quoique toujours attentifs, ses yeux avaient perdu de leur éclat : ils avaient l'air fatigués quand ils n'étaient pas dirigés vers un objet précis. Elle devait avoir plus de cinquante ans maintenant ; ses traits fins et équilibrés étaient empreints d'une sorte de résignation, qui ne faisait que rehausser sa sérénité naturelle, celle qui m'avait tant frappé autrefois, quand je la regardais, assise sur le toit, absorbée dans la contemplation du fleuve.

Je gardais encore le souvenir de tout ce que j'avais vu en bas. Shyam dans sa cage ; Arjun et Sitadevi, si calmes, si pleins d'attentions et de déférence.

Après tout ce que j'avais entendu dire, je m'attendais à les trouver tendus et nerveux en ma présence : n'avais-je pas vécu dans la maison à l'époque où Panditji et sa femme étaient encore en vie, n'avais-je pas été au courant des prétendus complots ourdis par le fils de Mrs. Pandey contre sa mère ? Mais c'est sans effort apparent qu'ils avaient assumé leur nouveau rôle de propriétaires, avec cette assurance tranquille que donne d'ordinaire un tel statut, assurance que même la présence de Shyam, cet autre témoin du passé, ne semblait pas entamer.

Je fis part de certaines de mes observations à Miss West.

« Des bruits ont couru, et courent encore, dit-elle. Mais il n'y a aucune preuve. Rien qui les implique d'une manière ou d'une autre. Bien entendu, il n'y a pas eu d'autopsie, et les funérailles ont eu lieu très rapidement. C'est d'ailleurs ce qui a fait naître les soupçons. Moi-même, j'étais absente quand c'est arrivé. Mais nous savons tous comment les choses se passent en été, au moment de la grande affluence sur les *ghats* funéraires. Tous ces pauvres villageois qui meurent comme des mouches à cause de la chaleur. Ou bien vous payez pour passer avant les autres ou bien vous attendez votre tour derrière les centaines de cadavres qui commencent à pourrir sur les bords du fleuve. Il fallait bien qu'ils fassent vite. De toute façon, ils ont été très gentils avec moi. J'avais peur qu'ils me demandent de partir ou bien qu'ils exigent un loyer exorbitant après la mort de Panditji et de Mrs. Pandey. Mais pas du tout. Je n'ai qu'une chose à leur reprocher, c'est d'avoir loué la pièce du bas à ces obsédés sexuels d'Israéliens. Vous les avez vus en montant ? Ils ne sortent pratiquement jamais et ils n'arrêtent pas, de vrais lapins. »

C'étaient bien la même voix, et la même façon de parler, directe, terre à terre, un peu agressive. Rétrospectivement, j'eus soudain le sentiment assez absurde qu'elle m'avait manqué pendant toutes ces années.

« Avez-vous reçu le paquet que je vous ai expédié ? me demanda-t-elle, changeant abruptement de sujet. Quelqu'un l'a laissé devant votre porte peu de temps après votre départ. Je serais bien incapable de vous dire qui. Personne ne l'a vu.

– Oui », dis-je, pensant à Rajesh en train de monter l'escalier jusqu'à ma chambre. Avait-il alors croisé Arjun ?

« Qui était-ce ? disait Miss West.

– Quelqu'un que j'avais connu à l'université, dis-je, me surprenant à ajouter : J'ai appris récemment que c'était un criminel.

– Ah bon ? Mais c'est passionnant ! Remarquez, l'université en est pleine ! »

J'avais soudain envie de changer de sujet.

Je lui parlai des prostituées de mon hôtel, de la chambre toute rose, du réceptionniste qui l'avait baptisée « la suite nuptiale ».

« Ça ne me surprend pas », dit-elle. Elle s'arrêta, frissonna avant de se passer les bras autour de la poitrine.

« C'est la nouvelle mafia dont tout le monde parle. Ils finiront par rendre la ville méconnaissable. Remarquez, c'est déjà en bonne voie. Ces horribles fast-food, ces instituts de beauté, ces restaurants prétendument italiens, ces hôtels avec leurs discothèques... tout ça, c'est l'argent de la mafia. »

*

Au fur et à mesure que mes yeux s'accoutumaient à l'obscurité, je distinguai les détails de la pièce, laquelle ne semblait pas avoir beaucoup changé : un pot en terre plein d'eau sous le lit; derrière le mince rideau de la penderie, des piles de vêtements; une rangée de livres de poche sur l'appui de la fenêtre; la vieille chaîne toujours perchée sur son étroit rayon de bois fixé au mur, voisinant avec son chapeau de paille, accroché à un clou invisible.

Le seul élément nouveau semblait être une affiche en papier glacé annonçant les représentations du *Mariage de Figaro* de Mozart au Royal Opera House. Elle datait de 1995 : le dernier voyage de Miss West en Angleterre était donc récent.

Mais les photos sur le mur avaient disparu, les photos de son passé, dont celles de Christopher, qui, à une époque, avaient suscité en moi la vision douloureuse de mondes merveilleux, hors d'atteinte, et un intense sentiment de frustration.

« Je crains bien de ne pas pouvoir vous offrir le thé, dit Miss West. Mais sortons. Allons faire une promenade en bateau. Faisons comme les touristes. Ça vous plairait, non?

– Oui, dis-je. Je crois que oui. »

Elle décrocha son chapeau, puis le remit sur le clou, qui, un instant dénudé, avait eu l'air étrangement vulnérable.

« Le temps a l'air instable, non? dit-elle, scrutant la grisaille extérieure. On dirait qu'il va pleuvoir. »

Une fois dehors, nous gagnâmes les *ghats* par les ruelles sans soleil. Des épées de lumière transperçaient ici et là les eaux grises du fleuve tranquille. Les oiseaux jacassaient dans le vieux banian. Le soleil éclairait encore au loin les murailles massives du palais de Ramnagar, mais, vers le nord, la ville était tassée sous une énorme cloche de nuages noirs et cotonneux.

Une boue détrempée rendait glissantes les marches des *ghats*. Tandis que nous descendions vers le fleuve, Miss West vacilla et faillit tomber avant de recouvrer rapidement son équilibre. Plus bas, près de l'eau, quelques bateliers étaient accroupis en cercle sur le sol, fumant et bavardant. Ils nous aperçurent, et l'un d'eux se détacha aussitôt du groupe pour venir dans notre direction.

Tandis qu'il s'approchait, je vis ses cheveux d'un blanc de neige et la peau foncée de son visage.

« Ce n'est tout de même pas Ramchand ? demandai-je, me souvenant de cet homme si beau qui était venu à notre rencontre la première fois que j'avais fait une promenade en bateau avec Miss West.

– Non, dit Miss West, d'une voix neutre. Ramchand est retourné dans son village ; il est atteint de tuberculose. Celui-là, c'est son père. »

Une fois le bateau détaché et les cordages rejetés sur la berge, une fois les rames actionnées par le vieux batelier grimaçant légèrement sous l'effort, ce fut du même ton indifférent qu'elle commença à parler des gens qu'elle avait connus par le passé.

Elle évoqua la rupture de Mark avec Debbie, laquelle préparait maintenant une thèse à l'Université d'Indiana. Elle parla aussi de certaines personnes qui m'étaient inconnues, partant du principe que, d'une manière ou d'une autre, j'avais dû les fréquenter. Son discours n'avait pour moi rien de surprenant, car il correspondait tout à fait au souvenir que je gardais d'elle. Elle avait passé tellement de temps autrefois, dans cette chambre sur la terrasse, à analyser minutieusement ses amis et ses relations.

C'est à peine si elle prêtait attention au spectacle de la ville qui défilait devant nous : individus isolés ou en groupes attardés sur les *ghats*, parasols déchirés, veuves mélancoliques en sari blanc, volutes de fumée éparses s'échappant des bûchers funéraires sur Harischchandra Ghat.

Elle parla d'une courtisane qu'elle avait connue pendant des années.

« Au temps de sa beauté et de sa séduction, cette femme fréquentait les milieux les plus riches de la ville. Et qu'est-ce que j'apprends aujourd'hui ? Qu'elle vient de mourir dans le dénuement le plus complet, et qu'il a fallu que sa voisine fasse une collecte pour réunir l'argent nécessaire à l'achat du bois pour son bûcher. C'est à désespérer de tout. »

Un bateau qui avait l'air très long apparut à quelque distance ; il semblait venir dans notre direction.

Je croyais que Miss West en avait terminé, mais elle ajouta, avec une véhémence qui faisait trembler sa voix : « Quel gâchis ! Mais quel putain de gâchis ! »

Elle se tut un moment, et dans le silence qui suivit je repensai au matin où je m'étais levé pour la trouver en train de pleurer sur le toit. « Quel gâchis. Mais quel putain de gâchis ! » : tels étaient les mots qu'elle avait prononcés alors, et j'avais été confondu par le ton de sa voix, qui trahissait une émotion bien différente de la froide assurance dont elle témoignait habituellement.

À l'époque, j'avais cru que c'était par solitude et désœuvrement qu'elle s'intéressait tant à la personnalité et à la vie des gens qu'elle connaissait. Je me rendais compte aujourd'hui que sa curiosité avait été dictée tout au long par les complications de sa propre vie, ses échecs et ses désillusions.

Des flammes jaunes dansaient dans la brume grise sur Manikarnika Ghat. Les notes ténues des cloches s'envolaient au-dessus du fleuve. Le ciel était lourd d'épais nuages, noirs et menaçants.

Je fus peiné de voir le désespoir qui s'était attardé un moment sur le visage de Miss West tandis qu'elle parlait, chagriné de pressentir, comme je l'avais déjà fait, la gravité des blessures, l'intensité des souvenirs, des ambitions et des regrets qui l'habitaient.

Je regardais au loin la ville qui se profilait dans la

grisaille, quand je l'entendis dire, d'une voix qui avait retrouvé toute sa vivacité :

« Mais vous vous en souvenez, bien sûr !

– De qui ? demandai-je.

– De la courtisane dont je parlais. La femme aux yeux cernés de khôl. Cette magnifique chanson à propos de Krishna et de Radha, à la soirée que j'avais donnée peu après votre arrivée, quand Anand a joué du sitar, accompagné par Catherine au *tanpura*, c'était elle. Vous vous en souvenez, non ? »

Il était arrivé, ce moment que je savais inévitable depuis que j'étais tombé sur Mark à Dharamsala. Je l'avais attendu avec une terreur mêlée de curiosité, et voilà que la vision soudaine de cette femme réveillait en moi la clameur, terrible et familière, des souvenirs... Souvenirs de cette soirée sur la terrasse, de la nuit à Kalpi, de la soirée à Pondichéry et de tant d'autres moments de ce passé empoisonné, qui, pendant toutes ces années, ne m'avait jamais quitté. Il m'avait d'abord accompagné dans mes errances à travers le pays, le long de nuits sans sommeil dans des wagons grinçants, aussi obstiné et futile que les ombres qui m'encerclaient, puis avait resurgi, ravivant de vieilles blessures, dans la sérénité d'un matin pur et froid de montagne ou au milieu des ruines d'un lointain monastère, pour continuer à me poursuivre, longtemps après mon installation à Dharamsala et le début de ma guérison, jusque dans mes rêves.

Je revins à moi pour entendre Miss West dire :

« Je suppose que vous n'avez jamais eu de nouvelles de Catherine et d'Anand ? »

Le bateau qui venait dans notre direction était tout proche maintenant. Ses quatre ou cinq rameurs souquaient ferme, creusant la surface de l'eau de grosses rides ; leur activité fébrile ne faisait que souligner l'immobilité des femmes dans leurs longs saris et des hommes en *kurta* blanche, dont l'un tenait une urne en cuivre entre les mains.

« Leur aventure s'est terminée peu après leur arrivée à Paris », dit Miss West.

L'autre bateau, qui semblait se diriger droit sur nous, passa finalement à quelques centimètres à peine de notre embarcation. C'est à cet instant précis qu'un violent coup de vent balaya le fleuve. Les voiles des femmes se gonflèrent avant d'être remis presque aussitôt en place. De petits nuages de poussière et de sable s'élevèrent sur la rive inhabitée du fleuve et tourbillonnèrent un instant avant de se dissoudre dans l'air.

« Tout est parti à vau-l'eau, poursuivit Miss West, du jour où il s'est avéré qu'Anand n'avait rien d'un nouveau Ravi Shankar. Je m'étais toujours douté que leur aventure ne durerait pas très longtemps, mais, tout de même, je ne m'attendais pas à une fin aussi rapide. Je me souviens que, juste avant son départ de Bénarès, Catherine était comme folle : elle n'arrêtait pas de parler d'Anand à tous les gens qu'elle rencontrait. En fait, elle cherchait à se rassurer, tellement elle était peu sûre d'elle. Et elle n'avait pas tort de s'inquiéter, parce que, quand ils ont débarqué à Paris, personne n'a rien fait pour Anand, pas même les Indiens qui sont dans le business culturel et qui produisent des disques pour l'Europe. Les parents de Catherine ont été proprement infects avec lui, à leur manière subtile, bien sûr. Catherine l'a toujours défendu; elle a été très bien, de ce côté-là. Elle continuait à parler de lui à tout le monde, mais la teneur de ses propos avait changé. »

Nous étions à mi-chemin de Dashashvamedh Ghat, où la foule des fidèles en train de se baigner était en partie masquée par le nuage de fumée noire que dégageait un des canots à vapeur vides amarrés là. Notre bateau progressait maintenant de façon moins saccadée. Une brise légère nous arrivait de l'autre rive, ridant l'eau et obligeant Miss West à resserrer son châle autour de ses épaules.

« Je les ai revus une fois à Paris, poursuivit-elle. Elle donnait une petite soirée; tous ses amis étaient là, et elle n'arrêtait pas de leur parler d'Anand, le petit trophée qu'elle avait ramené d'Inde. C'était Anand par-ci, Anand par-là. Regardez-le donc, est-ce qu'il n'est pas magnifique? Mais lors de mon passage suivant à Paris, il était parti. Rentré chez lui. Catherine ne m'en a pas dit grand-chose ; quant à sa mère, une petite-bourgeoise assommante, elle n'a su que se plaindre de l'eau qu'il répandait partout dans la salle de bains. Catherine vivait alors avec un nouvel ami, un Algérien, qui était cinéaste, ou en tout cas dans le cinéma. Je ne l'ai pas revue depuis.

« Elle m'a écrit une ou deux fois. Elle changeait d'amis sans arrêt. Dans sa dernière lettre, elle me disait qu'elle vivait avec un agent de change, qu'elle avait l'intention de l'épouser, de fonder une famille, qu'elle se sentait en sécurité avec lui. C'était vraiment très curieux : on aurait cru entendre sa mère. Imaginez Catherine aspirant à la maternité, à la sécurité, à la stabilité, à toutes ces valeurs bourgeoises ! Adieu jeunesse, adieu bohème !

« J'ai revu Anand une fois à Delhi, il y a quelques années. Il jouait dans un orchestre radiophonique de la capitale et habitait un quartier pauvre sur la rive est du fleuve – ce n'est probablement pas un quartier pauvre, d'ailleurs, mais c'est comme ça que je vois une bonne partie de Delhi, même les banlieues bourgeoises. Il m'a paru encore plus maigre, quasi décharné. Ses sœurs n'étaient toujours pas mariées ; ses parents l'avaient pratiquement renié. Quand je l'ai revu, c'était environ quatre ans après son retour de Paris, et le pauvre diable ne s'était toujours pas remis. Il était toujours aussi amoureux de Catherine, attendant je ne sais trop quel miracle, lui écrivant de longues lettres et n'obtenant en retour que des mots de plus en plus brefs.

« Je l'ai un peu secoué, il le fallait. Je lui ai dit d'arrêter de penser à elle, de poursuivre sa route, de se marier, de travailler dur, de se lancer à fond dans quelque chose. Plus tard, je l'ai regretté, je me suis dit que j'avais été trop dure.

« Son amour pour Catherine, son séjour à Paris, c'était sans doute ce qui pouvait lui arriver de mieux. Mais tout ce qu'il en a retiré, c'est ce passé qui le tient maintenant en otage. Catherine, elle, a tourné la page :

lui n'en avait pas les moyens. Ce n'est pas qu'elle sache où elle va, la pauvre, mais elle a au moins l'argent de son père, sa culture, son milieu; de quoi lui donner une idée de ce qu'elle se doit à elle-même.

« Tandis qu'Anand, ou des gens comme lui, ne peuvent pas s'offrir le luxe de ce genre d'idées; ils ne savent ni qui ils sont, ni ce qu'ils veulent; ils cherchent simplement à ne pas sombrer complètement dans la misère et le malheur qui sont leur lot de départ. C'est ce qu'Anand essaie de faire en ce moment.

« Il était jeune quand il a connu Catherine. Et quand on est jeune, on a des désirs, des envies, comme tout un chacun ; on a un immense besoin d'amour, on a le sentiment que le monde vous doit le bonheur; que vous y avez droit simplement parce que vous êtes en vie... »

Elle s'arrêta tout d'un coup. Nous étions sur le point d'arriver à Dashashvamedh Ghat. Il faisait sombre sur le fleuve maintenant; les rumeurs de la ville nous parvenaient de façon confuse. Le reflet tremblant des lampadaires du quai se brisait dans l'eau noire.

Je ne pouvais pas voir le visage de Miss West mais, quand elle reprit la parole, sa voix semblait sortir de ce monde lointain dont elle venait de parler.

« Mais j'ai assez bavardé, dit-elle. À votre tour, maintenant. Racontez-moi un peu ce que vous avez fait. Vous êtes parti depuis si longtemps. »

Tout le temps que je l'avais écoutée, j'avais été en proie à une amertume et à une angoisse que je connaissais bien. Mais, pour une fois, j'avais eu l'impression d'avoir des tas de choses à dire. Je n'avais eu qu'une envie, parler, exprimer d'une manière ou d'une autre l'émoi qui agitait mon cœur.

Mais ce moment de grâce était passé, et la question de Miss West me laissa sans réaction. Qu'aurais-je pu lui dire de ma vie? Il y avait bien quelques étapes à résumer : mes voyages à travers le pays, l'école de Dharamsala, mon travail, les randonnées dans l'Himalaya. Mais les choses qui comptaient vraiment étaient trop personnelles, semblables en cela aux événements de la vie de Miss West. Par où aurais-je bien pu commencer?

Comment lui confier les raisons qui m'avaient conduit à vivre une vie si différente de celle que j'avais pu imaginer dans les premiers temps de mon séjour à Bénarès ? Comment lui avouer que le vaste monde dans lequel j'avais rêvé un jour d'entrer était devenu pour moi le lieu de toutes les angoisses ?

*

Une pluie fine s'était installée quand nous débarquâmes. Un vent plus fort soufflait maintenant depuis l'autre rive ; les bateaux amarrés là dansaient sur l'eau et se cognaient les uns contre les autres.

La pluie tissait ses longs fils obliques dans la lumière blafarde des lampadaires, tandis que nous remontions les marches du *ghat*. Devant nous, l'esplanade n'était plus qu'une mer de plastiques luisants et de parapluies chahutés par la bourrasque. Les gens couraient un peu partout pour s'abriter, sans un regard pour les boutiques de souvenirs et leurs cuivres à l'éclat terni.

« Quel temps ! s'exclama Miss West. De la pluie en cette saison ! On va tous attraper une pneumonie. Ah, heureusement, regardez, voilà un rickshaw. »

Elle se précipita en direction du véhicule, la main qu'elle avait tendue pour le désigner toujours levée, puis sauta dedans.

Je la suivis mais restai sur la chaussée.

Elle essuya le siège avec son mouchoir, puis, d'un geste vif, ramena la capote au-dessus de sa tête. Suivit un moment d'incertitude avant qu'elle comprît que je ne rentrais pas avec elle.

Elle me tendit sa main, froide et moite au toucher.

« Je pars dans quelques semaines, me dit-elle. Je rentre en Angleterre. »

J'acquiesçai d'un signe de tête, et elle n'ajouta rien. Elle ne m'avait pas parlé de son départ. Mais elle savait que je savais.

Elle laissa encore un instant sa main dans la mienne, sans rien ajouter.

« Adieu, finit-elle par dire. Il faudra venir me voir en Angleterre. Il faudra que nous... »

Elle donna l'impression de vouloir poursuivre sa phrase, mais finalement la laissa en suspens.

Le conducteur prit place sur son siège. Je sentis que Miss West retirait sa main. Le phare d'un scooter vint balayer une seconde son visage pâle et serein, puis tout replongea dans l'obscurité.

Le rickshaw démarra dans une brève secousse. Je sentis ma gorge se serrer.

Je regardai le véhicule s'éloigner et se fondre dans le flot de la circulation. Je m'apprêtais moi aussi à quitter l'endroit quand je me rappelai soudain que c'était précisément là que je m'étais trouvé avec Miss West par un après-midi de fête, en train d'attendre impatiemment Catherine. Je me souvins de mon émotion quand elle avait fini par arriver, du choc que m'avaient donné, comme à chaque fois que je la voyais, la fraîcheur et la grâce de son visage. Je me retournai et, en face de moi, entre deux temples blancs, m'apparut l'entrée de la ruelle du *sadhu* et de la maison ornée de la fresque de Rama et de Sita. Et je me souvins du chemin que j'empruntais à travers les *ghats* et les ruelles encombrés pour me rendre chez Catherine, mon cœur battant à l'idée de la voir. Alors, tout me revint d'un coup : les journées vides, les longs crépuscules bleutés, la lumière hésitante du néon, les pigeons alignés sur leurs fils, les voix qui montaient de la ruelle jusque dans la petite pièce où trônait dans un coin le sitar vernissé, la tendresse timide qui germait en moi, toute cette vie tranquille du vieux Bénarès. J'en conçus une grande tristesse, une poignante nostalgie pour cette époque de désirs et de rêves, quand j'habitais dans la vieille maison délabrée au bord du fleuve.

La pluie se fit soudain violente. De grosses gouttes me cinglèrent la nuque. Je me retournai, cherchant vainement des yeux un autre rickshaw.

Je courus jusqu'à un rickshaw que j'aperçus dans un recoin et me laissai aller, un peu essoufflé, sur le siège, tandis que le conducteur plongeait, sinuant et pétaradant, dans le flot chaotique de la circulation automobile et des piétons qui couraient en tous sens.

La pluie ruisselait sur le pare-brise, que le chauffeur n'arrêtait pas d'essuyer avec un chiffon posé sur le tableau de bord. Nettes et luisantes l'espace d'un moment, les rues se dissolvaient l'instant d'après en coulures fluorescentes. Les véhicules à moteur qui nous croisaient faisaient gicler l'eau de la rue en jets boueux sur le siège arrière.

Nous finîmes par arriver à l'hôtel, après avoir traversé, non sans mal, un lacis indescriptible de ruelles sombres et semées d'ornières. Le quartier était privé de courant, et le grand bloc en béton de l'hôtel veillait, muet et sinistre, sur la cour d'entrée noyée dans l'eau. À l'intérieur, tout était sens dessus dessous ; la faible lumière des lampes à pétrole tombait sur des tapis roulés et des hommes armés de seaux et de serpillières. Le réceptionniste me dit qu'il me faudrait attendre dans le hall; il y avait des fuites dans la toiture, et certaines chambres étaient inondées. Sur quoi, il entreprit de me raconter les autres catastrophes de la soirée. Je l'écoutai d'une oreille distraite. L'eau me coulait dans le dos, mes chaussettes étaient trempées, mes pieds glacés. Mais je me sentais parfaitement calme.

REMERCIEMENTS

C'est d'abord et surtout à Barbara Epstein que je me sens redevable : sans son soutien, ce livre n'aurait jamais vu le jour. Quant à Jason Epstein, la confiance dont il a fait preuve dès le début s'est avérée aussi précieuse que les suggestions qu'il m'a faites par la suite. Mary Mount, chez Picador, a été une directrice de publication efficace et toujours disponible, et j'ai eu la chance d'avoir affaire à un éditeur aussi consciencieux que Peter Straus. Sanjeev Saith d'IndiaInk a eu de l'ouvrage une lecture très personnelle. J'ai également bénéficié des suggestions de Hilton Als, John H. Bowles, Ulf Buchholz, Robyn Davidson, Helen Epstein, Arvind Krishna Mehrotra, Vandana Mehrotra, Judith Miller, Nicholas Pearson et Tarun Tejpal. Ma reconnaissance va aussi à Gillon Aitken pour ses encouragements tout au long de ces années, ainsi qu'à Emma Parry et Sally Riley, avec lesquelles j'ai pris beaucoup de plaisir à travailler. J'exprime enfin ma dette envers tous ceux qui m'ont encouragé et aidé de diverses façons : Robyn, Julie, William et Olivia, Norma, John, Patrick, Stuart, Chris et Sarah, Christina, les Sharma à Mashobra, Paul, Pradip, Arundhati, Alok, Lucy, mes parents et mes sœurs.

GLOSSAIRE

Aarti : rite religieux consistant à balancer une lampe allumée devant l'image d'une divinité.
Almirah : armoire.
Beedi : cigarette bon marché.
Burkha : vêtement ample couvrant la tête, porté en public par les musulmanes en Inde et au Pakistan.
Chana : pois chiche.
Chapati : feuilleté frit, très répandu (au même titre que le *paratha*).
Charpoy : genre de lit de camp fait d'un cadre en bois léger et de sangles.
Chokidar : gardien.
Churidar : pantalon étroit (pour hommes).
Chunni : long châle que l'on porte enroulé plusieurs fois autour des épaules.
Dhabas : gargotes destinées principalement aux routiers et que l'on trouve au bord des routes.
Dhal : lentilles pilées, et diversement accomodées selon les régions.
Dhurrie : étoffe de coton épaisse, utilisée comme tenture ou comme tapis.
Diya : petite lampe à huile.
Dhoti : pièce de tissu drapée autour des reins, vêtement masculin très répandu.
Ghat : marches donnant accès au fleuve pour le bain.
Ghee : beurre clarifié.

Khadi : étoffe de coton tissée à la main, portée par les hommes de condition modeste, et symbole, depuis Gandhi, de la lutte pour la revalorisation de l'économie artisanale du pays.

Kurta : tunique à manches longues, sans col, en étoffe de coton ou de soie, vêtement masculin.

Lathis : pistolet suédois.

Lungi : pièce de coton nouée à la taille portée par les hommes un peu comme une jupe.

Mahabharata : immense poème épique sanskrit, attribué à Vyasa, qui relate les rivalités ayant opposé les Kaurava aux Pandava pour la possession du pouvoir.

Pan (*paan*) : mélange de feuilles de bétel, de cachou, de cardamome et de clous de girofle, connu pour ses vertus digestives et médicinales.

Pakora : beignet de légumes.

Pashmina : châle très fin, tissé à partir de la toison ventrale du bouquetin sauvage de l'Himalaya.

Puja : « hommage ». Rite hindouiste au cours duquel on offre à la divinité des fruits, des fleurs, de l'encens, tout en récitant des formules sacrées.

Raga : mode musical fondé sur une structure déterminée de cinq à sept notes, propre à traduire un climat émotionnel spécifique.

Ramayana : seconde grande épopée de l'Inde, attribuée au poète Valmiki. Elle raconte les aventures de Rama, avatar de Vishnou, et de son épouse, Sita.

Rickshaw : voiture légère à trois roues, tirée par une bicyclette ou un scooter.

Sabzi : recette indienne parfumée aux fines herbes.

Sadhu : ascète qui s'est détaché de la vie matérielle pour se consacrer à la recherche spirituelle. (Le terme est parfois traduit par « renonçant ».)

Salwar-kameeze : sorte d'ensemble chemisier-pantalon porté par les femmes.

Samskara : Disposition de l'âme qui peut influer sur la destinée de l'homme dans sa vie du moment.

Sarod : instrument à cordes pincées du nord de l'Inde.

Shehnai : genre de hautbois dont on joue surtout lors des mariages.

Tabla : jeu de deux tambours.

Tangka : image religieuse bouddhique (surtout au Népal et au Tibet) exécutée sur une bannière textile et utilisée dans les processions.

Tempo : *rickshaw* spacieux, confortable et motorisé.

Thali : grande assiette en cuivre.

Thumari : style musical de l'Inde du Nord; d'inspiration fantaisiste, il accompagne souvent la danse kathak.

Tonga : véhicule léger à deux roues, pour deux ou quatre personnes, tiré par un cheval.

DANS LA MÊME COLLECTION

ANDERSON Alston
Le Tombeur

ASCH Sholem
Marie, mère de Jésus

BANG Hermann
Katinka

BASSING Eileen
Retour avant la nuit

BERNLEF J.
Chimères
Secret public

BEYER Marcel
Voix de la nuit

BLACKBURN Julia
Daisy et les aborigènes
Le Livre des sortilèges

BLASCO IBÁÑEZ Vicente
Arènes sanglantes
Mare Nostrum
Terres maudites

BOJER Johan
Le Dernier Viking
L'Apprenti

BORNEMARK Kjell-Olof
La Roulette suédoise

BOROWSKI Tadeusz
Le Monde de pierre
Nouvelles

CANIN Ethan
Le Voleur du palais
Vue sur l'Hudson
La Concordance des ans

ČAPEK Karel
L'Affaire Selvin

COTRONEO Roberto
Presto con fuoco

COWAN James
Le Rêve du cartographe
Le Testament du troubadour

CRUMEY Andrew
Pfitz
Le Principe de d'Alembert

D'ANNUNZIO Gabriele
Laus vitae
L'Enfant de volupté

DESAI Kiran
Le Gourou sur la branche

DJILAS Milovan
L'Exécution

DONLEAVY J. P.
La dame qui aimait
les toilettes propres

DONOSO José
Ce lieu sans limites
Ce dimanche-là
Casa de campo
Le Couronnement
Le Jardin d'à côté

DUNCKER Patricia
La Folie Foucault

ENGEL Marion
Ours

FASCHINGER Lilian
Magdalena pécheresse

FEUCHTWANGER Lion
Le Roman de Goya
La juive de Tolède

FRAZIER Charles
Retour à Cold Mountain

GALSWORTHY John
(Prix Nobel)
La Dynastie des Forsyte

GORENSTEIN Friedrich
Scriabine

GREGOR-DELLIN Martin
Le Réverbère

HAMSUN Knut (Prix Nobel)
Mystères
Le Dernier Chapitre
Victoria
Sous l'étoile d'automne
La Dernière Joie
Un vagabond joue en sourdine
Benoni

Rosa
Sur les sentiers où l'herbe repousse
Femmes à la fontaine
Enfants de leur temps
La ville de Segelfoss
Pan
Esclaves de l'amour
Rêveurs
Le cercle s'est refermé
Auguste le marin
L'Éveil de la glèbe
Mais la vie continue

HESSE Hermann (Prix Nobel)
Le Loup des steppes
Le Voyage en Orient
Narcisse et Goldmund
Peter Camenzind
Le Jeu des perles de verre
Gertrude
L'Ornière
Rosshalde
Knulp
Le Dernier Été de Klingsor
Enfance d'un magicien
Les Frères du soleil
Berthold
La Leçon interrompue
Une petite ville d'autrefois
La Conversion de Casanova
Le Poète chinois
Fiançailles
Souvenirs d'un Européen
Contes merveilleux
Histoires d'amour

HOFFMANN Gert
Le Bonheur

ISHIGURO Kasuo
L'Inconsolé
Les Vestiges du jour
Quand nous étions orphelins

JAMES Henry
Les Dépouilles de Poynton

JOLLEY Elisabeth
Le Mensonge

KASACK Hermann
La Ville au-delà du fleuve

KAZAN Elia
America America

KOESTLER Arthur
Croisade sans croix
Le Zéro et l'Infini
Les hommes ont soif
La Corde raide
Les Hiéroglyphes
Les Call-girls
Spartacus

KOESTLER Arthur et Cynthia
L'Étranger du square

KOVIC Ron
Né un 4 juillet

KRLEZA Miroslav
Le Retour de Philippe Latinovicz
Mars Dieu croate

LAWRENCE D. H.
Le Paon blanc
Mr. Noon

LERNET-HOLENIA Alexandre
Le Régiment des Deux-Siciles

LEROI Jones
La Mort d'Horacio Alger
Le Système de l'enfer de Dante

LISH Gordon
Dear Mr. Capote
Le Deuil aux trousses

LODEMANN Jürgen
Lynch

LOGUE Antonia
Double Cœur

McGRATH Patrick
L'Asile
Martha Peake
Spides

MAWER Simon
Le Nain de Mendel

MENEGHELLO Luigi
Les Petits Maîtres

MERAY Tibor
Le Dernier Rapport

MITCHELL Joseph
Le Secret de Joe Gould

MOSSINSOHN Igal
Judas
MULISCH Harry
L'Attentat
Les Noces de pierre
NOOTEBOOM Cees
Rituels
Dans les montagnes des Pays-Bas
Philippe et les autres
OTERO SILVA Miguel
Et retenez vos larmes
Lope de Aguirre, prince de la liberté
OZ Amos
Ailleurs peut-être
Mon Michaël
Jusqu'à la mort
Toucher l'eau, toucher le vent
La Colline de mauvais conseil
Un juste repos
La Boîte noire
(Prix Femina Étranger)
Connaître une femme
La Troisième Sphère
Ne dis pas la nuit
Une panthère dans la cave
PERCY Walker
L'Amour parmi les ruines
Les Signes de l'Apocalypse
PINARDI Davide
L'Armée de Sainte-Hélène
PIRANDELLO Luigi
(Prix Nobel)
Feu Mathias Pascal
RAO Raja
La Chatte et Shakespeare suivi de *Camarade Kirillov*
RICHLER Mordecai
Gursky
RICHTER Conrad
La Grande Dame
ROBERTS Michèle
Chair de ma chair
Celle qui revient
ROTH Joseph
Le Poids de la grâce
RUESCH Hans
Le Soleil dans la poche
La Soif noire
SCHNEIDER Robert
Frère sommeil
(Prix Médicis étranger)
SCHNITZLER Arthur
Le Lieutenant Gustel
SEGEDIN Petar
Les Enfants de Dieu
SHALEV Meir
Pour l'amour de Judith
SHIELDS Carol
Swann
La République de l'amour
La Mémoire des pierres
(Prix Pulitzer)
Une soirée chez Larry
SIMPSON Mona
L'Ombre du père
SORIANO Osvaldo
Quartiers d'hiver
TCHOUKOVSKAIA Lydia
La Plongée
THACKERAY William
Mémoires d'un valet de pied
THEROUX Paul
Mosquito Coast
Escort Girl
VANDERHAEGHE Guy
Le Dernier Cow-boy
WALSHE Robert
L'Œuvre du Gallois
WESCOTT Glenway
Le Faucon pèlerin
WIECHERT Ernst
Missa sine nomine
L'Enfant élu
La Commandante
Le Capitaine de Capharnaüm
WODIN Natascha
La Ville de verre
WOOLF Virginia
Les Vagues

YEHOSHUA Avraham B.
L'Amant
Au début de l'été 1970
Un divorce tardif
L'Année des cinq saisons
Monsieur Mani
Shiva
Voyage vers l'an Mil
ZWAGERMAN Joost
La Chambre sous-marine

Photocomposition CMB *Graphic*
(Saint-Herblain)
Achevé d'imprimer en janvier 2003
par Firmin-Didot
(Mesnil-sur-l'Estrée)
pour le compte des Éditions Calmann-Lévy
31, rue de Fleurus, Paris 6e

Imprimé en France
Dépôt légal : février 2003
N° d'édition : 13504/01 - N° d'impression : 62618